中等职业教育课程改革创新示范精品教材

汽车电力电子技术

主　编　奚小花　陈志军　张国欣
副主编　薛成文　方志兵　杨　勇
参　编　田贞军　曾　福

北京理工大学出版社
BEIJING INSTITUTE OF TECHNOLOGY PRESS

内 容 简 介

本书包括元器件的识别与检测、三相电动机正、反转控制、功率放大器的装调、汽车电压转换电路、汽车数显仪表电路 5 个项目。本书以项目任务为导向，项目任务驱动与理实一体化相结合，由国家级示范中职学校一线教师亲自编写，图文并茂，形象生动。

本书可作为中等职业学校汽车制造与检测专业或相关专业的教材，也可作为相关行业岗位培训或自学用书，同时可供汽车维修人员学习参考。

图书在版编目(CIP)数据

汽车电力电子技术 / 奚小花, 陈志军, 张国欣主编
. -- 北京：北京理工大学出版社, 2021.11
ISBN 978-7-5763-0616-3

Ⅰ. ①汽… Ⅱ. ①奚…②陈…③张… Ⅲ. ①汽车-
电力电子技术 Ⅳ. ①U463.6

中国版本图书馆 CIP 数据核字(2021)第 216835 号

出版发行 / 北京理工大学出版社有限责任公司
社　　址 / 北京市海淀区中关村南大街 5 号
邮　　编 / 100081
电　　话 / (010)68914775(总编室)
　　　　　　(010)82562903(教材售后服务热线)
　　　　　　(010)68944723(其他图书服务热线)
网　　址 / http://www.bitpress.com.cn
经　　销 / 全国各地新华书店
印　　刷 / 定州市新华印刷有限公司
开　　本 / 889 毫米×1194 毫米　1/16
印　　张 / 16.25　　　　　　　　　　　　责任编辑 / 陆世立
字　　数 / 322 千字　　　　　　　　　　　文案编辑 / 闫小惠
版　　次 / 2021 年 11 月第 1 版　2021 年 11 月第 1 次印刷　　责任校对 / 周瑞红
定　　价 / 44.00 元　　　　　　　　　　　责任印制 / 边心超

前言

随着我国汽车工业的迅速发展，对有关汽车专业人才的需求，特别是对汽车使用、保养、维修等专业人才的需求与日俱增。本书针对中等职业教育的特点，注重理论与实际应用的有机结合，选取电工和电子技术知识中最基本的概念、技能及其在汽车上应用的内容，着重培养学生识读电路、测试元件、连接线路的能力。

本系列教材符合国家对技能型紧缺人才培养培训工作的要求，注重以就业为向导，以能力为本位，面向市场，面向社会，以经济结构调整和科技服务为原则，以满足高素质的初、中级汽车专业实用型人才的培养。在组织编写过程中，编者认真总结了全国职业院校多年来的专业教学实践经验，注意吸收发达国家先进的职教理念和方法，注重汽车专业创新改革，形成了本系列的教材特色。

本书侧重基本理论知识的讲解，紧扣汽车电气设备，注重实践环节，适合中等职业技术学校学生使用，也可用作从事汽车行业生产和维修的技术工人的培训教材及其自学参考书。

本书具有如下特点。

1. 面向职教

本书编者均来自国家级示范院校教学一线，有多年的专业教学经验，能根据培养目标，结合目前中等职业学校的教学实际编写。本书在编写过程中，以理论够用为度，以全面掌握电力电子技术、维修电力电子设备操作为基础，侧重培养学生在电力电子技术方面的技能。

2. 难易适度

简化烦琐的理论分析，突出职业能力培养，图文并茂，删繁就简，通俗易懂。对于其他理论与实例分析，通过二维码的形式进行拓展，学员想了解更多理论与实例，可以扫描二维码进行学习。

3. 行动导向

以行动任务为导向，以任务驱动为手段，注重理论联系实际，在教学中以培养学生的测量方法运用能力为重点，以使学生全面掌握电力电子技能为基础，以培养学生现场的分析解决问题的能力为终极目标，在校内教学过程中尽量实现实训环境与实际工作的全面结合，使学生在真实的工作过程中得到锻炼，为学生在生产实习及顶岗实习阶段打下良好的基础，使学生毕业时就能直接顶岗工作。

4. 紧密结合

在具体内容的表述或举例上与汽车技术紧密结合，这不仅使本书具有密切结合汽车工业技术传授电力电子技术的特点，也可使学习者更好地完成从理论学习到工程应用的转换。同时，填补了某些汽车类专业课程设置中从通用的电力电子技术跨越到汽车电控课的知识断层。

本书教学建议总学时72学时，各项目教学参考学时分配如下。

项目	内容	学时
项目1	元器件的识别与检测	12
项目2	三相电动机正、反转控制	20
项目3	功率放大器的装调	16
项目4	汽车电压转换电路	12
项目5	汽车数显仪表电路	12
总学时		72

本书由重庆市经贸中等专业学校奚小花、重庆电子工程职业学院陈志军、长城汽车股份有限公司重庆分公司张国欣担任主编；重庆市经贸中等专业学校薛成文、方志兵、杨勇担任副主编；重庆市经贸中等专业学校田贞军、曾福参与了本书的编写。本书还得到了济南职业学院车君华教授，重庆文理学院程正富教授、欧汉文教授，重庆电子工程职业学院夏西泉副教授的指导，他们给编者提出了很多修改建议，在此一并表示诚恳的谢意。

由于教学改革的不断开展，加之编者水平有限，书中难免存在错误或疏漏之处，恳请广大读者批评指正。

编　者

目录

元器件的识别与检测

知识树

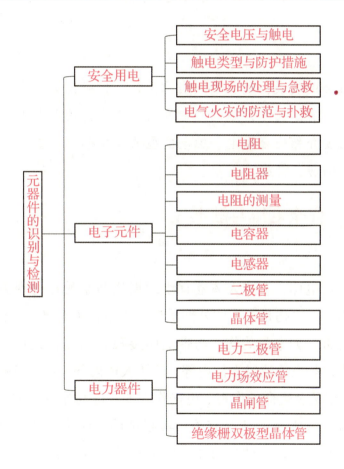

任务1　安全用电

学习目标

◆ 了解安全用电常识。
◆ 了解防止触电的常用保护措施、触电现场的正确处理及电气火灾的防范与扑救。
◆ 知道安全电压等级、人体触电的类型及常见原因。
◆ 能对触电现场进行正确处理。
◆ 能正确防范电气火灾，会采取适当方法进行扑救。

任务描述

电的使用推动了社会的发展，改善了人们的生活。但是，如果在生产和生活中不注意安全用电，常常也会造成灾害。例如，触电可造成人身伤亡，设备漏电产生的电火花可能酿成火灾、爆炸。本任务主要介绍安全用电、触电类型的基本知识，重点介绍触电时的急救常识及注意事项、电器火灾的防范措施。

任务知识库一　安全电压与触电

1. 什么是触电

因人体接触或接近带电体，造成人体器官组织损伤乃至死亡的现象，称为触电。人体触电主要有电伤和电击两种。电伤是指人体外部受伤，由电流的热效应、化学效应、机械效应及电流本身作用造成的伤害，如电弧灼伤、与带电体接触后的皮肤红肿、大电流下熔化的金属飞溅烧伤皮肤等。电击是指电流通过人体内部，破坏人体内部组织，影响呼吸系统、心脏及神经系统的正常功能，甚至危及生命的伤害。电击伤人的程度与流过人体电流的频率、大小、途径、持续时间长短及触电者本身的情况有关。实践证明，频率为 25～300 Hz 的电流最危险，随着频率的增加，危险性减小。人体通过 1 mA 的工频电流，就有麻木的感觉，电流大于 50 mA，就会有生命危险，100 mA 的工频电流则足以致人死亡。电流通过心脏和大脑易发生死亡事故，所以头部触电或左手到右脚触电最危险。另外，人体通电时间越长，危险性越大。在触电事故中，电击和电伤常会同时发生。

2. 安全电压的规定

一般环境下，规定 36 V 及以下电压为安全电压。通过人体的电流大小与作用到人体上的电压及人体自身的电阻有关。通常人体的电阻为 800 欧至几十万欧不等。当皮肤出汗，有导电液或导电尘埃时，人体电阻将下降。以人体电阻为 800 Ω 进行计算，当触及 36 V 电压时，通过人体的电流为 45 mA，对人体安全不构成威胁。所以，36 V 及以下电压对人体来说相对安全。

任务知识库二　触电类型与防护措施

1. 常见的 3 种触电类型

常见的触电类型可分为单相触电、两相触电和跨步电压触电 3 种。

（1）单相触电

当人体直接碰触带电设备或线路中的一根相线时，电流通过人体流入大地导致的触电现象称为单相触电，如图 1-1 所示。

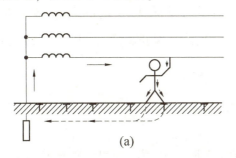 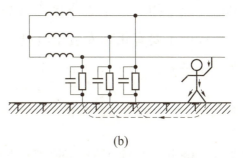

（a）　　　　　　　　　　　　　　　（b）

图 1-1　单相触电

（a）中性点直接接地；（b）中性点不直接接地

一般情况下，接地电网里的单相触电比不接地电网里的危险性大，要避免单相触电，操作时必须穿上胶鞋或站在干燥的木凳上。

（2）两相触电

当人体的不同部位分别接触到同一电源的两根不同电位的相线时，电流由一根相线经人体流到另一根相线导致的触电现象称为两相触电，也称双相触电，如图 1-2 所示。

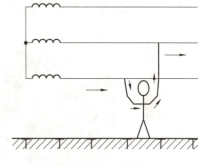

图 1-2　两相触电

两相触电加在人体上的电压为线电压 380 V，因此，无论电网的中性点接地与否，其触电的危险性都最大。

（3）跨步电压触电

当高压带电体直接接地或电气设备相线碰壳短路接地时，有接地电流流入地下，在接地点周围土壤中形成电位分布，此时，若有人在接地短路点周围行走，虽没有接触带电导线或带电设备外壳，但其两脚之间有跨步电压，由跨步电压引起的触电称为跨步电压触电，如图 1-3 所示。

高压线

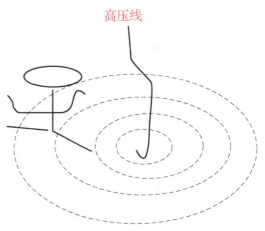

图 1-3　跨步电压触电

高压故障接地处，或有大电流流过的接地装置附近都可能出现较高的跨步电压。离接地点越近，两脚距离越大，跨步电压值就越大，一般10 m以外就没有危险了。

2. 触电原因

常见的触电原因有以下三个方面。

①缺乏安全用电常识，如用潮湿的手去开关电灯、接触电气设备；或者发现有人触电时，不切断电源就直接去拉触电者而造成触电。

②违章操作，明知不准带电操作而冒险进行，结果触电受伤或死亡。

③输电线和电气设备因绝缘老化或破损而漏电，人体触碰时造成触电事故。

3. 防止触电的保护措施

为防止触电，除了遵守电工安全操作规程外，还必须采取一定的防范措施以确保安全。常见的触电防范措施主要有正确安装用电设备、安装漏电保护装置、电气设备的保护接地和电气设备的保护接零等。

任务知识库三　触电现场的处理与急救

一旦发现有人触电，必须用最快的方法使触电者脱离电源，然后根据触电者的具体情况进行相应的现场救护。

1. 触电解救

凡遇到触电者，救护人员要采取最快的办法使触电者迅速脱离电源，如图1-4所示。

(a)　　　　　　　　　　　　(b)

图1-4　触电急救

(a)关闭电源开关；(b)用干木棒挑开带电导线

脱离电源的方法可用"拉""切""挑""拽""垫"五个字来概括。

脱离电源的方法可用"拉"
"切""挑""拽""垫"

2. 触电急救

在触电者脱离电源后，应立即进行现场紧急救护并及时送往医院。当触电者还未失去知觉时，应将他抬到空气流通的地方休息，不能让他乱走乱动。当触电者出现心脏停搏、无呼吸等假死现象时，应在现场采用人工呼吸或胸外挤压法进行抢救，绝不能给休克者注射强心针剂。

人工呼吸法适用于有心跳但无呼吸的触电者，如图1-5所示。首先将触电者仰卧在平地上，鼻孔朝天，颈后仰，然后清理口鼻腔的阻塞物使其通畅，松扣解衣使触电者身体放松。做人工呼吸时，要捏住触电者鼻子，贴嘴吹气；松开鼻子让废气从鼻、口排出。每隔3~5 s重复一次。

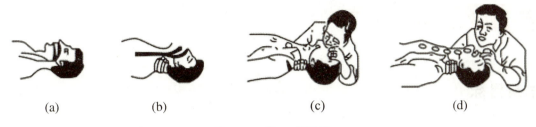

图 1-5 人工呼吸法

(a)呼吸道阻塞；(b)使头后仰，呼吸道畅通；(c)对嘴吹气，肺胸扩张；(d)放开嘴鼻，废气排出

胸外挤压法适用于有呼吸但无心跳的触电者，具体操作方法如图1-6所示。触电者仰卧在平地上，松扣解衣，救护者把一只手的中指对准凹膛，手掌平铺前胸，然后掌根用力下按，迫使心脏血液流出心房，突然松手，让血液流回心房，每隔1 s重复一次。

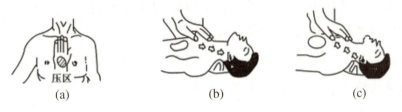

图 1-6 胸外挤压法

(a)中指对凹膛，当胸一手掌；(b)向下挤压3~5 mm；(c)突然松手复原

当触电者既无呼吸又无心跳时，可同时采用人工呼吸法和胸外挤压法进行急救。应先口对口(鼻)吹气两次(约5 s内完成)，再做胸外挤压15次(约10 s内完成)，以后交替进行。

任务知识库四 电气火灾的防范与扑救

1. 防范措施

电气火灾是由输配线路漏电、短路、设备过热、电气设备运行中产生明火引燃易燃物造成的火灾。为了防范电气火灾的发生，在制造和安装电气设备、电气线路时，应减少易燃物，选用具有一定阻燃能力的材料。一定要按防火要求设计和选用电气产品，严格按照额定值规定条件使用电气产品，按防火要求提高电气安装和维修水平，主要从减少明火、降低温度、减少易燃物三方面入手，另外还要配备灭火器具。

2. 扑救方法

电气火灾一旦发生，首先要切断电源进行扑救，并及时报警。带电灭火时，切忌用水和泡沫灭火剂灭火，应使用二氧化碳、二氟一氯一溴甲烷(简称1211)、四氯化碳或干粉灭火器或黄砂来灭火。

任务2 电子元件

学习目标

◆ 了解常用电子元件电阻器、电容器、电感器的基础知识及主要特性参数。
◆ 掌握电阻的标识及测量方法。
◆ 了解电容的结构、参数、标志方法及种类。
◆ 掌握电感的检测方法。
◆ 了解半导体二极管的结构、图形符号、特性。
◆ 掌握半导体二极管的单向导电性、伏安特性和主要参数。
◆ 掌握各种二极管的作用及其使用场合。
◆ 掌握半导体晶体管的结构、图形符号、引脚、分类及作用。
◆ 了解晶体管的输入、输出特性及主要参数。
◆ 熟练掌握各种半导体二极管、晶体管的检测判断方法。

任务描述

走进电子市场或家电维修部，我们会发现有电阻、电容、电感、二极管、晶体管等许多元件，它们种类繁多，应用广泛，是最基本、最重要的基础电子元件。本任务介绍有关它们的基本知识、检测及判定方法。

任务知识库一 电阻

1. 电阻

当导体中有电流时，导体里自由电子的运动会受到阻碍，表示这种阻碍作用的物理量称为电阻，用字母 R 表示。任何物体都有电阻，当有电流流过时，都要消耗一定的能量。

在国际单位制中，电阻的单位是欧姆，简称欧，符号是 Ω。常用的单位还有 kΩ（千欧）和 MΩ（兆欧），它们之间的关系为 1 kΩ = 10^3 Ω，1 MΩ = 10^6 Ω。

2. 电阻定律

导体电阻的大小不仅和导体的材料有关，还和导体的尺寸有关。经实验证明，在温度不变时，一定材料制成的导体的电阻跟它的长度成正比，跟它的横截面积成反比，这个规律称为电阻定律。

均匀导体的电阻可用公式表示为

$$R = \rho L / S$$

式中，R——导体的电阻，单位为 Ω（欧）；

　　　ρ——材料的电阻率，反映材料的导电性能，单位为 Ω·m（欧米）；

　　　L——导体的长度，单位为 m（米）；

　　　S——导体的横截面积，单位为 m^2（平方米）。

常用导电（电阻）材料的电阻率（20 ℃）和温度系数（0~100 ℃）如表 1-1 所示。

表 1-1　常用导电（电阻）材料的电阻率（20 ℃）和温度系数（0~100 ℃）

材料名称	电阻率 ρ /(Ω·m)	温度系数 α/℃$^{-1}$	材料名称	电阻率 ρ /(Ω·m)	温度系数 α/℃$^{-1}$
银	1.62×10^{-8}	0.003 8	康铜	4.9×10^{-7}	0.000 008
铜	1.75×10^{-8}	0.003 93	锰铜	4.4×10^{-7}	0.000 005
铝	2.83×10^{-8}	0.004	黄铜	7.0×10^{-8}	0.002
钨	5.3×10^{-8}	0.005 2	镍铬合金	1.1×10^{-6}	0.000 16
低碳钢	1.3×10^{-7}	0.005 7	铂	1.06×10^{-7}	0.003 89
铸铁	5.0×10^{-7}	0.001	碳	1.0×10^{-6}	−0.000 5

注：电阻温度系数 α 是指温度每升高 1 ℃时电阻所变动的数值与原来电阻值的比。

【例 1】一根铜芯硬线 $L = 100$ m，横截面积 $S = 100$ mm^2，请计算这根铜芯硬线的电阻值。

分析：$L = 100$ m，$S = 100$ $mm^2 = 1 \times 10^{-6}$ m^2，查表 1-1 可知铜的电阻率 $\rho = 1.75 \times 10^{-8}$ Ω·m

解：由电阻定律得 $R = \rho L / S = 1.75 \times 10^{-8} \times 100 / 1 \times 10^{-6}$ Ω $= 1.75$ Ω。

说明：因为铜导线的电阻很小，所以在实际电路中通常忽略不计。

【想一想】有一根阻值为 4 Ω 的电阻丝，将它均匀拉长为原来的 2 倍，拉长后的电阻丝阻值变为多少？若将其对折，对折后电阻丝的阻值又变为多少呢？

3. 电阻与温度的关系

导体的电阻与温度有关，通常情况下，纯金属的电阻随温度的升高而增大。例如，白炽灯的灯丝用钨丝制造，灯丝发光时的温度约为 2 000 ℃，钨的电阻随温度升高而增大，温度每升高 1 ℃电阻约增大 0.5%，所以灯丝正常发光时的电阻要比常温下的电阻大很多。

有的合金如康铜和锰铜的电阻与温度变化的关系不大，而碳素物质和某些半导体的电阻随温度的升高而减小。还有些物质，当温度降到绝对温度（即−273 ℃）时，其电阻值为 0，这种现象称为超导现象，该物质称为超导体。

任务知识库二　电阻器

1. 常用电阻器

电阻器是一种较常见、应用较广泛的电子元器件之一，如图1-7所示。常用电阻器可分为固定电阻器、可变电阻器和敏感电阻器。

固定电阻器通常有碳膜电阻器、金属膜电阻器、金属氧化膜电阻器、线绕电阻器、贴片电阻器等。

敏感电阻器通常又称为电阻式传感器，它是利用非电学量(如压力、温度、湿度、光照强度等)的变化引起电路中电阻的变化，从而把不易测量的非电学量转化为便于测量的电学量，如光敏电阻器、热敏电阻器、压敏电阻器、气敏电阻器、湿敏电阻器等。

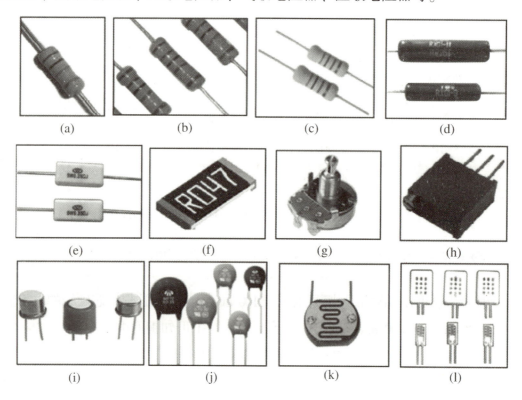

图1-7　常见电阻器外形

(a) 碳膜电阻；(b) 金属膜电阻器；(c) 金属氧化膜电阻器；(d) 线绕电阻器；(e) 水泥电阻器；
(f) 贴片电阻器；(g) 微调电阻器；(h) 精密电阻器；(i) 气敏电阻器；(j) 热敏电阻器；
(k) 光敏电阻器；(l) 湿敏电阻器

2. 电阻器的主要参数

电阻器的主要参数有标称阻值、允许误差和额定功率，其他参数只在有特殊要求时才考虑。

标称阻值是标识在电阻器上的电阻值。

允许误差是指电阻器的实际阻值与标称阻值的差值与标称阻值的比值，用百分数表示。

额定功率是指电阻器在产品标准规定的气压和温度下，长期连续工作所允许消耗的最大功率。额定功率较大的电阻器，一般都将额定功率直接印在电阻器上；额定功率较小的电阻器，可以根据几何尺寸和表面积大小判断。

3. 电阻器阻值的表示方法

电阻器阻值常用的表示方法有直标法、文字符号法、色标法 3 种。

电阻器阻值的
表示方法

任务知识库三　电阻的测量

在实际应用中，通常用万用表的电阻挡来测量电阻；若被测电阻的精度要求比较高，则用电桥进行测量；若测电动机、电器、电缆等电气设备的绝缘性能，一般用兆欧表。

1. 万用表测电阻 (以测 10 kΩ 电阻为例)

利用指针式万用表测量 10 kΩ 电阻器的阻值，其示意图如图 1-8 所示。具体步骤如下。

①将万用表水平放置。

②机械调零。

③插入表笔。红表笔插入"+"插孔，黑表笔插入"-"或"COM"插孔。

④选择挡位与量程。把万用表的挡位与量程选择开关旋至倍率 $R×1$ k 挡。

⑤电阻调零。每次选好或更换倍率后，测量之前必须进行电阻调零。

⑥将万用表的红、黑表笔分别接被测电阻的两端，使指针尽可能指在接近刻度盘的中间位置。

⑦正确读数。图 1-8 为测 10 kΩ 电阻器阻值时指针所指的位置，则其测量值为 $10×1$ kΩ = 10 kΩ。

2. 单臂电桥测电阻

直流单臂电桥又称为惠斯通电桥。图 1-9 为直流单臂电桥，单臂电桥利用电桥平衡原理来测量被测电阻值，其实质是将被测电阻与已知电阻进行比较，从而求得测量结果。单臂电桥测电阻的方法与步骤如下。

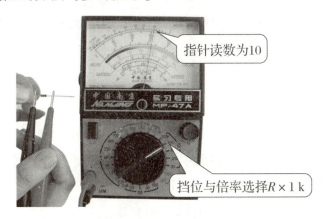

指针读数为10

挡位与倍率选择 $R×1$ k

图 1-8　万用表测 10 kΩ 电阻器的阻值

图 1-9　直流单臂电桥

①先将检流计的锁扣打开（内→外），调节调零器把指针调到零位。

②把被测电阻接在"R×"位置上。

③估计被测电阻的大小，选择适当的桥臂比率，使比较臂的四挡都能被充分利用。

④先按电源按钮"B"（锁定），再按检流计的按钮"G"（点接）。

⑤调整比较臂电阻使检流计指向零位，电桥平衡。

⑥读取数据：被测电阻＝比较臂读数之和×比率臂。

⑦测量完毕，先断开检流计按钮，再断开电源按钮，然后拆除被测电阻，再将检流计锁扣锁上，以防搬动过程中损坏检流计。

3. 兆欧表测绝缘电阻

兆欧表又称摇表、梅格表、高阻表，可用于测量大电阻和绝缘电阻，它的计量单位是兆欧，用符号 MΩ 表示。常用的 ZC11 型兆欧表外形如图 1-10 所示。兆欧表有 3 个接线柱，其中两个较大的接线柱上分别标有"接地"（E）和"线路"（L），另一个较小的接线柱标有"保护环"或"屏蔽"（G）。

图 1-10   2C11 型兆欧表外形

兆欧表是一种专门用来测量电动机、电气设备及线路绝缘电阻的便携式仪表。一般测量低压电器设备绝缘电阻时可选用 0～200 MΩ 量程。兆欧表测电动机的绝缘电阻的一般步骤如下。

①将兆欧表放置在平稳的地方。

②开路试验。在兆欧表未接上被测物之前，摇动手柄使发电机达到额定转速（120 r/min）。正常时，兆欧表指针应指向"∞"。

③短路试验。将两接线柱"L"和"E"短接，摇动手柄。正常时，兆欧表指针应指向"0"。在摇动手柄时不得让"L"和"E"短接时间过长，否则将损坏兆欧表。

④将"E"接线柱接电动机机壳，"L"接到电动机绕组上，摇动手柄，待发电机转速稳定时，指针也稳定下来，这时，指针指示的数值就是所测得的绝缘电阻值。

⑤读数完毕，将被测设备放电。放电方法是将测量时使用的地线从兆欧表上取下来与被测设备短接一下即可。

任务知识库四   电容器

1. 电容器的基本结构与图形符号

电容器尽管种类繁多、形状各异，但其基本结构是一样的，它由两片靠得很近的金属板再隔以绝缘物质组成，电容器的基本结构和图形符号如图 1-11 所示。

将其中的金属板称为电容器的两个极板，绝缘物质称为电容器的介质。

2. 电容器与电容

电容器最基本的特性是能够储存电荷。如果在电容器的两极板上加上电压，则在两个极板上将分别出现数量相等的正、负电荷，如图 1-12 所示，这样电容器就储存了一定量的电荷和电场能量。

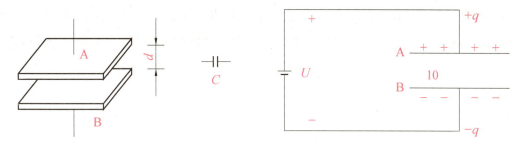

图 1-11　电容器的基本结构与图形符号　　　　图 1-12　电容器储存电荷

实验表明：对某一个电容器而言，其中任意一个极板所储存的电荷 q 与两个极板间电压的比值是一个常数，但对于不同的电容器，这一比值也不同。因此，常用这个比值来表示电容器储存电荷的本领。我们把这一比值称为电容器的电容量，简称电容，用字母 C 表示，用公式表示为

$$C = q/U$$

式中，C——电容量（或电容），单位是 F（法［拉］）；

　　　 q——一个极板的电荷，单位是 C（库［仑］）；

　　　 U——两极板间的电压，单位是 V（伏［特］）。

在实际应用时，法拉这个单位太大，通常用更小的单位微法（μF）和皮法（pF），它们之间的关系是 $1\ \mu F = 10^{-6}\ F$，$1\ pF = 10^{-12}\ F$。

电容器的电容 C 与 q、U 无关，只与电容器本身的结构与材料有关。

【例2】将一个电容器接到输出电压为 12 V 的直流电上，充电结束后，电容器两极板上所带的电荷量均为 1.2×10^{-3} C，求该电容器的电容量？

解：该电容器的电容量为 $C = q/U = 1.2 \times 10^{-3}$ C$/12$ V $= 10^{-4}$ F $= 100\ \mu F$。

3. 电容器的参数

电容器的外壳上通常标注一些数字和符号，如图 1-13 所示，它们表示电容器的主要参数，如额定工作电压、标称容量和允许误差等，这些参数有其特定的标志方法和含义。

图 1-13　电容器的主要参数

（1）电容器的主要参数

电容器的参数主要有额定工作电压、标称容量和允许误差，通常都标在电容器的外壳上。

1）额定工作电压

额定工作电压俗称耐压，是指在规定的温度范围内，可以连续加在电容器上而不损坏电容器的最大电压值。通常指的是直流工作电压值，如果该电容器用在交流电路中，则应使交流电压的最大值不超过它的额定工作电压值，否则电容器将被击穿。在电容器外壳上所标的电压就是该电容器的额定工作电压，如图 1-13 所示的电容器上标着的"25 V"，即为该电容器的额定工作电压。

2）标称容量和允许误差

电容器上所标明的电容量称为标称容量。如图 1-13 所示的电容器上标着的"2 200 μF"，即为该电容器的标称容量。电容器的标称容量和它的实际容量之间总有一定的误差。国家对不同的电容器规定了不同的误差范围，在此范围内的误差称为允许误差。允许误差的大小等于电容实际值与标称值之差除以标称值所得的百分数。

电容器的允许误差按其精度分为 5 个等级，如表 1-2 所示。一般极性电容器的允许误差范围较大，如铝极性电容器的允许误差范围是-20%~100%。

表 1-2　电容器允许误差的等级

允许误差	±1%	±2%	±5%	±10%	±20%
等级	01	02	Ⅰ级	Ⅱ级	Ⅲ级
文字符号	F	G	J	K	M

（2）电容器的标志方法

电容器的标志方法主要有直标法、文字符号法和色标法。

1）直标法

直标法就是在电容器的表面直接标出其主要参数和技术指标的一种方法（电容器的容量、耐压、误差等直接标在外壳上）。如图 1-13 所示的电容器上标着的"2 200 μF""25 V"，即为直标法。

2）文字符号法

文字符号法是将文字和数字符号有规律地组合起来，表示电容器主要参数。

标称容量的文字符号方法分两种：一种是由数字和字母相结合，如 10 p 代表 10 pF，4.7 m 表示 4.7 mF，即 4 700 μF，3n3 表示 3.3 nF，即 3 300 pF，其特点是省略 F，小数点部分用 p、n、μ、m 表示；另一种是用三位数字表示，第一、二位为有效数字位，第三位为倍率，电容量的单位是 pF，如 103 表示 $10×10^3$ pF，即 0.01 μF，224 表示 $22×10^4$ pF，即 0.22 μF。

电容器用数字和字母相结合的标志方法时，4n7 表示 4.7 nF；4μ7 表示 4.7 μF；整数位省去：.01 μF 表示 0.01 μF；R 表示小数点：R47 μF 表示 0.47 μF；电解电容器：μF 字母省略。允许误差用文字符号表示为 D（±0.5%）、F（±1%）、G（±2%）、J（±5%）、K（±10%）、M（±

20%），如表 1-2 所示。例如，如图 1-14 所示的涤纶电容器上标着"3A152J"，其中的字母"J"即表示该电容器的允许误差为±5%。

3）色标法

色标法就是用不同颜色的色带或色点，按规定的方法在电容器表面上标出其主要参数的标志方法。

【小技巧】电容器的标称值、允许误差及工作电压均可采用颜色进行标记。将电容器立放，从上往下，第一条色带表示第一位有效数值，第二条色带表示第二位有效数值，第三条色带表示倍率，第四条色带表示允许误差，不同的颜色表示不同的数值，如棕色是 1，倍率位表示 10 的 1 次方，在允许误差位表示±1%。

（3）电容器的型号命名方法

各国电容器的型号命名很不统一，国产电容器的命名由四部分组成。

第一部分：主称，电容 C。

第二部分：材料，绝缘介质材料。

例如，C——瓷介、Y——云母、I——玻璃釉、O——玻璃膜、Z——纸介、J——金属化纸、B——聚苯乙烯、L——涤纶、Q——涤膜、D——铝、S——聚碳酸酯、H——复合介质、A——钽、N——铌、G——合金、T——钛。

第三部分：用数字表示分类。

第四部分：用数字表示序号。

（4）电容器的种类

电容器按其电容量是否可变，可分为固定电容器、可变电容器和微调电容器。

1）固定电容器

固定电容器的电容量是固定不变的，它的性能和用途与两极板间的介质有密切关系。一般常见的介质有纸、陶瓷、涤纶、金属氧化膜、云母、铝电解质，常见的固定电容器外形如图 1-14 所示。其中，铝电解电容器的两极有正、负之分，使用时切记不可将极性接反，不可接到交流电路中，否则会被击穿。

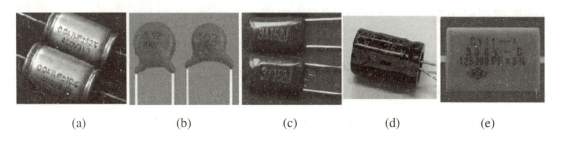

（a）　　　　　（b）　　　　　（c）　　　　　（d）　　　　　（e）

图 1-14　常见的固定电容器外形

（a）纸介电容器；（b）陶瓷电容器；（c）涤纶电容器；（d）铝电解电容器；（e）云母电容器

2）可变电容器

可变电容器是电容量能在较大范围内随意调节的电容器。一般常见的可变电容器外形如

图 1-15 所示。这种电容器一般用在电子电路中作调谐元件，可以改变谐振电路的频率。

3）微调电容器

微调电容器是电容量在某一小范围内可以调整的电容器，如图 1-16 所示。微调电容器主要用在调谐回路中作微调频率用。

图 1-15　可变电容器外形

图 1-16　微调电容器

任务知识库五　电感器

1. 电感器外形与分类

常见电感器外形如图 1-17 所示。

图 1-17　常见电感器外形

电感线圈可以分为空心电感线圈和铁芯电感线圈两大类。

（1）空心电感线圈

绕在非铁磁性材料做成的骨架上的线圈，称为空心电感线圈，常见的空心电感线圈如图 1-18 所示。空心电感线圈的附近只要不存在铁磁性材料，其电感是一个常数，与电流大小无关，只由线圈本身的性质决定，即只取决于线圈截面积的大小、几何形状与匝数的多少。

图 1-18　常见的空心电感线圈

线圈截面积越大、长度越短、匝数越多，其电感也就越大；反之，电感越小，这种电感为线性电感。

（2）铁芯电感线圈

在空心电感线圈内放置铁磁材料制成的铁芯，称为铁芯电感线圈。常见的铁芯电感线圈如图 1-19 所示。

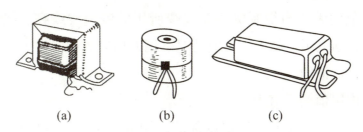

图 1-19　常见的铁芯电感线圈

（a）扼流线圈；（b）铁氧体电感线圈；（c）荧光灯镇流器

铁芯电感线圈的电感不是一个常数，其电感的大小会随电流的变化而变化，这种电感称为非线性电感。有时为了增大电感，常常在线圈中放置铁芯或磁芯，如收音机中的中周（中频变压器），就是通过在线圈中放置磁芯来获得较大电感的。

2. 电感器的参数

电感器有两个重要参数：一个是电感，另一个是额定电流。

（1）电感

电感一般标注在电感器的外壳上，通常采用直标法或色标法，单位为微亨（μH）。实际的电感线圈常用导线绕制而成，因此，其除具有电感外还具有电阻。由于电感线圈的电阻很小，常常忽略不计，这就成为一种只有电感而没有电阻的理想线圈，即纯电感线圈，简称电感。这样，"电感"具有了双重意义，它既是电路中的一个元件，又是电路中的一个参数。

（2）额定电流

额定电流是指电感器在正常工作时所允许通过的最大电流，常以字母 A、B、C、D、E 来表示，标称电流分别为 50 mA、150 mA、300 mA、700 mA、1 600 mA。使用中，电感器的实际工作电流必须小于额定电流，否则，电感线圈将会严重发热甚至烧毁。

3. 电感器的检测

（1）直观检测

直接观察电感器的引脚是否断开、磁芯是否松动、绝缘材料是否破损或烧焦等。

（2）用万用表检测

通常用万用表的电阻挡 $R \times 1$ 挡测量电感线圈两端的直流电阻值，如图 1-20 所示。根据测出的电阻值大小，可具体分下述 3 种情况进行判断。

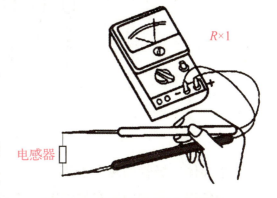

图 1-20　用万用表检测电感器

1）被测电感器电阻值太小

这说明电感器内部线圈有短路性故障，注意在测试操作时，一定要先将万用表调零，并仔细观察指针向右摆动的位置是否确实到达零位，以免造成误判。当怀疑电感器内部有短路性故障时，最好是用 $R \times 1$ 挡反复多测几次，这样才能做出正确的判断。

2）被测电感器有电阻值

电感器直流电阻值的大小与绕制电感器线圈所用的漆包线线径、绕制圈数有直接关系，线径越细，圈数越多，则电阻值越大。一般情况下用万用表 $R \times 1$ 挡测量，只要能测出电阻值，就可认为被测电感器是正常的。

3）被测电感器的电阻值为无穷大

这种现象比较容易区分，说明电感器内部的线圈或引出端与线圈接点处发生了断路性故障。需要注意的是，在测量电感量很小的线圈时，只要电阻挡测量线圈两端导通便是好的。

简言之，测量值与其技术标准所规定的数值相比较：若测量值比规定的阻值小很多，则说明线圈存在短路情况；若测量值很大或指针不动，则表示线圈存在断路情况。

任务知识库六　二极管

1. 半导体二极管的结构及图形符号

在 PN 结的 P 区引出一个电极，命名为正极，也称为阳极，用字母 A 表示；从 N 区引出一个电极，命名为负极，也称为阴极，用字母 K 表示，如图 1-21 所示。用金属、玻璃或者塑料将其封装好就构成一只半导体二极管，它是具有一个 PN 结的半导体元件，当然也具有 PN 结的单相导电性，如图 1-22所示。

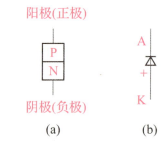

图1-21　半导体二极管结构示意与图形符号
（a）结构示意；（b）图形符号

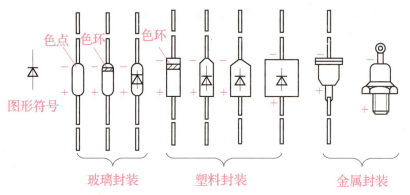

图1-22　半导体二极管封装示意

半导体二极管的两个引脚有正、负极之分。在其图形符号中，三角形底边端为正极，另一端为负极。实物中，有的将图形符号印在二极管上标出极性，有的在二极管的负端印上一道白色环作为负极标记，有的二极管两端形状不同，平头为正极，圆头为负极。

2. 半导体二极管的特性

半导体二极管是具有一个 PN 结的半导体元件，所以 PN 结的单向导电性也是半导体二极管的主要特性，但是要完整的理解二极管的单向导电性还得引入伏安特性曲线来描述。

加在半导体二极管两端的电压与流过半导体二极管内部的电流的关系称为二极管的伏安特性。为了便于分析和观察，把试验时所测试的实际电压与电流相对应，在坐标系中描绘出一条曲线来，这样的曲线称为伏安特性曲线。二极管的典型伏安特性，可以从正向特性和反向特性进行分段分析来说明，如图 1-23 所示。

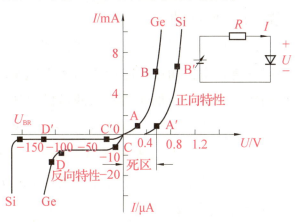

图 1-23　半导体二极管的伏安特性

（1）正向特性

1）死区段

当半导体二极管两端所加电压为 0 时，电路中没有电流流过，电流也为 0，曲线经过坐标系原点。当二极管两端加正向电压且电压值比较低的时候，电流非常小，如图 1-23 中的 0A、0A′段，这个区域是半导体二极管的死区段。一般硅（Si）二极管的死区电压为 0.5 V，锗（Ge）二极管的死区电压约为 0.2 V，在实际电路中，在死区电压范围内，二极管的正向电流为 0，二极管处于截止状态，不导通。

2）导通段

当正向电压逐渐升高且大于死区电压的时候，正向电流也逐渐增大，如图 1-23 所示的 AB 段和 A′B′段，此时半导体二极管处于正向导通状态，二极管正向导通时，其两端的管压降（二极管两端的电压）变化不大，一般硅（Si）二极管的管压降为 0.6~0.8 V，锗（Ge）二极管的管压降为 0.2~0.3 V。

由上述分析可知，半导体二极管的导通是有一定条件的，并不是在半导体二极管两端加正向电压就一定会导通，而是当其所加的正向电压值必须大于二极管的死区电压时半导体二极管才导通。

（2）反向特性

1）截止段

当半导体二极管两端加反向电压（即二极管的正极接电源的负极，二极管的负极接电源的正极）时，只有很微弱的反向电流（也称反向漏电流），几乎没有电流（相当于截止），这时可以说二极管处于反向截止状态，如图 1-23 所示的 0CD 和 0C′D′段。硅（Si）二极管的反向电流一般为几微安至几十微安，锗（Ge）二极管的反向电流一般为几十微安至几百微安。

2）击穿段

当加在半导体二极管两端的反向电压增大到一定数值的时候，反向电流会突然增大，这时二极管就失去了单向导电性，我们把这种现象称为二极管被反向击穿，而此时加在二极管两端的电压就称为反向击穿电压。二极管被反向击穿（也称电压击穿）以后并不是已经损坏，只要采取限流措施使反向电压不超过允许的电压值，其就可以恢复正常；但是，如果不采取限流措施，流过二极管的反向电流过大，则会让二极管的温度升高，将导致二极管被热击穿（烧毁），永久性损坏。

由此可见，半导体二极管的击穿有电压击穿和热击穿两种情况。二极管被电压击穿以后可以恢复正常，而被热击穿以后不能恢复正常，其已经被彻底地损坏。通过二极管的伏安特性曲线可以看出，加在二极管两端的电压与流过二极管两端的电流不是按照比例变化的，即不是一条直线，说明二极管不是一个线性元件，这也是二极管的一个重要特性(非线性)。

3. 半导体二极管的主要参数和选用依据

为了保证半导体二极管在电路中能正常的运行，保证电路工作的稳定，必须了解半导体二极管的主要参数。

(1)最大整流电流 I_{OM}

半导体二极管的最大整流电流是指二极管长时间连续工作时，允许通过的最大正向平均电流。在二极管连续工作时，为使 PN 结的温度不超过某一极限值，整流电流不应超过标准规定的允许值。

(2)最高反向击穿电压 U_{RM}

最高反向击穿电压是指二极管在工作中能承受的最大反向电压，也是使二极管不致被反向击穿的电压极限值。在一般情况下，最大反向工作电压应小于反向击穿电压。选用半导体二极管时，还要以最大反向工作电压为准，并留有适当余地，以保证二极管不致被损坏。

选用半导体二极管的依据有以下 2 个。

①半导体二极管的实际工作电流小于最大整流电流 I_{OM}，即 $I_R < I_{OM}$。

②加在二极管两端的实际工作反向电压小于最高反向击穿电压 U_{RM}，即 $U_R < U_{RM}$。

4. 半导体二极管的分类

二极管按照其所用的半导体材料可分为锗二极管(Ge 管)和硅二极管(Si 管)；按照其用途可分为检波二极管、整流二极管、稳压二极管、开关二极管、隔离二极管、肖特基二极管、发光二极管、硅功率开关二极管、旋转二极管等；按照其管芯结构又可分为点接触型二极管、面接触型二极管及平面型二极管。

5. 特殊二极管的应用

(1)稳压二极管

稳压二极管，英文名为 Zener Diode，又称为齐纳二极管，简称稳压管。它是利用二极管的反向击穿特性，采用特殊工艺制造的，在规定反向电流范围内可以被重复击穿的硅(Si)二极管。稳压二极管的封装形式有很多，如图 1-24 所示。它的正向特性曲线与普通硅二极管的正向特性曲线基本相同；但是，其反向伏安特性曲线非常陡直，如图 1-25 所示。

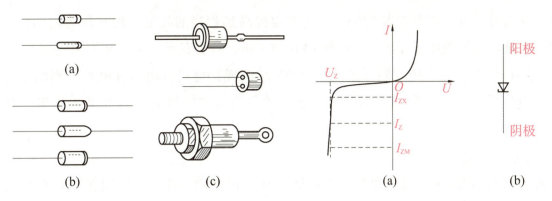

图 1-24　常见稳压二极管的封装　　图 1-25　稳压二极管伏安特性曲线与图形符号
（a）玻壳稳压二极管；（b）塑封稳压二极管；　　（a）伏安特性曲线；（b）图形符号
（c）金属壳稳压二极管

用限流电阻将流过稳压二极管的反向击穿电流 I_Z 限制在 $I_{Z(min)} \sim I_{Z(max)}$ 时，稳压二极管两端的电压 U_Z 基本不变。利用稳压二极管的这种反向击穿特性，就能达到稳压的目的。图 1-26 就是一个简单的稳压二极管稳压电路（也是最基本、最简单的稳压电路）。

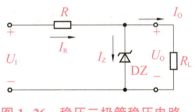

图 1-26　稳压二极管稳压电路

稳压二极管与负载并联，属于并联稳压电路，如果稳压二极管与负载串联，就不能起到稳压的作用，只能作普通二极管使用，同时稳压二极管稳压只适用于要求不高的小容量的场合。

稳压二极管的主要参数有以下 4 个。

稳定电压 U_Z：稳定电压就是稳压二极管在正常工作时，稳压管两端的电压值，这个数值随工作电流和温度的不同略有改变，即使是同一型号的稳压二极管，稳定电压值也有一定的分散性。

稳定电流 I_Z：工作电压等于稳定电压时的反向电流。

最小稳定电流 $I_{Z(min)}$：稳压二极管工作于稳定电压时所需的最小反向电流。

最大稳定电流 $I_{Z(max)}$：稳压二极管允许通过的最大反向电流。

选择稳压二极管的依据有以下 3 个。

①$U_Z = U_O$。

②$I_{Z(max)} = (1.5 \sim 3)I_{O(max)}$。

③$U_I = (2 \sim 3)U_O$。

式中，U_I 为稳压电路的输入电压；U_O、I_O 分别为稳压电路向负载提供的电压和电流；$I_{Z(max)}$、$I_{O(max)}$ 分别为稳压管和负载的最大电流值。

（2）发光二极管

发光二极管（Light-Emitting Diode，LED）是一种能发光的半导体电子元件。这种电子元件早在 1962 年出现，早期只能发出低光度的红光，之后发展为其他单色光的版本，时至今日能发出的光已遍及可见光、红外线及紫外线，光度也提高到相当的光度。初时作为指示灯、显示板等；现在已被广泛地应用于显示器、户外 LED 显示屏、广告显示、采光装饰和照明等。

发光二极管与普通二极管同样是由一个 PN 结组成，也具有单向导电性。当给发光二极管加上正向电压后，产生自发辐射的荧光。常用的是发红光、绿光或黄光的二极管，其图形符号如图 1-27 所示。

（3）光敏二极管

光敏二极管（Photo-Diode）和普通二极管一样，也是由一个 PN 结组成，具有单向导电特性，是利用半导体的光敏特性制造的二极管，其作用是把光信号转换成电信号。光敏二极管是在反向电压作用下工作的，当没有光照时，反向电流极其微弱，称为暗电流；当有光照时，反向电流迅速增大到几十微安，称为光电流。光的强度越大，反向电流也就越大。光的变化引起光敏二极管电流变化，这就可以把光信号转换成电信号，成为光电传感器件，其结构及图形符号如图 1-28 所示。光敏二极管常用于光电转换电路，如光电传感器等。

图 1-27　发光二极管图形符号　　图 1-28　光敏二极管结构及图形符号

（4）变容二极管

变容二极管（Varactor Diodes）又称可变电抗二极管，是一种利用 PN 结电容（势垒电容）与其反向偏置电压 U_r 的依赖关系及原理制成的二极管，其图形符号如图 1-29 所示。

变容二极管的作用是利用 PN 结之间电容可变的原理，在高频调谐、通信等电路中作可变电容器使用。变容二极管属于反偏压二极管，改变其 PN 结上的反向偏压，即可改变 PN 结电容量。反向偏压越高，PN 结电容则越小。

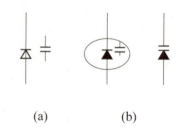

（a）　　　　（b）

图 1-29　变容二极管图形符号
（a）新符号；（b）旧符号

6. 各种二极管的检测及判断

半导体二极管具有明显的单向导电性，是各种电器设备中应用较为广泛的一种半导体元器件，常见的有普通二极管、稳压二极管、发光二极管、光敏二极管、变容二极管等。熟练掌握各种二极管的检测是学习电子技术的基本技能。

（1）普通二极管的检测

普通二极管的实物如图 1-30 所示，此二极管一端有一环银色标识，表示此端为该二极管的负极（阴极"K"），另一端为该二极管的正极（阳极"A"），这种直观法并不是完全正确的，同时只能识别二极管的电极，不能判断二极管的好坏，具体判断还需要借助万用表来进行检测判定。

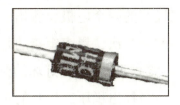

图1-30　普通二极管实物

1) 普通二极管极性的判别

普通二极管、发光二极管等常用半导体二极管的极性的判别均可以利用万用表来进行。首先将万用表置于 $R \times 100$ 挡或 $R \times 1\,k$ 挡，两表笔分别接二极管的两个电极，测出一个结果后，然后交换两表笔，再测出一个结果。两次测量的阻值结果为一小一大，在两次阻值的测量结果中，有一次测量出的阻值较小（为正向电阻），一次测量出的阻值较大（为反向电阻），如图1-31所示。在阻值较小的一次测量中，黑表笔接的是二极管的正极，红表笔接的是二极管的负极（或者阻值较大的一次测量中，黑表笔接的是二极管的负极，红表笔接的是二极管的正极）。

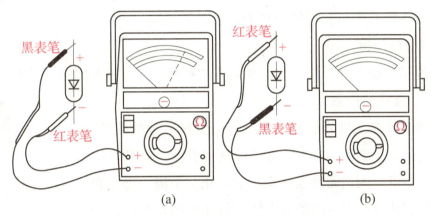

图1-31　普通二极管极性的判别

（a）阻值较小的测量；（b）阻值较大的测量

2) 二极管的好坏及材料的检测判断

①正、反向电阻阻值测量。通常，锗二极管的正向电阻值为 $1\,k\Omega$ 左右，反向电阻值为 $300\,k\Omega$ 左右。硅二极管的正向电阻值为 $5\,k\Omega$ 左右及以上，反向电阻值为∞（无穷大）。二极管的正向电阻越小越好，反向电阻越大越好。正、反向电阻值相差越大，说明二极管的单向导电特性越好。

如果测得二极管的正、反向电阻值均接近0或阻值较小，则说明该二极管内部已被击穿短路损坏；若测得二极管的正、反向电阻值均为∞，则说明该二极管已开路损坏。

②反向击穿电压的测量。二极管反向击穿电压（耐压值）可以用数字万用表的晶体管直流参数测试挡测量。其方法是，测量二极管时，将测试表的"NPN/PNP"选择键设置为"NPN"状态，再将被测二极管的正极接测试表的"C"插孔内，负极插入测试表的"e"插孔，然后按下"VBR"键，测试表即可指示出二极管的反向击穿电压值。

（2）稳压二极管的检测

1) 稳压二极管正、负电极的判别

测量稳压二极管的方法与普通二极管相同，即用万用表 $R \times 1\,k$ 挡，将两表笔分别接稳压二极管的两个电极，测出一个结果后，再交换两表笔进行测量。在两次测量结果中，阻值较小的那一次，黑表笔接的是稳压二极管的正极，红表笔接的是稳压二极管的负极。

2）稳压二极管好坏的判断

当找出稳压二极管的正、负极的时候，还要确定稳压二极管是否是好的。即用万用表$R×$10 k挡，测稳压二极管的正、反向电阻，如果两次所测量的电阻值均在两到三百千欧以下，则说明该稳压二极管是好的；若测得稳压二极管的正、反向电阻值均很小或均为无穷大，则说明该稳压二极管已被击穿或开路损坏。

值得注意的是，有少数反相电流大的锗二极管，用$R×10$ k挡测量的时候，其反相电阻也可为几百千欧，遇到类似管子就不能把它误判成稳压二极管。

从外形上看，金属封装稳压二极管管体的正极一端为平面型，负极一端为半圆面型。塑封稳压二极管管体上印有彩色标记的一端为负极，另一端为正极。

（3）发光二极管的检测

发光二极管包括普通发光二极管和红外发光二极管，下面我们就介绍它们的检测方法。

1）普通发光二极管的检测

①肉眼观察法。发光二极管也是一个有正、负极之分的器件，使用前应先分清它的正、负极。由于发光二极管的管体一般都是用透明塑料制成的，故可以用肉眼观察来识别它的正、负极。将发光二极管放在明亮处，从侧面观察两条引出线在管体内的形状。面积较小的是正极，较大的是负极，如图 1-32 所示。如果要检测二极管的好坏及正、反向电阻值，则还需要用万用表进行检测判断。

"＋"正极　"－"负极

图 1-32　普通发光二极管

②万用表检测法。将万用表调整至$R×1$ k挡或$R×10$ k挡，将两表笔分别与发光二极管的两条引线相接，若指针偏转过半，同时发光二极管中有一发亮光点，则表示发光二极管是正向接入，这时与黑表笔(与表内电池正极相连)相接的是正极；与红表笔(与表内电池负极相连)相接的是负极。再将两表笔交换后与发光二极管相接，这时为反向接入，万用表指针应不动。如果不论正向接入还是反向接入，指针都偏转到头或都不动，则该发光二极管已被击穿或开路。

需要注意的是一般在测量普通发光二极管时可以使用万用表的 $R×1$ k挡，而部分压降大的发光二极管就需要用 $R×10$ k挡。因为部分压降大的发光二极管的管压降为 2 V 及以上，而万用表处于 $R×1$ k挡及其以下各电阻挡时，表内电池仅为 1.5 V；低于管压降，无论正、反向接入，发光二极管都不可能导通，也就无法检测。$R×10$ k挡时，万用表内接有 9 V(或 15 V)高压电池，高于管压降，所以，可以用来检测发光二极管。

2）红外发光二极管的检测

测试红外发光二极管的好坏，可以按照测试普通硅二极管正、反向电阻的方法测试，常用的判断红外发光二极管正、负极的有肉眼观察法和万用表检测法。

①肉眼观察法。首先可以通过肉眼观察法判别红外发光二极管的引脚极性。红外发光二

极管有两个引脚，通常长引脚为正极，短引脚为负极。由于红外发光二极管呈透明状，所以，管壳内的电极清晰可见，内部电极较宽、较大的一极为负极，而较窄、较小的一极为正极，如图1-33所示，这是通过肉眼观察法对红外发光二极管进行判断，具体的验证还是要通过万用表检测法。

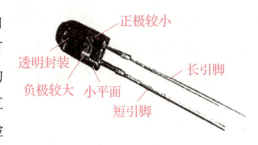

图1-33 红外发光二极管

②万用表检测法。万用表检测判断红外发光二极管的具体步骤如下：将万用表置于 $R×1$ k挡，将两个表笔接红外发光二极管的两个电极，如果测得一次阻值在 $20\sim40$ kΩ，再交换万用表的表笔测一次，如果阻值在 500 kΩ 以上，则阻值小的一次黑表笔接的是红外发光二极管的正极，红表笔接的是红外发光二极管的负极；如果测得的阻值两次都较大或者两次都较小，则该红外发光二极管已经被损坏，不能正常使用。

任务知识库七 晶体管

1. 半导体晶体管的结构及其分类

半导体晶体管也称双极型晶体管，简称为晶体管，是一种电流控制电流的半导体器件。其作用是把微弱信号放大成幅值较大的电信号，也用作无触点开关。晶体管，是半导体基本元器件之一，具有电流放大作用，是电子电路的核心元件。

（1）半导体晶体管的结构

半导体晶体管的结构都是由3块掺杂半导体形成的2个PN结所组成的，3块半导体的排列方式有两种类型。因此，晶体管可以分为NPN型和PNP型。3块半导体的厚薄、面积、掺杂浓度等都不是完全相同的，其结构如图1-34所示，两种类型的晶体管的图形符号用发射极箭头方向不同来区别，同时发射极的箭头方向也是发射极正向电流的方向。

半导体晶体管的特点

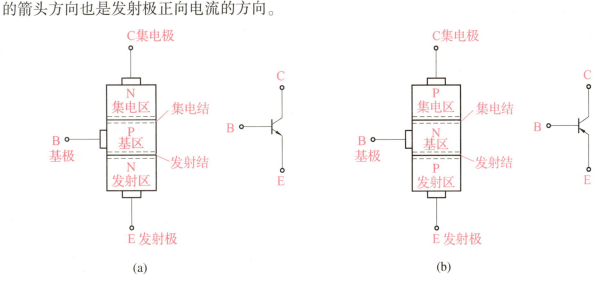

图1-34 晶体管的结构与图形符号

（a）NPN型；（b）PNP型

从图 1-34 中可以看出，每种类型的晶体管都是由集电区、基区和发射区组成。把集电区和基区交界处的 PN 结称为集电结，把基区与发射区连接处的 PN 结称为发射结，晶体管的每个电极从晶体管的每个区引出来，分别称为集电极、基极、发射极，用字母 C、B、E 表示。

◇想一想◇

半导体晶体管是由 2 个 PN 结所构成的，那任意的 2 个 PN 结就可以组成一个晶体管吗？为什么呢？

（2）半导体晶体管的分类

晶体管按材料分为锗管和硅管两种，而每一种又有 NPN 和 PNP 两种结构形式，常见的半导体晶体管如图 1-35 所示。其具体分类如下。

图 1-35　常见的半导体晶体管

①按材质：硅管、锗管。

②按结构：NPN 、PNP。

③按功能：开关管、功率管、达林顿管、光敏管等。

④按功率：小功率管、中功率管、大功率管。

⑤按工作频率：低频管、高频管、超频管。

⑥按结构工艺：合金管、平面管。

⑦按安装方式：插件晶体管、贴片晶体管。

2. 半导体晶体管的放大原理与电流分配关系

晶体管要具有放大作用，除了要满足其内部结构特点外，还必须满足外部电路条件。其外部条件是，给发射结加正向偏置电压，集电结加反向偏置电压，简称"发射结正偏，集电结反偏"，如图 1-36 所示。

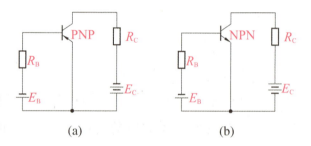

图 1-36　晶体管外部电路条件

（a）PNP 型晶体管；（b）NPN 型晶体管

知识窗

对于 PNP 型晶体管，3 个电极上的电压分布必须满足 $U_C<U_B<U_E$ 的条件才能起到放大作用；对于 NPN 型晶体管，其电压分布与 PNP 型晶体管相反，即应该满足 $U_C>U_B>U_E$ 的电压条件才能起放大作用。在基极与发射极之间加的正向电压 U_{BE} 称为正向偏压（又称正向偏置），其电压值应该大于发射结的死区电压，一般为硅（Si）管 0.7 V，锗（Ge）管 0.3 V。

（1）晶体管的电流放大原理

接下来，我们以 NPN 型晶体管组成的共发射极放大电路实验来说明晶体管放大电路的基本原理。

◇**动动脑**◇

　　请大家思考，晶体管能把电路中的电流放大吗？如果不能，那它是怎么做到放大的呢？

如图 1-37 所示，该电路中有 3 条支路的电流流过晶体管。我们把从基极流至发射极的电流称为基极电流 I_B；把从集电极流至发射极的电流称为集电极电流 I_C。这两个电流都经过发射极流出来，该电流称为射极电流 I_E，所以发射极上就用了一个箭头来表示电流的方向。其中基极可变电源 U_{BB} 通过基极电阻 R_B 将正向电压加到发射结上，提供发射结正向偏置电压 U_{BE}；集电极可变

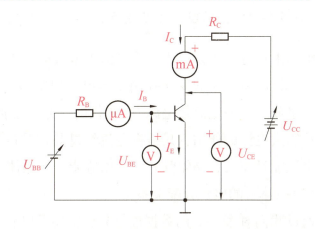

图 1-37　NPN 型晶体管放大原理与电流分配实验

电源 U_{CC} 通过 R_C 将电压加在集电极与发射极之间提供反向偏置电压 U_{CE}。调节可变电源 U_{BB} 的电压值，可以改变发射结的偏置电压，从而控制基极电流 I_B 的大小，而 I_B 的变化又会引起 I_E 和 I_C 的变化。每当 I_B 取一定值的时候，就会得到一组 I_C、I_E 对应的值，实验数据如表 1-3 所示。

表 1-3　NPN 型晶体管 3 个电极的电流变化情况

I_B/mA	0	0.01	0.02	0.03	0.04	0.05
I_C/mA	0.1	0.5	1.1	1.53	2.04	2.29
I_E/mA	0.1	0.51	1.12	1.56	2.08	2.34

分析表 1-3 的数据可以看出，当基极电流为 0 的时候，集电极和发射极的电流也接近为 0。当基极电流增加到 0.01 mA 的时候，集电极电流增大了 0.4 mA，将这个电流的变化相对比得到如下关系式，即

$$\Delta I_C / \Delta I_B = (0.5 - 0.1)/(0.01 - 0) = 40$$

从上面计算可以看出，当基极电流有一个微小的变化时，将引起集电极电流有一个较大的变化。我们把这两个电流变化量的比值称为晶体管的交流放大倍数 β，即

$$\beta = \Delta I_C / \Delta I_B$$

上式表示交流放大倍数，同时对应的还有直流放大倍数 $\bar{\beta}$，即

$$\overline{\beta} = I_C/I_B$$

β 和 $\overline{\beta}$ 都是代表晶体管对电流的放大能力，只是 β 表示的是晶体管集电极电流与基极电流变化量的比值；而 $\overline{\beta}$ 表示当前集电极电流与基极电流的比值，表示晶体管对直流的放大能力，后续均用 β 表示，不再区分。

> **知识窗**
>
> β 值的大小受温度的影响较大：当温度每升高 1 ℃ 的时候，β 值增大 0.5%~1%；同理，当温度降低 1 ℃ 的时候，β 值减小 0.5%~1%。

根据上述分析可以得出结论：由于基极电流 I_B 的微小变化，引起集电极电流 I_C 的较大变化，即基极电流微小的变化控制了集电极电流较大的变化，这就是晶体管的放大原理。但晶体管经过放大后的电流是电源 U_{CC} 提供的，并不是把基极电流直接放大得到的，这是一种以小电流控制大电流的作用，只是将电流经过晶体管的特殊关系按照 I_B 的变化规律转换成幅度更大的交流能量而已，晶体管并没有创造能力。晶体管是电流型控制器件，这是它的实质。

(2) 晶体管的电流分配关系

通过我们对表 1-3 的数据进行分析，还可以看出如下关系：

$$I_E = I_B + I_C \tag{1-1}$$
$$I_C = \beta I_B \tag{1-2}$$

所以　　　　　　　　　$I_E = I_C + I_B = \beta I_B + I_B \approx I_C$

从式 (1-1) 可以看出，晶体管的发射极电流等于基极电流与集电极电流之和，不管是 NPN 型晶体管还是 PNP 型晶体管均满足该规律，只是两者的电流方向改变了而已。在 PNP 型晶体管中，基极电流与集电极电流流出晶体管，发射极电流流入晶体管；而在 NPN 型晶体管中，基极与集电极电流流入晶体管，而发射极电流流出晶体管。

(3) 晶体管在电路中的 3 种接法

由于晶体管有 3 个电极，故其在电路中的接法也有 3 种，它们分别是共集电极接法、共发射极接法、共基极接法，其中共什么极就是指电路的输入端及输出端以这个电极作为公共端，如图 1-38 所示。

晶体管在电路中的 3 种接法的特点有以下 3 个。

① 晶体管的加电原则相同，即晶体管处于放大状态必须满足发射结正偏，集电结反偏。

② 晶体管各个电极的电流分配规律相同，即

$$I_E = I_B + I_C$$
$$I_C = \beta I_B$$
$$I_E = I_C + I_B = \beta I_B + I_B \approx I_C$$

③ 晶体管各极电流的实际方向：NPN 型晶体管从基极与集电极流入，发射极流出；PNP 型晶体管从发射极流入，基极与集电极流出。

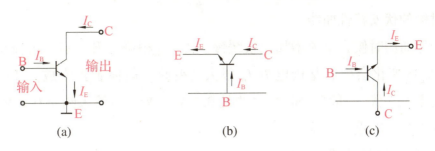

图 1-38　NPN 型晶体管的 3 种连接方式

（a）共发射极电路；（b）共基极电路；（c）共集电极电路

3. 晶体管的输入、输出特性曲线

晶体管输入、输出特性测试电路如图 1-39 所示。

晶体管外部各极所加电压、晶体管的输入特性曲线与流过晶体管内部电流的关系曲线，称为晶体管的特性曲线，也称晶体管的伏安特性曲线。它既可以反映晶体管的质量及其特性，又可以用来估算晶体管的很多参数。

（1）晶体管的输入特性曲线

当晶体管的集电极与发射极之间的电压 U_{CE} 一定的时候，其基极与发射极之间的结电压 U_{BE} 与基极电流 I_B 之间的关系曲线，称为晶体管的输入特性曲线。在图 1-39 所示的测试电路中，调节 U_{BB} 的电压大小，当 U_{BB} 每取一个值的时候，必然会有一组 U_{BE} 和 I_B 的值相对应。然后通过建立坐标系再通过描点的方法，就得到了晶体管的输入特性曲线，如图 1-40 所示。当增大 U_{CC} 的电压值时，晶体管集电极与发射极之间的电压 U_{CE} 也增大。但是，当增大晶体管集电极与发射极电压 U_{CE} 到一定的值时，各条曲线几乎重合。

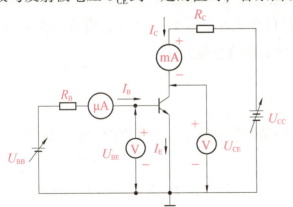

图 1-39　晶体管输入、输出特性测试电路

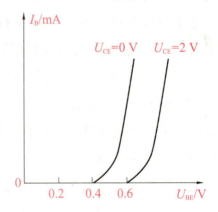

图 1-40　晶体管的输入特性曲线

U_{BE} 是晶体管基极与发射极之间的结电压，也相当于一个二极管，所以晶体管的输入特性曲线相当于二极管的正向曲线部分，同时也存在死区电压，只有发射结的正偏电压大于死区电压的时候，晶体管的基极才会有电流 I_B 流过。

晶体管的输入特性曲线与二极管的特性曲线有不同之处，因为其发射极电流只有小部分是基极电流，大部分是集电极电流，且 $I_E = I_C + I_B$，所以不能简单地把晶体管的输入特性曲线说成是晶体管发射极的伏安特性曲线。

晶体管开始导通的时候，电流增加比较缓慢。当 U_{BE} 稍微上升一点，电流增加很快，很小的发射结电压 U_{BE} 的变化会引起基极电流 I_B 很大的变化。晶体管正常放大工作时 U_{BE} 变化不大，只能工作在零点几伏［一般硅（Si）管大约是 0.7 V，锗（Ge）管大约是 0.3 V］。这是检查晶体管是否处于放大状态的重要依据。

（2）晶体管的输出特性曲线

当晶体管基极电流 I_B 一定的时候，集电极与发射极之间的电压 U_{CE}（也称晶体管的管压降）与集电极电流 I_C 之间的关系曲线，称为晶体管的输出特性曲线。当 U_{BB} 的值被固定的时候，基极电流 I_B 也被固定。调节 R_C，其每改变一下，就会有一组 U_{CE} 与 I_C 的值相对应，然后我们利用平面直角坐标系进行描点，就会得到一条晶体管的输出特性曲线，如图1-41 所示。

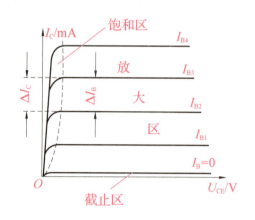

图 1-41　晶体管的输出特性曲线

晶体管的输出特性曲线有以下 2 个特点。

①当晶体管集电极与发射极之间电压 $U_{CE}=0$ 时，集电极电流 $I_C=0$，随着晶体管集电极与发射极之间电压 U_{CE} 的逐渐增大，集电极电流 I_C 也跟着增大，当集电极与发射极之间电压 $U_{CE}=1$ V 左右时，无论 U_{CE} 怎么变化，I_C 几乎不变，所以曲线与坐标系横轴接近平行。

②当基极的电流 I_B 逐渐增加的时候，集电极电流 I_C 比基极电流 I_B 大得多，各曲线可以近似看成是平行等距的，各个曲线平行部分之间的间距大小，反映了晶体管电流的放大能力，曲线平行部分的间距越大，说明该晶体管的电流放大倍数也越大。

4. 晶体管的主要参数及检测判断方法

（1）晶体管的主要参数及选管依据

晶体管的参数是其性能的标志，同时也是选用晶体管的依据。其通常的主要参数如下。

1）电流放大系数 β

当共发射极放大电路有交流信号输入时，因交流信号的作用，必然会引起 I_B 的变化，相应的也会引起 I_C 的变化，两电流变化量的比值称为共发射极交流电流放大系数 β，即

$$\beta = \frac{\Delta I_C}{\Delta I_B}$$

由于制造工艺的分散性，同一型号晶体管的 β 值差异较大。常用的小功率晶体管，其 β 值一般为 20～100。β 过小，晶体管的电流放大作用小；β 过大，晶体管工作的稳定性差，一般选用 β 为 40～80 的晶体管较为合适。

2）极间反向饱和电流 I_{CBO} 和 I_{CEO}

①集电结反向饱和电流 I_{CBO} 是指发射极开路，集电结加反向电压时测得的集电极电流。常温下，硅管的 I_{CBO} 在 nA（10^{-9} A）的量级，通常可忽略。

②集电极-发射极反向电流 I_{CEO} 是指基极开路时，集电极与发射极之间的反向电流，即穿透电流，穿透电流的大小受温度的影响较大，穿透电流小的管子热稳定性好。

3）极限参数

①集电极最大允许电流 I_{CM}。晶体管的集电极电流 I_C 在相当大的范围内 β 值基本保持不变，但当 I_C 的数值大到一定程度时，电流放大系数 β 值将明显减小。使 β 明显减小时所对应的 I_C 即为 I_{CM}。为了使晶体管在放大电路中能正常工作，I_C 不应超过 I_{CM}。

②集电极最大允许功耗 P_{CM}。晶体管工作时集电极电流在集电结上将产生热量，产生热量所消耗的功率就是集电极的功耗 P_{CM}，即 $P_{CM}=I_C U_{CE}$。

功耗与晶体管的结温有关，结温又与环境温度、晶体管是否有散热器等条件相关。在输出特性曲线上做出晶体管的允许功耗线，如图 1-42 所示。功耗线的左下方为安全工作区，右上方为过损耗区。

③反向击穿电压 $U_{BR(CEO)}$。反向击穿电压 $U_{BR(CEO)}$ 是指基极开路时，加在集电极与发射极之间的最大允许电压。使用中如果晶体管两端的电压

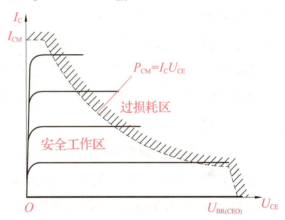

图 1-42　晶体管的等耗曲线

$U_{CE}>U_{BR(CEO)}$，则集电极电流 I_C 将急剧增大，这种现象称为击穿。晶体管被击穿将造成其可能永久性的损坏。晶体管电路在电源 E_C 的值选得过大时，有可能会出现当晶体管截止时，$U_{CE}>U_{BR(CEO)}$，导致晶体管被击穿而损坏的现象。一般情况下，晶体管电路的电源电压应小于 1/2 $U_{BR(CEO)}$。

④温度对晶体管参数的影响。

A. 对 β 的影响。晶体管的 β 值随温度的升高将增大，温度每上升 1 ℃，β 值增大 0.5%～1%，其结果是在相同的 I_B 情况下，集电极电流 I_C 随温度上升而增大。

B. 对反向饱和电流 I_{CEO} 的影响。I_{CEO} 是由少数载流子漂移运动形成的，它与环境温度关系很大，I_{CEO} 随温度上升会急剧增加。温度上升 10 ℃，I_{CEO} 将增加一倍。但一般情况下温度对硅管的 I_{CEO} 影响不大，对锗管的 I_{CEO} 影响较大，在选用时，一般都希望晶体管的反向饱和电流 I_{CEO} 越小越好，所以很多情况下都选用硅管。

C. 对发射结电压 U_{BE} 的影响。和二极管的正向特性一样，温度每上升 1 ℃，U_{BE} 将下降 2～2.5 mV。

综上所述，随着温度的上升，β 值将增大，I_C 也将增大，U_{BE} 将下降，这对晶体管放大作用不利，使用中应采取相应的措施克服温度的影响。

（2）晶体管的检测与判断

根据晶体管的特性，可以迅速判断出晶体管的3个电极。晶体管可以借助指针万用表和数字万用表两种工具检测判断。

1）利用指针万用表判断晶体管

①找到基极及判断管型。用万用表$R\times100$ k 或 $R\times1$ k 挡，将黑表笔接任意假设的一脚并作为基极不动，红表笔分别去接另两脚，测得两次电阻必须均很小（一般为几百欧或者几千欧）或者均很大（一般为无穷大或者接近无穷大），说明假设的基极基本正确（否则假设错误，只有重新假设）。为了进一步确定，用同样的方法进行验证，只是要将红表笔去接刚才假设的脚不动，黑表笔分别去接另两脚，测得两次电阻必须均很大或者均很小（与刚才完全相反），说明刚才假设的引脚确实为基极（如果不完全相反，则说明没有验证成功，假设错误，必须重新假设一个引脚为基极再测，直到测量阻值均很大或者均很小）。在测准基极的同时如果黑表笔接的是基极不动，红表笔分别接触其他两极时，两次阻值均较小，则晶体管为 NPN 型晶体管，两次阻值均较大，则晶体管为 PNP 型晶体管；如果最后所测结果不能满足上述要求，则该晶体管可能损坏。

②判定集电极和发射极（以 NPN 型晶体管为例）。先假设除基极外的两只引脚中的任一引脚为集电极，用 $R\times1$ k 挡且黑表笔接假设的集电极，红表笔接假设的发射极，基极通过一只 100 kΩ 的电阻与集电极相接（或者利用人手），如图 1-43 所示，此时万用表将偏转一个角度；然后又假设另一只引脚为集电极，两表笔和接电阻的方法仍按上述要求，此时指针也将偏转一个角度。两次假设中，指针偏转角度大的一次黑表笔接的为集电极，另一只为发射极。对于 PNP 型晶体管的测量方法同上，只是两表笔交换一下（该方法是用测放大倍数的方法，测的结果较准确）。

2）利用数字万用表判断晶体管

利用数字万用表的二极管挡测量晶体管，此挡位的工作电压为 2 V，可以保证晶体管的两个 PN 结在施加此电压后具有正向导通、反向截止的 PN 结单向导电特性。

①基极的判定。将数字万用表的一支表笔接在晶体管的假定基极上，另一支表笔分别接触另外两个电极，如果两次测量在液晶屏上显示的数字均为0.1~

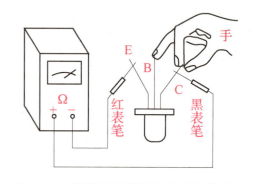

图 1-43　判断晶体管的集电极和发射极

0.7 V，则说明晶体管的两个 PN 结处于正向导通，此时假定的基极即为晶体管的基极，另外两电极分别为集电极和发射极；如果只有一次显示为 0.1~0.7 V 或一次都没有显示，则应重新假定基极再次测量，直到测出基极为止。

②集电极和发射极的判定。有两种方法进行判定：一种是用二极管挡进行测量，由于晶体管的发射区掺杂浓度高于集电区，所以，在给发射结和集电结施加正向电压时，PN 结压降

不一样大，其中发射结的结压降略高于集电结的结压降，由此判定发射极和集电极；另一种方法是使用 hFE 挡来进行判断，在确定晶体管的基极和管型后，将晶体管的基极按照基极的位置和管型插入测量孔中，其他两个引脚插入余下的 3 个测量孔中的任意 2 个，观察液晶屏上数据的大小，找出晶体管的集电极和发射极，交换位置后再测量一下，观察液晶屏上数值的大小，反复测量 4 次，对比观察。以所测的数值最大的一次为准，其就是晶体管的电流放大系数，相对应插孔的电极即是晶体管的集电极和发射极。

3）晶体管类型、材料的判定

基极确定后，红表笔接基极的为 NPN 型晶体管，黑表笔接基极的为 PNP 型晶体管；PN 结正向导通时的结压降为 0.1~0.3 V 的是锗晶体管，结压降为 0.5~0.7 V 的是硅晶体管。

4）晶体管质量的判定

①正常情况：在正向测量两个 PN 结时具有正常的正向导通压降 0.1~0.7 V，反向测量时两个 PN 结截止，液晶屏上显示溢出符号"1"；集电极和发射极之间测量时，显示溢出符号"1"。

②击穿情况：常见故障为集电结或发射结以及集电极和发射极之间击穿，在测量时蜂鸣挡会发出蜂鸣声，同时，液晶屏上显示的数据接近于 0。

③开路情况：常见的故障为发射结或集电结开路，在正向测量时液晶屏上会显示为"1"的溢出符号。

④漏电情况：常见的故障为发射结或集电结之间在正向测量时有正常的结压降，而在反向测量时也有一定的压降值显示，一般为零点几伏到一点几伏，反向压降值越小，说明晶体管漏电越严重。

 任务 3　电力器件

学习目标

- ◆了解电力二极管类型及主要特性参数。
- ◆掌握电力二极管的检测方法。
- ◆了解电力场效应管的外形、结构、特性、参数。
- ◆掌握电力场效应管的工作原理及检测方法。
- ◆了解晶闸管的分类、特点、参数。
- ◆掌握晶闸管的用途及检测方法。
- ◆了解绝缘栅双极型晶体管的结构、等效电路。
- ◆掌握绝缘栅双极型晶体管的检测方法及故障判断。

任务描述

随着科技社会的进步，我们已经进入了高铁、新能源汽车的时代。工业 4.0 即将到来。这一切的背后都离不开电力电子器件，电力电子器件在这些领域中奠定了重要的地位。本任务的目标是，认识几种常见的电力电子器件，了解基本的工作原理，掌握其主要性能参数以及检测方法，感知其主要应用领域以及应用场景。

任务知识库一　电力二极管

1. 简介

电力二极管(Power Diode，PD)是指可以承受高电压、大电流，具有较大耗散功率的二极管，它与其他电力电子器件相配合，作为整流、续流、电压隔离、钳位或保护元件，在各种变流电路中发挥着重要作用。

电力二极管实际上是由一个面积较大的 PN 结和两端引线以及封装组成的，从外形上看，主要有螺栓型和平板型两种封装，如图 1-44 所示。

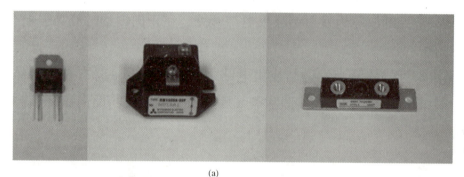

(a)

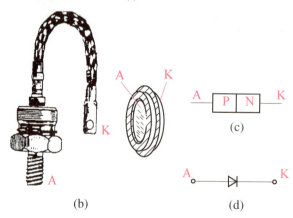

(b)　　　　　　(d)

图 1-44　电力二极管的实物、外形、结构和图形符号

(a)实物；(b)外形；(c)结构；(d)图形符号

2. 主要参数

电力二极管的动态过程波形如图 1-45 所示。

（1）正向平均电流 $I_{F(AV)}$

额定电流——在指定的管壳温度和散热条件下，其允许流过的最大工频正弦半波电流的平均值。

$I_{F(AV)}$ 是按照电流的发热效应来定义的，使用时应按有效值相等的原则来选取电流定额，并应留有一定的裕量。

平均电流 I_d 和正向平均电流 $I_{F(AV)}$ 是不一样的。

（2）正向压降 U_F

U_F 是指在指定温度下，流过某一指定的稳态正向电流时对应的正向压降。

（3）反向重复峰值电压 U_{RRM}

U_{RRM} 是指对电力二极管所能重复施加的反向最高峰值电压。使用时，应当留有两倍的裕量。

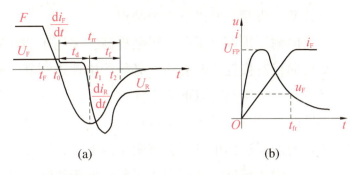

图 1-45　电力二极管的动态过程波形

(a) 正向偏置转换为反向偏置；(b) 零偏置转换为正向偏置

（4）反向恢复时间 t_{rr}

延迟时间：$t_d = t_1 - t_0$。

电流下降时间：$t_f = t_2 - t_1$。

反向恢复时间：$t_{rr} = t_d + t_f$。

（5）最高工作结温 T_{JM}

结温是指管芯 PN 结的平均温度，用 T_J 表示。

T_{JM} 是指在 PN 结不致损坏的前提下所能承受的最高平均温度。T_{JM} 通常为 125～175 ℃。

（6）浪涌电流 I_{FSM}

I_{FSM} 指电力二极管所能承受最大的连续一个或几个工频周期的过电流。

3. 电力二极管的主要类型

电力二极管的主要类型有普通二极管、快恢复二极管、肖特基二极管。

（1）普通二极管（General Purpose Diode，GPD）

普通二极管又称整流二极管（Rectifier Diode），多用于开关频率不高（1 kHz 以下）的整流电路，其反向恢复时间较长，正向电流定额和反向电压定额可以达到很高。

（2）快恢复二极管（Fast Recovery Diode，FRD）

快恢复二极管简称快速二极管，又名快恢复外延二极管（Fast Recovery Epitaxial Diodes，FRED），其 t_{rr} 更短（可低于 50 ns），U_F 也很低（0.9 V 左右），但其反向耐压多在 1 200 V 以下。

快恢复二极管从性能上可分为快速恢复和超快速恢复两个等级。前者 t_{rr} 为数百纳秒或更长，后者则在 100 ns 以下，甚至达到 20～30 ns。

（3）肖特基二极管（Schottky Barrier Diode，SBD）

以金属和半导体接触形成的势垒为基础的二极管称为肖特基势垒二极管，简称肖特基二极管。

肖特基二极管具有以下 2 个缺点。

①反向耐压提高时正向压降会提高，多用于 200 V 以下。

②反向稳态损耗不能忽略，必须严格地限制其工作温度。

肖特基二极管具有以下 4 个优点。

①反向恢复时间很短(10~40 ns)。

②正向恢复过程中也不会有明显的电压过冲。

③反向耐压较低时其正向压降明显低于快恢复二极管。

④效率高，其开关损耗和正向导通损耗都比快恢复二极管还小。

4. 电力二极管的检测

普通二极管与快恢复二极管的好坏判断与一般二极管方法一样，下面重点介绍肖特基二极管性能好坏的判别方法。

(1)二端型肖特基二极管的检测

①用指针万用表检测。将万用表置于 $R\times1$ 挡检测，黑表笔接正极，红表笔接负极。正常时，其正向电阻值为 2.5~3.5 Ω，反向电阻值为∞。若测得正、反向电阻值均为∞或均接近 0，则说明该肖特基二极管已开路或已被击穿损坏。

②用数字万用表检测。将万用表置于二极管挡，测量二端型肖特基二极管的正、反向电阻值。正常时，其正向电阻值(红表笔接正极)为 2.5~3.5 Ω，反向电阻值为∞。若测得正、反向电阻值均为∞或均接近 0，则说明该肖特基二极管已开路或已被击穿损坏。

(2)三端型肖特基二极管的检测

三端型肖特基二极管应先测出其公共端，判别出是共阴对管，还是共阳对管，然后再分别测量两个二极管的正、反向电阻值。现以共阳对管的肖特基二极管测试为例，说明具体的检测方法，将引脚分别标号为 1、2、3，万用表置于 $R\times1$ 挡进行下述三步测试。

第一步：测量 1、3 引脚正、反向电阻值，若为∞，则说明这两个电极无单向导电性。

第二步：将黑表笔接 1 引脚、红表笔接 2 引脚，如果测得的阻值为∞，再将红、黑表笔交换进行测量，如果所测阻值为 2.5~3.5 Ω，则说明 2、1 引脚具有单向导电特性，且 2 引脚为正，1 引脚为负。

第三步：将黑表笔接 3 引脚、红表笔接 2 引脚，如果测得的阻值为∞，再交换红、黑表笔后进行测量，如果所测阻值为 2.5~3.5 Ω，则说明 2、3 引脚具有单向导电特性，且 2 引脚为正，3 引脚为负。

根据上述三步测量结果，即可判断被测肖特基二极管为一只共阳对管。其中，2 引脚为公共阳极，1、3 引脚为两个阴极。否则，则为共阴对管。

任务知识库二　电力场效应管

电力场效应管又名电力场效应晶体管，分为结型和绝缘栅型，通常主要指绝缘栅型中的 MOS 型(Metal Oxide Semiconductor FET)，简称电力 MOSFET(Power MOSFET)，结型电力场效应晶体管一般称为静电感应晶体管（Static Induction Transistor，SIT）。

1. 电力场效应管外形与结构

电力 MOSFET 大都采用垂直导电结构，又称为 VMOSFET（Vertical MOSFET）。按垂直导电结构的差异，分为利用 V 型槽实现垂直导电的 VVMOSFET 和具有垂直导电双扩散 MOS 结构的 VDMOSFET（Vertical Double-diffused MOSFET）。

小功率 MOS 管是横向导电器件。由于 N 沟道增强型 MOS 管最为常用，因此，下面主要介绍这种类型的 MOS 管。N 沟道增强型绝缘栅场效应管（简称增强型 NMOS 管）外形、结构、图形符号如图 1-46 所示。

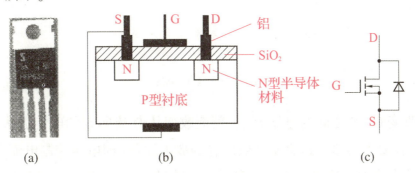

图 1-46　N 沟道增强型绝缘栅场效应管外形、结构、图形符号
（a）外形；（b）结构；（c）图形符号

增强型 NMOS 管的结构是以 P 型硅片作为基片（又称为衬底），在基片上制作两个含很多杂质的 N 型材料，再在上面制作一层很薄的二氧化硅（SiO_2）绝缘层，在两个 N 型材料上引出两个铝电极，分别称为漏极（D）和源极（S），并在两极中间的 SiO_2 绝缘层上制作一层铝制导电层，从该导电层上引出电极称为 G。P 型衬底与 D 极连接的 N 型半导体会形成二极管结构（称为寄生二极管），由于 P 型衬底通常与 S 连接在一起，所以，增强型 NMOS 管又可用图 1-46（c）所示的图形符号表示。

2. 电力场效应管工作原理

增强型 NMOS 管需要加合适的电压才能工作。加有电压的增强型 NMOS 管如图 1-47 所示，图 1-47（a）为其结构形式，图 1-47（b）为其电路形式。

如图 1-47（a）所示，电源 E_1 通过 R_1 接场效应管的 D、S，电源 E_2 通过开关 S 接场效应管的 G、S。在开关 S 断开时，场效应管的 G 无电压，D、S 所接的两个 N 区之间没有导电沟道，所以，两个 N 区之间不能导通，I_D 电流为 0；如果将开关 S 闭合，场效应管的 G 获得正电压，与 G 连接的铝电极有正电荷，由此产生的电场穿过 SiO_2 层，将 P 衬底很多电子吸引靠近至 SiO_2 层，从而在两个 N 区之间出现导电沟道，此时，D、S 之间被加上正向电压，从而有 I_D 电流从 D 流入，再经导电沟道从 S 流出。

如果改变 E_2 电压的大小，即改变 G、S 之间的电压 U_{GS}，则与 G 相通的铝层产生的电场大小就会变化，SiO_2 下面的电子数量就会变化，两个 N 区之间沟道宽度就会变化，流过的 I_D 电流大小就会变化。U_{GS} 电压越高，沟道越宽，I_D 电流就会越大。

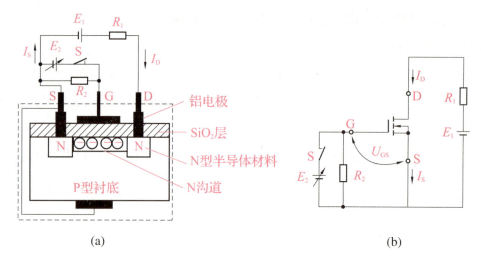

图 1-47　增强型 NMOS 管结构和电路

（a）结构；（b）电路

由此可见，改变 G、S 之间的电压 U_{GS}，就能改变从 D 流向 S 的电流 I_D 大小，并且电流 I_D 变化较电压 U_{GS} 变化要大得多，这就是场效应管的放大原理（即电压控制电流变化原理）。为了表示场效应管的放大能力，这里引入一个参数——跨导 g_m，g_m 用下面的公式计算，即

$$g_m = \frac{\Delta I_D}{\Delta U_{GS}}$$

g_m 反映了栅源电压 U_{DS} 对漏极电流 I_D 的控制能力，是表述场效应管放大能力的一个重要的参数（相当于晶体管的 β），g_m 的单位是西门子（S），也可以用 A/V 表示。

增强型绝缘栅场效应管具有的特点是，在 G、S 之间未加电压（即 $U_{GS}=0$）时，D、S 之间没有沟道，$I_D=0$；当 G、S 之间加上合适电压（大于开启电压 U_T 时），D、S 之间有沟道形成，U_{GS} 电压变化时，沟道宽度会发生变化，I_D 电流也会变化。

对于 N 沟道增强型绝缘栅场效应管，G、S 之间应加正向电压（即 $U_G > U_S$，$U_{GS} = U_G - U_S$ 为正电压），D、S 之间才会形成沟道；对于 P 沟道增强型绝缘栅场效应管，G、S 之间应加反向电压。

3. 电力场效应管特性

电力场效应管静态特性主要指输出特性和转移特性，与静态特性对应的主要参数有漏极击穿电压、漏极额定电压、漏极额定电流和栅极开启电压等。

（1）静态特性

①输出特性。输出特性即是漏极的伏安特性。特性曲线，如图 1-48（a）所示。由图所见，输出特性分为截止、饱和与非饱和 3 个区域。这里饱和、非饱和的概念与晶体管 GTR 不同。饱和是指漏极电流 I_D 不随漏源电压 U_{DS} 的增加而增加，也就是基本保持不变；非饱和是指 U_{GS} 一定时，I_D 随 U_{DS} 增加呈线性关系变化。

②转移特性。转移特性表示漏极电流 I_D 与栅源之间电压 U_{GS} 的转移特性关系曲线，如图 1-48（b）所示。转移特性可表示出器件的放大能力，并且是与 GTR 中的电流增益 β 相似。

由于 Power MOSFET 是压控器件，因此用跨导这一参数来表示。跨导定义 U_T 为开启电压，只有当 $U_{GS}=U_T$ 时才会出现导电沟道，产生漏极电流 I_D。

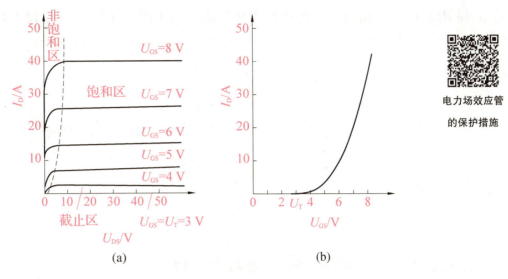

(a)　　　　　　　　　　　　(b)

电力场效应管
的保护措施

图 1-48　电力场效应管静态特性

（a）特性曲线；（b）转移特性

（2）动态特性

动态特性主要描述输入量与输出量之间的时间关系，它影响器件的开关过程。由于该器件为单极型，靠多数载流子导电，因此，开关速度快、时间短，一般在纳秒数量级。

电力场效应管的动态特性，如图 1-49 所示，用图 1-49（a）测试电路。图中，U_P 为矩形脉冲电压信号源；R_S 为信号源内阻；R_G 为栅极电阻；R_L 为漏极负载电阻；R_F 用以检测漏极电流。电力场效应管的开关过程波形，如图 1-49（b）所示。电力场效应管的开通过程：由于电力场效应管有输入电容，因此当脉冲电压 U_P 的上升沿到来时，输入电容有一个充电过程，栅极电压 U_{GS} 按指数曲线上升。当 U_{GS} 上升到开启电压 U_T 时，开始形成导电沟道并出现漏极电流 I_D。从 U_P 前沿时刻到 $U_{GS}=U_T$，且开始出现 I_D 的时刻，这段时间称为开通延时时间 $t_{d(on)}$。此后，I_D 随 U_{GS} 的上升而上升，U_{GS} 从开启电压 U_T 上升到电力场效应管临近饱和区的栅极电压 U_{GSP} 这段时间，称为上升时间 t_r。这样电力场效应管的开通时间为

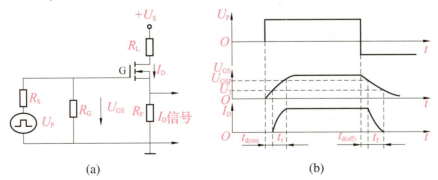

(a)　　　　　　　　　　　　(b)

图 1-49　电力场效应管动态特性测试电路及开关过程波形

（a）测试电路；（b）开关过程波形

$$t_{\text{on}} = t_{\text{d(on)}} + t_{\text{r}}$$

电力场效应管的关断过程：当 U_P 信号电压下降到 0 时，栅极输入电容上储存的电荷通过电阻 R_S 和 R_G 放电，使栅极电压按指数曲线下降，当下降到 U_{GSP} 继续下降，I_D 才开始减小，这段时间称为关断延时时间 $t_{\text{d(off)}}$。此后，输入电容继续放电，U_{GS} 继续下降，I_D 也继续下降，到 U_T 时导电沟道消失，$I_D = 0$，这段时间称为下降时间 t_{f}。这样 Power MOSFET 的关断时间为

$$t_{\text{off}} = t_{\text{d(off)}} + t_{\text{f}}$$

从上述分析可知，要提高器件的开关速度，则必须减小开关时间。在输入电容一定的情况下，可以通过降低驱动电路的内阻 R_S 来加快开关速度。电力场效应管是压控器件，在静态时几乎不输入电流。但在开关过程中，需要对输入电容进行充、放电，故仍需要一定的驱动功率。其工作速度越快，需要的驱动功率越大。

4. 电力场效应管主要参数

电力场效应管的参数可分为静态参数和动态参数。

（1）静态参数

①漏极击穿电压 BUD：不使器件击穿的极限参数，它大于漏极电压额定值，随结温的升高而升高，这点正好与 GTR 和 GTO 相反。

②漏极额定电压 U_D：器件的标称额定值。

③漏极电流 I_D 和 I_{DM}：I_D 是漏极直流电流的额定参数；I_{DM} 是漏极脉冲电流幅值。

④栅极开启电压 U_T：又称阈值电压，是开通 Power MOSFET 的栅源电压，为转移特性的特性曲线与横轴的交点。施加的栅源电压不能太大，否则将击穿器件。

⑤跨导 g_{m}：表征 Power MOSFET 栅极控制能力的参数。

（2）动态参数

①极间电容：Power MOSFET 的 3 个极之间分别存在极间电容 C_{GS}、C_{GD}、C_{DS}。

②漏源电压上升率：器件的动态特性还受漏源电压上升率的限制，过高的 $\text{d}U/\text{d}t$ 可能导致电路性能变差，甚至引起器件损坏。

5. 用指针万用表对电力场效应管进行判别

将电力场效应管有字的一面朝上，引脚朝向自己，从左到右依次为 G、D、S（有少数相反为 S、D、G）。

（1）判定栅极 G

将万用表拨至 $R \times 1$ k 挡分别测量 3 个引脚之间的电阻。若发现某脚与其他两脚的电阻均呈 ∞，并且交换表笔后仍为 ∞，则证明此脚为 G，因为它和另外两个引脚是绝缘的。

（2）判定源极 S、漏极 D

在源–漏之间有一个 PN 结，因此根据 PN 结正、反向电阻存在差异，可识别 S 与 D。用交换表笔法测两次电阻，其中电阻值较低（一般为几千欧至十几千欧）的一次为正向电阻，此时，黑表笔接的是 S，红表笔接的是 D。

指针万用表红表笔接 S、黑表笔接 D，阻值为 300~800 Ω 为 P 沟道。

指针万用表红表笔接 D、黑表笔接 S，阻值为 300~800 Ω 为 N 沟道。

任务知识库三　晶闸管

晶体闸流管简称晶闸管，也称为可控硅，是一种具有 3 个 PN 结的功率型半导体器件。因为它可以像闸门一样控制电流，所以称为晶体闸流管。晶闸管是最常用的功率型半导体控制器件之一，具有广泛的用途。图 1-50 为常见晶闸管。

图 1-50　常见晶闸管

1. 晶闸管分类

根据控制特性的不同，晶闸管可分为单向晶闸管、双向晶闸管、可关断晶闸管、正向阻断晶闸管、反向阻断晶闸管和光控晶闸管等。

双向晶闸管是在单向晶闸管的基础之上开发出来的，是一种交流型功率控制器件。双向晶闸管不仅能够取代两个反向并联的单向晶闸管，还只需要一个触发电路，使用很方便。可关断晶闸管也称为门控晶闸管，是在普通晶闸管基础上发展起来的功率型控制器件。

晶闸管工作原理

①根据电流容量的不同，晶闸管可分为小功率管、中功率管和大功率管。

②根据关断速度的不同，晶闸管可分为普通晶闸管和高频晶闸管（工作频率>10 kHz）。

③根据封装和外观形式的不同，晶闸管可分为塑封式、陶瓷封装式、金属壳封装式、大功率螺栓式和平板式等。

2. 晶闸管的识别

晶闸管的文字符号为"VTH"，图形符号如图 1-51 所示。

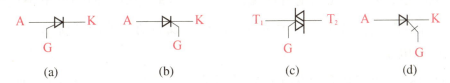

图 1-51　晶闸管的图形符号

（a）单向晶闸管（阳极受控）；（b）单向晶闸管（阴极受控）；（c）双向晶闸管；（d）可关断晶闸管

晶闸管具有 3 个引脚。单向晶闸管的 3 个引脚分别是阳极 A、阴极 K 和控制极 G，常见单向晶闸管的引脚如图 1-52 所示，使用中应注意识别，不要搞错。

双向晶闸管的 3 个引脚分别是控制极 G、主电极 T_1 和主电极 T_2，如图 1-53 所示。由于双向晶闸管的两个主电极 T_1 和 T_2 是对称的，因此在使用中可以任意互换。

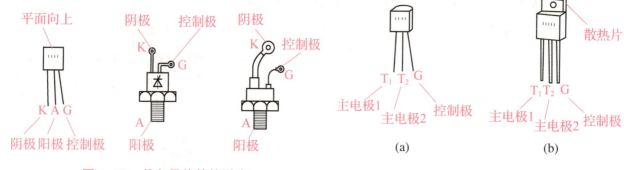

图 1-52　单向晶体管的引脚

图 1-53　双向晶闸管的引脚

（a）微型塑封型；（b）带散热片塑封型

3. 晶闸管的特点

晶闸管的特点是具有可控制的单向导电性，即不但具有一般二极管单向导电的整流作用，而且可以对导通电流进行控制，就好像闸门一样，起到控制电流有无和大小的作用。晶闸管的这一特点是由其特殊的结构所决定的。

4. 晶闸管的参数

晶闸管的主要参数是额定通态平均电流、阻断峰值电压、触发电压和电流、维持电流等，下面我们逐一解释。

（1）额定通态平均电流

额定通态平均电流 I_T 是指晶闸管导通时所允许通过的最大交流正弦电流的有效值。使用中电路的工作电流应小于晶闸管的额定通态平均电流 I_T。

（2）阻断峰值电压

阻断峰值电压包括正向阻断峰值电压 U_DRM 和反向阻断峰值电压 U_RRM。

正向阻断峰值电压 U_DRM 是指晶闸管正向阻断时所允许重复施加的正向的峰值，反向阻断峰值电压 U_RRM 是指允许重复加在晶闸管两端的反向电压的峰值。使用中电路施加在晶闸管上的电压必须小于 U_DRM 和 U_RRM 并留有一定裕量，以免造成晶闸管被击穿损坏。

（3）触发电压和电流

控制极触发电压 U_G 和控制极触发电流 I_G 是指使晶闸管从阻断状态转变为导通状态时，所需要的最小控制极直流电压和直流电流。使用中应使实际触发电压和电流分别大于 U_G 和 I_G，以保证可靠触发。

（4）维持电流

维持电流 I_H 是指保持晶闸管导通所需要的最小正向电流。当通过晶闸管的电流小于 I_H 时，晶闸管将退出导通状态而关断。

5. 晶闸管的用途

晶闸管具有以小电流控制大电流、以低电压控制高电压的作用，具有体积小、重量轻、功耗低、效率高、开关速度快等优点，在无触点开关、可控整流、直流逆变、调压、调光和调速等方面得到广泛的应用。

6. 晶闸管的检测

晶闸管可用万用表电阻挡进行检测，下面分别介绍不同类型晶闸管的检测方法。

（1）检测单向晶闸管

首先将万用表置于 $R\times10$ 挡，黑表笔（表内电池正极）接控制极 G，红表笔接阴极 K，如图 1-54 所示，这时测量的是 PN 结的正向电阻，应有较小的阻值。交换两表笔后测其反向电阻，应比正向电阻明显大一些。

黑表笔仍接控制极 G，红表笔改接阳极 A，阻值应为∞，如图 1-55 所示。交换两表笔后再测，阻值仍应为∞。这是因为 G、A 间为两个 PN 结反向串联，正常情况下，正、反向电阻均为∞。

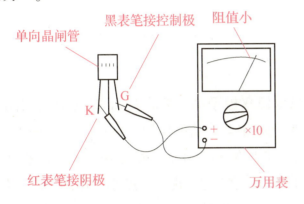

图1-54　检测单向晶闸管1

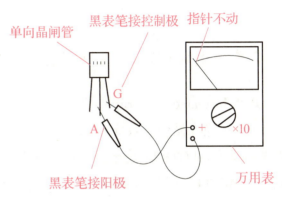

图1-55　检测单向晶闸管2

接着检测其导通特性，将万用表置于 $R\times1$ 挡，黑表笔接阳极 A，红表笔接阴极 K，指针指示应为∞。用螺钉旋具等金属物将控制极 G 与阳极 A 短接一下（短接后即断开），指针应向右偏转并保持在十几欧姆处，如图 1-56 所示；否则说明该晶闸管已损坏。

（2）检测双向晶闸管

检测时，万用表置于 $R\times1$ 挡，用两表笔测量控制极 G 与主电极 T_1 间的正、反向电阻，均应为较小阻值，如图 1-57 所示。

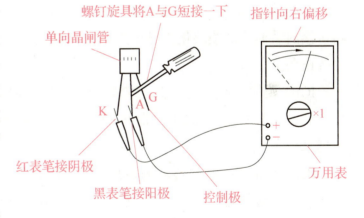

图1-56　检测单向晶闸管导通特性

用两表笔测量控制极 G 与主电极 T_2 间的正、反向电阻，均应为∞，如图 1-58 所示。

检测双向晶闸管导通特性时，万用表仍置于 $R\times1$ 挡，黑表笔接主电极 T_1，红表笔接主电极 T_2，指针指示应为∞。将控制极 G 与主电极 T_2 短接一下，指针应向右偏转并保持在十几欧姆处，如图 1-58 所示；否则说明该双向晶闸管已损坏。

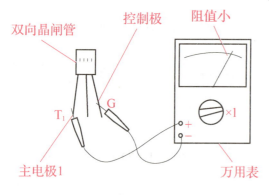

图 1-57　检测双向晶闸管 1

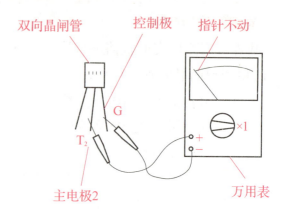

图 1-58　检测双向晶闸管 2

任务知识库四　绝缘栅双极型晶体管

IGBT(Insulated Gate Bipolar Transistor)，即绝缘栅双极型晶体管，是由 BJT(双极型晶体管)和 MOS(绝缘栅型场效应管)组成的复合全控型电压驱动式功率半导体器件，兼有 MOSFET 的高输入阻抗和 GTR 的低导通压降两方面的优点。GTR 饱和压降低，载流密度大，但驱动电流较大；MOSFET 驱动功率很小，开关速度快，但导通压降大，载流密度小。IGBT 综合以上两种器件的优点，驱动功率小而饱和压降低，非常适合应用于直流电压为 600 V 及以上的变流系统，如交流电动机、变频器、开关电源、照明电路、牵引传动等领域。

IGBT 模块是由 IGBT(绝缘栅双极型晶体管芯片)与 FWD(续流二极管芯片)通过特定的电路桥接封装而成的模块化半导体产品，封装后的 IGBT 模块直接应用于变频器、UPS 不间断电源等设备上。

IGBT 模块具有节能、安装维修方便、散热稳定等特点。当前市场上销售的多为此类模块化产品，一般所说的 IGBT 也指 IGBT 模块，随着节能环保等理念的推进，此类产品在市场上将越来越多见。

IGBT 是能源变换与传输的核心器件，俗称电力电子装置的"CPU"，作为国家战略性新兴产业，在轨道交通、智能电网、航空航天、电动汽车与新能源装备等领域应用极广。

1. 绝缘栅双极型晶体管结构

图 1-59 为一个 N 沟道增强型绝缘栅双极晶体管结构，N^+ 区称为源区，附于其上的电极称为源极(发射极 E)。N 基极称为漏区。器件的控制区为栅区，附于其上的电极称为栅极(门极 G)。沟道在紧靠栅区边界形成。在 C、E 两极之间的 P 型区(包括 P^+ 和 P^- 区，沟道在该区域形成)，称为亚沟道区(Subchannel Region)。而在漏区另一侧的 P^+ 区称为漏注入区(Drain Injector)，它是IGBT特有的功能区，与漏区和亚沟道区一起形成 PNP 双极晶体管，起发射极的作用，向漏极注入空穴，进行导电调制，以降低器件的通态电压。附于漏注入区上的电极称为漏极(集电极 C)。

IGBT 的开关作用是通过加正向栅极电压形成沟道，给 PNP(原来为 NPN)晶体管提供基极电流，使 IGBT 导通。反之，加反向门极电压消除沟道，切断基极电流，使 IGBT 关断。IGBT 的驱动方法和 MOSFET 基本相同，只需控制输入极 N^- 沟道 MOSFET，所以具有高输入阻抗特性。当 MOSFET 的沟道形成后，从 P^+ 基极注入 N^- 层的空穴（少子），对 N^- 层进行电导调制，减小 N^- 层的电阻，使 IGBT 在高电压时，也具有低的通态电压。

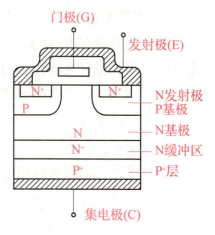

图 1-59 N 沟道增强型绝缘栅双极晶体管结构

IGBT 的三端器件：栅极（门极）G、集电极 C 和发射极 E。

IGBT 的结构、简化等效电路和图形符号如图 1-60 所示。

沟型的 IGBT 工作是通过栅极-发射极间加阈值电压 U_{J_1} 以上的（正）电压，在栅极电极正下方的 P 层上形成反型层（沟道），开始从发射极电极下的 N^- 层注入电子。该电子为 P^+N^-P 晶体管的少数载流子，从集电极衬底 P^+ 层开始流入空穴，进行电导率调制（双极工作），所以，可以降低集电极-发射极间饱和电压。在发射极电极侧形成 N^+PN^- 寄生晶体管。若 N^+PN^- 寄生晶体管工作，又变成 $P^+N^-PN^+$ 晶闸管。电流继续流动，直到输出侧停止供给电流，通过输出信号已不能进行控制。一般将这种状态称为闭锁状态。

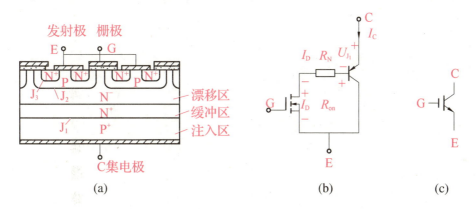

图 1-60 IGBT 的结构、简化等效电路和图形符号
（a）内部结构断面示意；（b）简化等效电路；（c）图形符号

为了抑制 N^+PN^- 寄生晶体管的工作，IGBT 采用尽量缩小 P^+N^-P 晶体管的电流放大系数 α 作为解决闭锁的措施。具体地说，P^+N^-P 的电流放大系数 α 设计为 0.5 以下，IGBT 的闭锁电流 I_L 为额定电流（直流）的 3 倍以上。IGBT 的驱动原理与电力 MOSFET 基本相同，通断由栅射极电压 U_{GE} 决定。

2. 绝缘栅双极型晶体管检测

（1）判断极性

首先将万用表拨在 $R\times1$ k 挡，用万用表测量时，若某一极与其他两极阻值为 ∞，交换表笔后该极与其他两极的阻值仍为 ∞，则判断此极为栅极（G），其余两极再用万用表测量，若测得阻值为 ∞，交换表笔后测量阻值较小，在测量阻值较小的一次中，则判断红表笔接的为集电极（C），黑表笔接的为发射极（E）。

（2）判断好坏

将万用表拨在 $R×10$ k 挡，用黑表笔接 IGBT 的集电极（C），红表笔接 IGBT 的发射极（E），此时万用表的指针在零位。用手指同时触及一下栅极（G）和集电极（C），这时 IGBT 被触发导通，万用表的指针摆向阻值较小的方向，并能指示在某一位置。然后用手指同时触及一下栅极（G）和发射极（E），这时 IGBT 被阻断，万用表的指针回零，此时即可判断 IGBT 是好的。

（3）检测注意事项

任何指针万用表皆可用于检测 IGBT。注意在判断 IGBT 好坏时，一定要将万用表拨在 $R×$ 10 k 挡，因 $R×1$ k 挡以下各挡万用表内部电池电压太低，检测好坏时不能使 IGBT 导通，而无法判断 IGBT 的好坏。此方法同样也可以用于检测功率场效应晶体管（P-MOSFET）的好坏。

三相电动机正、反转控制

  知 识 树

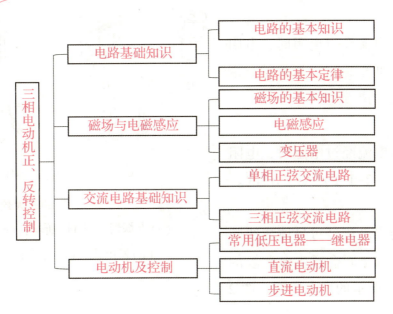

任务1 电路基础知识

学习目标

◆ 了解电路的组成、工作状态及其特点。

◆ 理解电流、电压、电位、电动势、电功率、电能等电路基本物理量。

◆ 运用万用表测量直流电流和直流电压。

◆ 运用欧姆定律和基尔霍夫定律分析直流电路。

任务描述

汽车电路中绝大多数是直流电路。通过直流电路及汽车电路的识图与分析，要求学生掌握电路的基本组成、基本物理量、工作状态、基本定律以及电路特点；了解常用汽车元器件图形符号，并能够用万用表进行测量；对基本的定律(欧姆定律、基尔霍夫定律等)进行实验和验证；能够分析电阻的串联、并联和混联等简单直流电路；能够运用基尔霍夫定律分析复杂直流电路。

任务知识库一　　电路的基本知识

1. 电的三大效应

电的三大效应有热效应、光效应、电磁感应。

(1)热效应

热效应是指当电流经过电阻时，电阻会产生热的现象。如图 2-1(a)所示的点烟器、图 2-1(b)所示的熔断丝等。

(2)光效应

光效应是指当电流经过电阻时，电阻会发光的现象。如图 2-1(e)所示的灯泡。

(3)电磁感应

电磁感应是指当电流经过导体或线圈时，导体或线圈周围空间会产生电磁场的现象。如图 2-1(c)所示的点火线圈、图 2-1(d)所示的发电机、图 2-1(f)所示的喷油器。

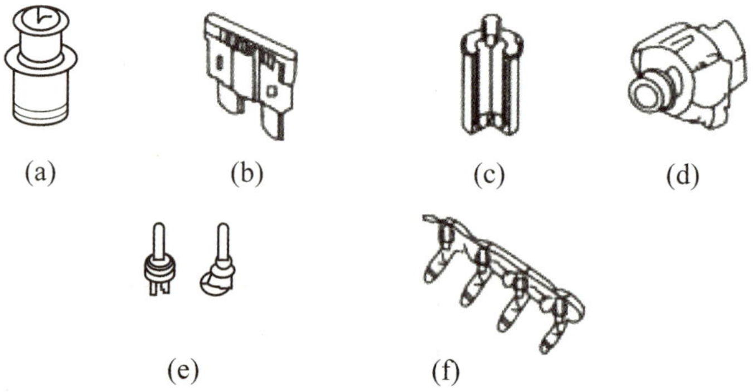

图 2-1　电的三大效应

(a)点烟器；(b)熔断丝；(c)点火线圈；
(d)发电机；(e)灯泡；(f)喷油器

2. 电路与电路图

(1)电路

电路就是电流流经之路。电路通常由电源、负载、连接导线、控制与保护装置四部分组成。其中的连接导线、控制与保护装置也称为中间环节。

(2)电路的工作状态

电路通常有通路、断路和短路 3 种工作状态。

(3)电路图

由国家标准规定的图形符号、文字符号来表示电路连接情况的图，称为电路原理图，简称电路图。常用电路元件及仪表的图形符号如表 2-1 所示。

电路与电路模型

表 2-1　常用电路元件及仪表的图形符号

名称	图形符号	名称	图形符号	名称	图形符号
电阻	—▭—	接地或接机壳	⊥ 或 ⊥	小灯泡	⊗
电位器		二极管	—▷|—	电池	—⊣|—
电容	—||—	电流表	—Ⓐ—	开关	
电感	—⌒⌒⌒—	电压表	—Ⓥ—	熔断器	—▭—

3. 电流

（1）电流的形成

电荷有规则的定向移动形成电流。电路中要有电流，必须同时满足两个条件：一是电路要闭合；二是导体两端存在电位差。

（2）电流的方向

习惯上规定正电荷定向移动方向为电流的方向。

（3）电流的大小

电流的大小等于通过导体横截面的电荷量与通过这些电荷量所用时间的比值，用 I 表示。其定义式为

$$I = \frac{q}{t}$$

式中，I——直流电流，单位为 A（安［培］）；

q——时间 t 内通过导体横截面的电荷量，单位为 C（库［仑］）；

t——导体的通电时间，单位为 s（秒）。

在国际单位制（SI）中，电流的单位为安［培］，简称安，符号为 A。工程上还用千安（kA）、毫安（mA）和微安（μA）作为电流的单位，它们的换算关系为

$$1 \text{ kA} = 10^3 \text{ A} \qquad 1 \text{ mA} = 10^{-3} \text{ A} \qquad 1 \text{ μA} = 10^{-3} \text{ mA} = 10^{-6} \text{ A}$$

电流

（4）直流电流的测量

测量直流电流一般用直流电流表，也可用万用表的直流电流挡测量。

①用直流电流表测量直流电流的大小。电流表使用时应注意以下 4 点。

A. 与被测电路串联。电流表必须串联在被测电路中，如图 2-2 所示。

B. 注意电流的极性。使被测电流从电流表的"+"接线柱流入，"-"接线柱流出，即"+"接线柱接电源的正极，"-"接线柱

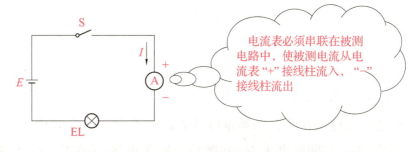

电流表必须串联在被测电路中，使被测电流从电流表"+"接线柱流入，"-"接线柱流出

图 2-2　电流表串联

接电源的负极。

C. 选择合适的量程。电流表选用量程一般为被测电流的 1.5~2 倍，若事先无法估计被测电流的大小，则量程的选择一般应从大到小，直到合适为止。

D. 防止短路。电流表不能直接接到电源的两极上，即电流表不能与电源并联，否则会烧坏电流表。

②用万用表测直流电流。使用万用表测量直流电流的操作步骤如下。

A. 将万用表水平放置。

B. 机械调零。

C. 插好表笔。红表笔插入"+"孔，黑表笔插入"−"或"COM"插孔。

D. 选择挡位与量程。将转换开关旋至直流电流测量区，量程的选择一般为被测电流的 1.5~2 倍，若事先无法估计被测值的大小，则量程的选择一般应从大到小，直到合适为止。

E. 将万用表串联进被测电路。红表笔接高电位端(靠近电池正极)，黑表笔接低电位端，

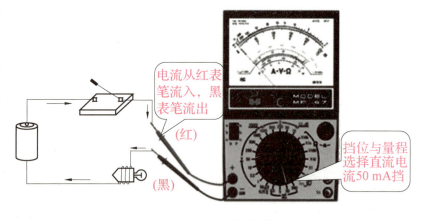

电流从红表笔流入，黑表笔流出

(红)

(黑)

挡位与量程选择直流电流50 mA挡

图 2-3　万用表串联

使电流从红表笔流进，黑表笔流出，如图 2-3 所示。

F. 读数。测量值=指针所占格数×每小格所代表的值。

G. 使用完毕后，拔出表笔，将转换开关旋至 OFF 挡或交流电压的最高挡。

使用指针万用表测量读数时，一般刻度盘与量程选择开关配合进行。例如，测量直流电流时，应该看刻度盘中从上至下的第二根标尺，其左端为"0"，右端为满量程，标有"250，50，10"三组量程。标尺上共标有 10 个大格、50 个小格，选择哪一组量程读数方便，具体要看挡位与量程选择开关所选择的位置。

正确的读数步骤如下：

第一步，根据挡位与量程选择开关所处位置，明确满量程的值。

第二步，计算每小格所代表的值。

第三步，明确指针所指的格数。

第四步，计算测量值：测量值=指针所占格数×每小格所代表的值。

4. 电压

(1)电压的大小

电压又称电位差，是衡量电场力做功本领的一个物理量。

A、B 两点间的电压 U_{AB} 在数值上等于电场力把正电荷由 A 点移到 B 点所做的功 W_{AB} 与被

电压

移动电荷的电荷量 q 的比值。其定义式为

$$U_{AB} = \frac{W_{AB}}{q}$$

式中，U_{AB}——A、B 两点间的电压，单位为 V（伏［特］）；

　　W_{AB}——电场力将电荷由 A 点移动到 B 点所做的功，单位为 J（焦［耳］）；

　　q——电荷量，单位为 C（库［仑］）。

　　在工程上，电压的常用单位还有千伏（kV）、毫伏（mV）和微伏（μV），它们的换算关系为

$$1\ \text{kV} = 10^3\ \text{V} \qquad 1\ \text{mV} = 10^{-3}\ \text{V} \qquad 1\ \mu\text{V} = 10^{-3}\ \text{mV} = 10^{-6}\ \text{V}$$

（2）电压的方向

习惯上规定电压的实际方向由高电位指向低电位，即电压降低的方向。因此，电压也常被称为电压降。

（3）直流电压的测量

直流电压表和万用表的直流电压挡都可以测量电压。

①用直流电压表测电压，电路接线如图 2-4 所示。

电压表必须与被测电路并联。电压表的"+"接线柱接电压的正极，"-"接线柱接电压的负极

图 2-4　用直流电压表测电压

电压表使用时应注意以下 3 点。

A. 与被测电路并联。电压表必须并联在被测电路的两端。

B. 注意电压的极性。直流电压表的"+"接线柱接正极，"-"接线柱接负极。

C. 选择合适的量程。电压表选用量程一般为被测电压的 1.5~2 倍，若事先无法估计被测电压的大小，则量程的选择一般应从大到小，直到合适为止。

②用万用表测直流电压。操作步骤如下。

A. 将万用表水平放置。

B. 机械调零。

C. 插入表笔。红表笔插入"+"插孔，黑表笔插入"-"或"COM"插孔。

D. 选择挡位与量程。

E. 将万用表并联到被测电路两端。红表笔接高电位端，黑表笔接低电位端。

F. 读数。测量值=指针所占格数×每小格所代表的值。

G. 使用完毕后，拔出表笔，将转换开关旋至 OFF 挡或直流电压的最高挡。

图 2-5 为 MF47 型指针万用表测量直流电压的接线示意。

万用表测直流电压时应注意以下 3 点。

A. 选择挡位与量程。

B. 与被测电压并联。红表笔接高电位端，黑表笔接低电位端。

C. 读数时，一般刻度盘与量程选择开关配合进行，读数步骤与直流电流的读数相同。

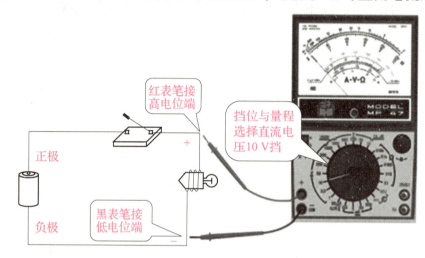

图 2-5　用万用表测直流电压

5. 电位

（1）电位的定义

电位又称电势，是指单位正电荷在静电场中的某一点所具有的电势能。描述电路中某点电位的高低，首先要确定一个基准点，这个基准点称为参考点，人们规定参考点的电位为 0。原则上参考点是可以任意选定的，但习惯上我们通常选择大地作为参考点，在实际电路中选择公共点或机壳作为参考点。

（2）电位的大小

电路中某点的电位就是该点与参考点之间的电压，用字母 V 表示。在国际单位制中，电位的单位也是伏［特］。一个电路中只能选择一个参考点，否则，无法比较各点的电位高低。

电压与电位

（3）电压与电位之间的关系

电压就是两点间的电位差。在电路中，A、B 两点间的电压等于 A、B 两点的电位之差，即

$$U_{AB} = V_A - V_B$$

6. 电源电动势

（1）电源电动势的大小

衡量电源力做功本领大小的物理量称为电源电动势，用字母 E 表示，其单位

电源电动势

是(伏[特]),符号为 V。

电动势的大小等于电源力把正电荷从低电位(负极)移动到高电位(正极)克服电场力所做的功 W 与被移动电荷的电荷量 q 的比值。其定义式为

$$E = \frac{W}{q}$$

式中,E——电源电动势,单位为 V(伏[特]);

W——电源移动正电荷做的功,单位为 J(焦[耳]);

q——电源力移动的电荷量,单位为 C(库[仑])。

常用干电池的电动势一般为 1.5 V,铅酸蓄电池的电动势为 2 V,镍镉、镍氢电池的电动势为 1.2 V,锂离子电池的电动势一般为 3.7 V。

(2)电源端电压与电动势的关系

电源两端的电压称为电源的端电压,用大写字母 U 表示。电源的端电压与电源电动势之间既有联系又有区别。

当电源开路时,电源的端电压 U 在数值上等于电源的电动势 E,即 $U = E$。

当电源工作时,电源的端电压 U 在数值上小于电源的电动势 E,即 $U < E$。

7. 电能

在电场力的作用下,电荷定向移动形成的电流所做的功称为电能。用公式表示为

$$W = UIt$$

式中,W——消耗的电能,单位为 J(焦[耳]);

U——加在导体两端的电压,单位为 V(伏[特]);

I——导体中的电流,单位为 A(安[培]);

t——通电时间,单位为 s(秒)。

上式表明,电流在一段电路上所做的功,与这段电路两端的电压、电路中的电流和通电时间成正比。

在实际使用中,电能常用千瓦·时(俗称度)为单位,符号是 kW·h,即

$$1 \text{ kW} \cdot \text{h} = 3.6 \times 10^6 \text{ J}$$

8. 电功率

电功率是描述电流做功快慢的物理量。电流在单位时间内所做的功称为电功率。如果在时间 t 内,电流通过导体所做的功为 W,那么电功率为

$$P = \frac{W}{t}$$

式中,P——电功率,单位为 W(瓦[特]);

W——消耗的电能,单位为 J(焦[耳]);

t——电流做功所用的时间,单位为 s(秒)。

电功率的常用单位还有 kW(千瓦)和 mW(毫瓦),它们之间的关系为

$$1 \text{ kW} = 10^3 \text{ W} \qquad\qquad 1 \text{ W} = 10^3 \text{ mW}$$

对于纯电阻电路，电功率的公式还可以写成 $P = UI = I^2R = \dfrac{U^2}{R}$。可见，一段电路上的电功率跟该段电路两端的电压和电路中的电流成正比。

任务知识库二　电路的基本定律

1. 欧姆定律

（1）部分电路欧姆定律

在电阻电路中，电路中的电流 I 与电阻两端的电压 U 成正比，与电阻 R 成反比，这就是部分电路欧姆定律。部分电路欧姆定律可以用公式表示为

$$I = \frac{U}{R}$$

式中，U——电路两端的电压，单位为 V（伏[特]）；

欧姆定律

I——流过电路的电流，单位为 A（安[培]）；

R——该部分电路的电阻，单位为 Ω（欧[姆]）。

需要注意的是，在应用欧姆定律时，电流 I、电压 U 和电阻 R 的单位应分别为 A、V、Ω。

（2）闭合电路欧姆定律

实际电路是由电源和负载组成的闭合电路。闭合电路由两部分组成：一部分是电源外部的电路，称为外电路；另一部分是电源内部的电路，称为内电路。内、外电路的电阻分别称为内电阻（简称内阻）和外电阻。

图 2-6 是最简单的闭合电路，其中，E 为电源电动势，r 为电源内阻，R 为负载电阻，I 为电路中的电流。闭合电路中的电流 I 与电源电动势 E 成正比，与电路的总电阻 $r+R$（内电阻与外电阻之和）成反比，这就是闭合电路欧姆定律。用公式表示为

$$I = \frac{E}{r + R}$$

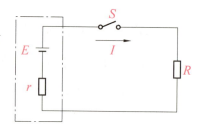
图 2-6　闭合电路

变换得到 $E = Ir + IR$，由于 $Ir = U_0$ 是内电路上的电压降（也称为内压降），$IR = U$ 是外电路上的电压降（也称为电源的端电压），所以 $E = U_0 + U$。

这就说明，电源的电动势等于内、外电路电压降之和。

2. 基尔霍夫定律

（1）基尔霍夫第一定律

基尔霍夫第一定律也称节点电流定律。其内容为，电路中任意一个节点，在任一时刻，流入节点的电流之和等于流出节点的电流之和。用公式表示为

$$\sum I_{\text{入}} = \sum I_{\text{出}}$$

式中，$\sum I_{\text{入}}$——流入节点的电流之和；

$\sum I_{\text{出}}$——流出节点的电流之和。

上式也称为节点电流方程，即 KCL 方程。

通常规定流入节点的电流为正值，流出节点的电流为负值。因此，基尔霍夫第一定律的内容也可以表述为，在任一时刻，通过电路中的任一节点的电流代数和恒等于 0。用公式表示为

$$\sum I = 0$$

（2）基尔霍夫第二定律

基尔霍夫第二定律也称回路电压定律，其内容是：对电路中的任一闭合回路，沿回路绕行方向上各段电压的代数和等于 0。用公式表示为

$$\sum U = 0$$

上式也称为回路电压方程，即 KVL 方程。

基尔霍夫第二定律也可表述为，对电路中的任一闭合回路，各电阻上电压降的代数和等于各电源电动势的代数和。用公式表示为

$$\sum IR = \sum U$$

运用基尔霍夫电压定律列 KVL 方程，必须注意其正、负号的确定，步骤如下：

①任意选定各支路未知电流的参考方向；

②任意选定回路的绕行方向（顺时针或逆时针），以公式中较少出现负号为宜；

③确定电阻压降的正、负，当选定的绕行方向与电流参考方向一致时，电阻压降取正值，反之取负值；

④确定电源电动势的正、负，当选定的绕行方向从电源的"+"极到"－"极，电动势取正值，反之取负值。

任务2　磁场与电磁感应

学习目标

◆了解磁场的基本知识，掌握右手螺旋定则。

◆了解磁场的基本物理量，掌握左手定则。

◆理解电磁感应现象，掌握右手定则和楞次定律。

◆了解变压器的种类、用途和结构。

◆理解变压器的电流比、电压比和阻抗变换。

 **任务描述**

电和磁密不可分，几乎所有的电气设备都会应用磁与电磁感应的基本原理，如发电机、电动机、变压器等。变压器是利用电磁感应原理制成的静止电气设备，它能将某一电压值的交流电变换成同频率的所需电压值的交流电，也可以改变交流电流的数值及变换阻抗或改变相位。在电力系统、自动控制及电子设备中，广泛使用着各种类型的变压器。本任务将学习磁场、电流的磁效应、磁场的基本物理量、磁路、磁阻的基本概念、电磁感应及其在工程技术中的应用等，学习变压器的用途、结构和工作原理，认识几种特殊变压器及其相关知识。

任务知识库一　磁场的基本知识

磁体、磁极与磁场

1. 电流的磁效应

通电导体周围的磁场方向与电流方向的关系可以用右手螺旋定则来判断。

（1）通电直导体的磁场方向

通电直导体的磁场方向判断：右手握住导线，大拇指伸直指向电流方向，那么其他四指环绕的方向就是磁场方向，如图2-7所示。

（2）通电螺线管的磁场方向

如果将通电直导线绕成螺线管，那么通电螺线管周围也存在磁场。通电螺线管相当于一根条形磁铁，磁场方向仍可以用右手螺旋定则来判断。判断方法是，用右手握住螺线管，让弯曲的四指方向跟电流的方向一致，那么大拇指所指的方向就是通电螺线管内部磁感线的方向。也就是说，大拇指指向通电螺线管的N极，如图2-8所示。

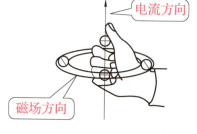

电流方向

磁场方向

图2-7　通电直导体的磁场方向

2. 磁通

磁通是定量描述磁场在一定面积分布情况的物理量。通过与磁场方向垂直的某一面积 S 上的磁感线的总数，称为通过该面积的磁通量，简称磁通，用字母 Φ 表示。磁通的单位是韦伯，简称韦，用符号 Wb 表示，即 $\Phi = BS$。

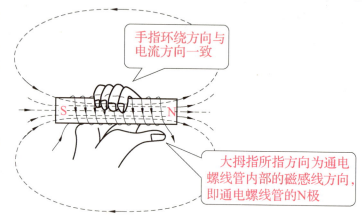

手指环绕方向与电流方向一致

大拇指所指方向为通电螺线管内部的磁感线方向，即通电螺线管的N极

图2-8　通电螺线管的磁场方向

3. 磁感应强度

磁感应强度是定量描述磁场中各点磁场的强弱和方向的物理量。与磁场方向垂直的单位面积上的磁通，称为磁感应强度，也称为磁通密度，用字母 B 表示。磁感应强度的单位是特斯拉，简称特，用符号 T 表示。

若磁场中各点的磁感应强度大小相等，方向相同，则这种磁场称为均匀磁场。在均匀磁场中，磁感应强度与磁通的关系可用公式表示为

$$B = \frac{\Phi}{S}$$

式中，B——均匀磁场的磁感应强度，单位为 T（特[斯拉]）；

$\quad\quad S$——与磁感应强度 B 垂直的截面面积，单位为 m^2（平方米）；

$\quad\quad \Phi$——穿过截面积 S 的磁通，单位为 Wb（韦[伯]）。

磁场中某点磁感线的切线方向就是该点磁感应强度的方向。

4. 磁导率

磁导率是表示媒介质导磁性能的物理量，用字母 μ 表示，单位是亨[利]/米，用符号 H/m 表示。不同物质的磁导率是不同的。实验测定，真空中的磁导率是一个常数，用 μ_0 表示，即 $\mu_0 = 4\pi \times 10^{-7}$ H/m。

相对磁导率：为了便于比较各种物质的导磁性能，我们把任一物质的磁导率 μ 与真空磁导率 μ_0 的比值称为相对磁导率，用 μ_r 表示，即

$$\mu_r = \frac{\mu}{\mu_0}$$

相对磁导率

5. 磁场强度

磁场强度用字母 H 表示。磁场中某点的磁场强度等于该点的磁感应强度与媒介质的磁导率的比值，磁场强度的单位是安/米，用符号 A/m 表示，即 $H = \frac{B}{\mu}$。磁场强度的方向与磁感应强度的方向一致。

6. 磁路

磁路就是磁通经过的闭合路径。为了使磁通集中在一定的路径上从而获得较强的磁场，通常把铁磁材料制成一定形状的铁芯，构成各种电气设备所需要的磁路。如图 2-9 所示的磁路中，大部分磁感线（磁通）沿铁芯、衔铁和工作气隙构成回路，这部分磁通称为主磁通；还有一小部分磁通，它们没有经过工作气隙和衔铁，而经空气自成回路，这部分磁通称为漏磁通。一般情况下，为了计算方便，在漏磁通不严重时可将它略去，只考虑主磁通。

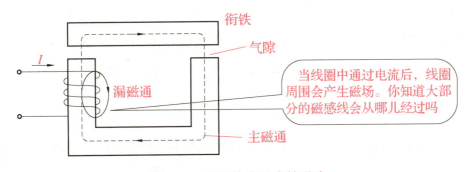

图 2-9　硅钢片中形成的磁路

7. 磁阻

磁阻表示磁通通过磁路时所受到的阻碍作用，用符号 R_m 表示。磁路中磁阻的大小与磁路的长度 L 成正比，与磁路的横截面积 S 成反比，并与组成磁路的材料的性质有关，其公式为 $R_m = \dfrac{L}{\mu S}$，式中，若磁导率 μ 以 H/m 为单位，则长度 L 和截面积 S 要分别以 m 和 m^2 为单位，这样磁阻的单位就是 1/H。

8. 磁场对通电直导体的作用力——电磁力

（1）电磁力方向的判定

通电导体在磁场中受到的电磁力的方向，可以用左手定则来判定，如图 2-10 所示。

左手定则，即伸出左手，让大拇指与四指在同一平面内，大拇指与四指垂直，让磁感线垂直穿过手心，四指指向电流方向，那么，大拇指所指的方向就是磁场对通电导体的作用力方向。

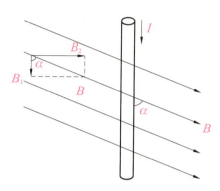

图 2-10　导体与磁感线成 α 角

（2）电磁力大小的计算

实验证明，在均匀磁场中，当通电导体与磁场方向垂直时，电磁力的大小与导体的电流成正比，与导体的长度及磁感应强度成正比，用公式表示为

$$F = BIL$$

式中，F——导体受到的电磁力，单位为 N（牛[顿]）；

　　　B——均匀磁场的磁感应强度，单位为 T（特[斯拉]）；

　　　I——导体中的电流强度，单位为 A（安[培]）；

　　　L——导体在磁场中的有效长度，单位为 m（米）。

实验还证明，当导体和磁感应线方向成 α 角度时，如图 2-10 所示，电磁力的大小为 $F = BIL\sin\alpha$。

任务知识库二　电磁感应

1. 电磁感应现象

电能够产生磁，反过来，磁也能产生电。变化的磁场能产生电动势和电流。我们把利用磁场产生电流的现象称为电磁感应现象。由电磁感应产生的电动势称为感应电动势，产生的电流称为感应电流。

2. 电磁感应产生的条件

只要导体在磁场中做切割磁感线运动或穿过闭合电路的磁通发生变化，闭合电路中就有电流产生。

3. 电磁感应定律

线圈中感应电动势的大小与穿过线圈的磁通变化率成正比，这个规律称为电磁感应定律，即

$$e = N \frac{\Delta \Phi}{\Delta t}$$

式中，e ——感应电动势，单位为 V(伏[特])；

　　　N——线圈匝数，单位为匝；

　　　$\dfrac{\Delta \Phi}{\Delta t}$——磁通变化率，单位为 Wb/s(韦伯每秒)。

电磁感应定律适用于所有电磁感应现象，表示确定感应电动势大小的普遍规律。

当直导线在均匀磁场中做切割磁感线运动时，产生的感应电动势的大小与磁场的磁感应强度 B、导体的有效长度 L、导体运动的速度 v 和导体运动方向与磁场方向的夹角 α 有关，即 $e = BLv\sin\alpha$。

4. 感应电流方向的判断

(1) 右手定则

当直导线在磁场中做切割磁感线运动时，产生感应电流的方向可以用右手定则判定。

右手定则是指伸出右手，让大拇指与四指在同一平面，大拇指和四指垂直，让磁感线垂直穿过手心，大拇指指向导体运动方向，那么四指所指的方向，就是感应电流的方向，如图 2-11 所示。

(2) 楞次定律

当穿过闭合电路的磁通发生变化时，产生感应电流的方向可以用楞次定律判定。

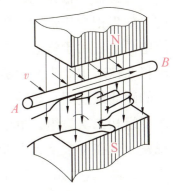

图 2-11　右手定则

楞次定律是指闭合电路中产生感应电流的磁通总是要阻碍引起感应电流的原磁通的变化，即"增反减同"。

用楞次定律判定感应电流方向的一般步骤：

①运用右手螺旋定则判断线圈中原电流产生的磁场方向；

②根据原电流变化情况判断原磁通的变化情况(增大或减小)；

③运用楞次定律判断感应电流产生的磁场方向；

④根据感应电流的磁场方向，运用右手螺旋定则判断出线圈中产生的感应电流方向。

任务知识库三　变压器

变压器的用途和分类

1. 变压器的主要功能

变压器的主要功能有电压变换、电流变换、阻抗变换、隔离、稳压等。

2. 变压器的结构和工作原理

变压器是根据电磁感应原理工作的。变压器可以改变电压、电流和阻抗。

（1）变压器的基本构造

变压器由铁芯和绕组两部分组成，如图 2-12 所示。

①铁芯：构成了变压器的磁路，又是变压器的机械骨架。

②绕组：是变压器的电路部分，在工作时，与电源相连的绕组称为一次绕组，也称原绕组、原边或初级线圈；与负载连接的绕组称为二次绕组，也称副绕组、副边或次级线圈。

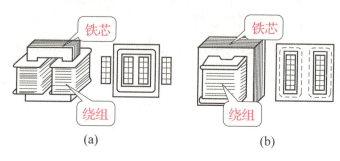

图 2-12　芯式变压器和壳式变压器
（a）芯式变压器；（b）壳式变压器

（2）变压器的工作原理

最简单的变压器由一个闭合铁芯和套在铁芯上的两个绕组组成，如图 2-13（a）所示。变压器的图形符号如图 2-13（b）所示，文字符号为字母 T。

变压器是根据电磁感应原理工作的。如果把变压器的一次绕组接到交流电源上，由于铁芯是导磁的，交流电将在铁芯中产生交变磁通，这个变化的磁通经过闭合磁路，同时穿过一次绕组和二次绕组，由于自感及互感现象，就在两个绕组中都感应出电动势来，而且它们的频率相同。

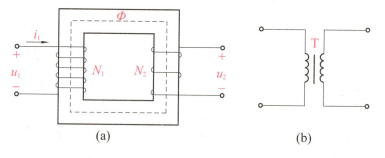

图 2-13　变压器的工作原理与图形符号
（a）变压器工作原理；（b）图形符号

若将图 2-13（a）所示变压器中的一次绕组接上交流电源，二次绕组开路（不接负载），则变压器空载运行。此时，铁芯中产生的交变磁通同时通过一、二次绕组，一、二次绕组中通过的磁通可视为相同。设一次绕组匝数为 N_1，二次绕组匝数为 N_2，经推导可得一、二次绕组电压之比等于绕组的匝数比。

①变换交流电压：$\dfrac{U_1}{U_2} = \dfrac{N_1}{N_2} = K$。

式中，K 为变压器的变压比，简称变比。

当 $K>1$ 时，$N_1 > N_2$，$U_1 > U_2$，此类变压器为降压变压器；当 $K<1$ 时，$N_1 < N_2$，$U_1 < U_2$，此类变压器为升压变压器；当 $K=1$ 时，$N_1 = N_2$，$U_1 = U_2$，该变压器既不升压，也不降压，只能作为隔离变压器用。

②变换交流电流：$\dfrac{I_1}{I_2} = \dfrac{N_2}{N_1} = \dfrac{1}{K}$。

③变换交流阻抗：$Z_1 = K^2 Z_2$。这说明变压器的二次绕组接上负载 Z_2 时，相当于一次绕组接上阻抗为 $K^2 Z_2$ 的负载。

3. 变压器的铭牌数据

（1）变压器的产品型号

变压器的型号表示变压器的结构特点、额定容量（kV·A）、冷却方式和高压侧电压等级

（kV）。变压器的型号和符号含义如表 2-2 所示。

表 2-2　变压器的型号和符号含义

序号	含义		代表符号
	内容	类别	
1	线圈耦合方式	自耦降压（或自耦升压）	O
2	相数	单相	D
		三相	S
3	冷却方式	油浸自冷	J
		干式空气自冷	G
		干式浇注绝缘	C
		油浸风冷	F
		油浸水冷	S
4	线圈数	双线圈	—
		三线圈	S
5	线圈导线材质	铜	—
		铝	L
6	调压方式	无励磁调压	—
		有载调压	Z

例如，SJL-500/10，其中 S 表示三相，J 表示油浸自冷式，L 表示铝线，500 表示容量为 500 kV·A，10 表示高压侧线电压为 10 kV。

（2）变压器的额定值

①额定容量 S_N：指额定工作状态下变压器的视在功率，单位为 V·A 或 kV·A，其是变压器输出能力的保证值。

②额定电压 U_{1N}、U_{2N}：U_{1N} 指一次绕组的额定电压，U_{2N} 指一次绕组加上额定电压、二次绕组开路时的空载电压，以 V 或 kV 表示；对于三相变压器来说，额定电压是指线电压。例如，一台变压器的额定电压是 10 000±5%/400 V，表示高压绕组额定线电压为 10 000 V，并允许在 ±5% 变动，低压绕组输出空载线电压为 400 V。

③额定电流 I_{1N}、I_{2N}：指一次绕组加上额定电压 U_{1N}，一、二次绕组允许长期通过的最大电流，也可以根据额定容量和额定电压算出一、二次绕组电流；对于三相变压器来说，额定电流 I_{1N} 和 I_{2N} 均指线电流。

④额定频率 f_N：指规定的一次电源频率，变压器按此频率设计，我国工业标准频率为 50 Hz。

此外，变压器的铭牌上还标有相数、联结组标号、阻抗电压、运行方式、冷却方式等内容。其他还有变压器总重、器身重量和外形尺寸等数据，以便用户安装和使用时参考。

任务3　交流电路基础知识

学习目标

◆理解电阻元件、电感元件和电容元件电流与电压的大小和相位关系。
◆会分析单一元件的正弦交流电路。
◆会分析 RLC 串联的正弦交流电路。
◆理解三相正弦交流电源、三相负载的连接和三相交流电路的功率。

任务描述

和直流电相比，交流电有许多优点。交流电可以用变压器改变电压，便于输送、分配和使用；因为交流电动机结构简单、成本低、使用维护方便，故大多数设备的动力使用交流电动机。正弦交流电在生产、输送和应用上的优点，使它在工业中得到广泛应用，如工厂中的动力设备电路、家庭的照明电路等都是正弦交流电路。在电力系统中，广泛应用的是三相交流电。与单相交流电相比，三相发电机比尺寸相同的单相发电机输出功率更大；三相输电线路比单相输电线路经济；三相电动机比单相电动机结构简单，平稳可靠……因此，目前世界上的电力系统的供电方式大多数采用三相制供电，通常的单相交流电是三相交流电的一相，从三相交流电源获得。在本任务中，我们将学习单一元件正弦交流电路的分析，RL、RC 及 RLC 串联电路的分析，三相正弦交流电源、三相负载的连接、三相交流电路的功率以及用电保护。

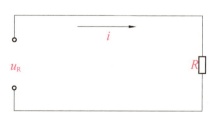

正弦交流电路基础知识

任务知识库一　单相正弦交流电路

1. 单一元件的交流电路

（1）纯电阻电路

纯电阻电路是只有电阻负载的交流电路，如图 2-14 所示。常见的白炽灯、电炉、电烙铁等与交流电源组成的电路都是纯电阻交流电路。

1）电流与电压的关系

电流与电压的数量关系：电流与电压的有效值（或最大值）符合欧姆定律，即

图 2-14　纯电阻电路

$$I = \frac{U_R}{R} \quad 或 \quad I_m = \frac{U_{Rm}}{R}$$

电流与电压的相位关系：同相，即 $\varphi_i = \varphi_u$。

纯电阻交流电路中电流与电压的瞬时值关系：$i = \dfrac{u_R}{R}$，即纯电阻交流电路的电流与电压的瞬时值也符合欧姆定律。

2）纯电阻交流电路的功率

瞬时功率，即电压瞬时值 u 与电流瞬时值 i 的乘积，用 p 表示。可推导得出

$$p = u_R i = U_R I(1 - \cos 2\omega t)$$

有功功率为

$$P = U_R I = I^2 R = \frac{U_R^2}{R}$$

纯电阻交流电路

式中，P——纯电阻交流电路的有功功率；

　　　U_R——电阻 R 两端交流电压的有效值；

　　　I——通过电阻 R 的交流电流的有效值。

有功功率也称为平均功率，是瞬时功率在一个周期内的平均值，用 P 表示，单位是 W（瓦［特］）。

（2）纯电感电路

纯电感电路只有空心线圈作为负载，而且线圈的电阻和分布电容均忽略不计，如图 2-15 所示。纯电感电路是理想电路，实际电感线圈都有一定的电阻，当电阻很小可以忽略不计时，电感线圈可看作是纯电感交流电路。

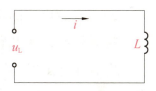

图 2-15　纯电感电路

1）电流与电压的关系

电流与电压的数量关系：电流与电压的有效值（或最大值）符合欧姆定律，即 $I = \dfrac{U_L}{X_L}$ 或 $I_m = \dfrac{U_{Lm}}{X_L}$。值得注意的是，式中 X_L 为感抗，不是电感 L，且 $X_L = \omega L = 2\pi f L$。

电流与电压的相位关系：电压超前电流 $\dfrac{\pi}{2}$，或者说电流滞后电压 $\dfrac{\pi}{2}$，即 $\varphi_u - \varphi_i = \dfrac{\pi}{2}$。

2）纯电感交流电路的功率

经推导得出，纯电感交流电路的瞬时功率为 $p = u_L i = U_L I \sin 2\omega t$。

瞬时功率的最大值 $U_L I$，表示电感与电源之间能量转换的最大值，称为无功功率，用符号 Q_L 表示，单位是乏，符号是 var，即

$$Q_L = U_L I$$

纯电感交流电路

式中，Q_L——纯电感交流电路的无功功率，单位是 var(乏)；

　　　　U_L——电感 L 两端交流电压的有效值；

　　　　I——通过电感 L 的交流电流的有效值。

必须说明的是，无功功率不是无用功率。"无功"的含义是"交换"而不是"消耗"，是相对于有功而言的。无功功率表示交流电路中能量转换的最大值。在工程上，具有电感性质的电动机、变压器等设备都是根据电磁能量转换进行工作的。

（3）纯电容电路

纯电容电路中只有电容器作为负载，而且电容器的漏电电阻和分布电感均忽略不计，如图 2-16 所示。纯电容电路也是理想电路。

图 2-16　纯电容交流电路

1）电流与电压的关系

如图 2-46 所示纯电容电路中，设加在电容两端的交流电压为 $u_C = U_{Cm}\sin\omega t$。

电流与电压的数量关系：电流与电压的有效值（或最大值）符合欧姆定律，即 $I = \dfrac{U_C}{X_C}$ 或 $I_m = \dfrac{U_{Cm}}{X_C}$，其中，$X_C$ 为容抗，不是电容量 C，且 $X_C = \dfrac{1}{\omega C} = \dfrac{1}{2\pi f C}$。

电流与电压的相位关系：电流超前电压 $\dfrac{\pi}{2}$，或者说电压滞后电流 $\dfrac{\pi}{2}$，即 $\varphi_i - \varphi_u = \dfrac{\pi}{2}$。

2）纯电容电路的功率

推导得出，纯电容交流电路的瞬时功率为 $p = u_C i = U_C I \sin 2\omega t$。

电容元件虽然不消耗功率，但它与电源之间不断进行能量的转换，即电容器的充电和放电。纯电容交流电路的无功功率为

$$Q_C = U_C I$$

式中，Q_C——纯电容交流电路的无功功率；

　　　　U_C——电容 C 两端交流电压的有效值；

　　　　I——通过电容 C 的交流电流的有效值。

纯电容交流电路

2. RLC 串联电路

电阻、电感、电容串联组成的电路称为 RLC 串联电路，如图 2-17 所示。RLC 串联电路包含了 3 个不同的电路参数，是在实际工作中常常遇到的典型电路，如供电系统中的补偿电路和电子技术中常用的串联谐振电路都属于这种电路。

（1）总电压与各分电压之间的关系

如图 2-17 所示，设通过 RLC 串联交流电路的电流为 $i = $

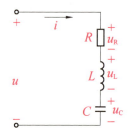

图 2-17　RLC 串联电路

$I_m\sin\omega t$，则电阻两端的电压为 $u_R = I_m R\sin\omega t$；电感两端的电压为 $u_L = I_m X_L \sin\left(\omega t + \dfrac{\pi}{2}\right)$；电容

两端的电压为 $u_\text{C} = I_\text{m} X_\text{C} \sin(\omega t - \dfrac{\pi}{2})$。

根据基尔霍夫电压定律，电路总电压瞬时值等于各个电压瞬时值之和，即

$$u = u_\text{R} + u_\text{L} + u_\text{C}$$

画出各矢量图，如图 2-18 所示。

从矢量图可以看出，总电压有效值与各分电压有效值之间的关系为

$$U = \sqrt{U_\text{R}^2 + (U_\text{L} - U_\text{C})^2}$$

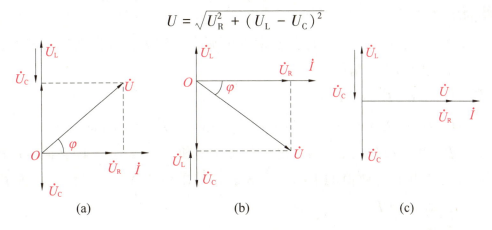

图 2-18　*RLC* 串联电路的矢量图

（a）$U_\text{L} > U_\text{C}$；（b）$U_\text{L} < U_\text{C}$；（c）$U_\text{L} = U_\text{C}$

（2）总电压与总电流的相位差

总电压与总电流的相位差关系为

$$\varphi = \arctan \frac{U_\text{L} - U_\text{C}}{U_\text{R}}$$

当 $U_\text{L} > U_\text{C}$ 时，$\varphi > 0$，电压超前电流；当 $U_\text{L} < U_\text{C}$ 时，$\varphi < 0$，电压滞后电流；当 $U_\text{L} = U_\text{C}$ 时，$\varphi = 0$，电压与电流同相。

（3）电路的阻抗

可以推出

$$Z = \sqrt{R^2 + (X_\text{L} - X_\text{C})^2} = \sqrt{R^2 + X^2}$$

我们把 $X = X_\text{L} - X_\text{C}$ 称为电抗，它是电感与电容共同作用的结果；把 Z 称为交流电路的阻抗，它是电阻与电抗共同作用的结果。电抗和阻抗的单位均为 Ω（欧［姆］）。

同理，将电压三角形三边同时除以电流 I，可得阻抗 Z、电阻 R、电抗 X 组成的阻抗三角形，如图 2-19 所示。

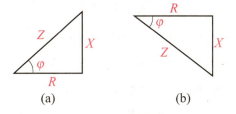

图 2-19　*RLC* 串联电路的阻抗三角形

（a）$X_\text{L} > X_\text{C}$；（b）$X_\text{L} < X_\text{C}$

电路的阻抗角为 $\varphi = \arctan \dfrac{X}{R} = \arctan \dfrac{X_L - X_C}{R}$。

阻抗角的大小取决于电路的参数 R、L、C 及电源频率 f，电抗 X 的值决定电路的性质。

当 $X_L > X_C$，即 $X > 0$ 时，$\varphi > 0$，$U_L > U_C$，总电压超前总电流，电路呈电感性；当 $X_L < X_C$，即 $X < 0$ 时，$\varphi < 0$，$U_L < U_C$，总电压滞后总电流，电路呈电容性；当 $X_L = X_C$，即 $X = 0$ 时，$\varphi = 0$，$U_L = U_C$，总电压与总电流同相，电路呈电阻性，此时的电路状态称为谐振。

（4）电路的功率

如果将图 2-19 中阻抗三角形三边分别乘以电流有效值 I^2，可得视在功率 S、有功功率 P、无功功率 Q 组成的功率三角形。

有功功率：$P = U_R I = I^2 R = UI\cos\varphi$。

无功功率：$Q = Q_L - Q_C = (U_L - U_C)I = I^2(X_L - X_C) = I^2 X = UI\sin\varphi$。

视在功率：表示电源提供的总功率（包括有功功率和无功功率），即交流电源的容量，等于总电压有效值与总电流有效值的乘积，用 S 表示，单位为 V·A（伏安），常用单位还有 kV·A 和 MV·A，即 $S = UI$。

在功率三角形中有

$$S = \sqrt{P^2 + Q_C^2} \qquad \varphi = \arctan \dfrac{Q}{P}$$

（5）功率因数

在 RLC 串联电路中，既有耗能元件电阻，又有储能元件电感，为了反映功率的利用率，我们把有功功率与视在功率的比值称为功率因数，用 λ 表示，即 $\lambda = \cos\varphi = \dfrac{P}{S}$。

上式表明，当视在功率一定时，功率因数越大，用电设备的有功功率也就越大，电源输出功率的利用率就越高。功率因数的大小由电路参数（R、L）和电源频率（f）决定。

任务知识库二　三相正弦交流电路

1. 三相正弦交流电源

（1）三相正弦对称电源

在工程上，把频率相同、幅值相等、相位互差 120° 的 3 个正弦交流电源称为三相正弦对称电源。我国通常用 U、V、W 或 L_1、L_2、L_3 分别表示第一相、第二相和第三相。

如果以 u_U 为参考正弦量，即第一相电源的初相为 0°，第二相电源 u_V 的初相为 -120°，第三相电源 u_W 的初相为 120°（或 -240°），那么三相正弦对称电源各相的解析式为

$$u_U = U_m\sin\omega t$$
$$u_V = U_m\sin(\omega t - 120°)$$
$$u_W = U_m\sin(\omega t + 120°)$$

三相正弦对称电源的波形图和矢量图如图 2-20 所示。

（2）三相交流电的相序

三相交流电随时间按正弦规律变化，它们达到最大值的先后次序称为相序。

我们把相序为 U-V-W-U 的顺序称为正序；若相序为 U-W-V-U，则称为负序。

工程上如无特别说明，均采用正序。

（3）三相电源的连接

1）星形连接

在现代供电系统中，三相对称电源是按照一定的方式连接后向负载供电的，通常都采用星形连接方式。如图 2-21 所示，将三相发电机绕组的 3 个末端 U_2、V_2、W_2 连接成公共点，3 个首端 U_1、V_1、W_1 分别与负载连接，这种连接方式称为星形连接，用符号"Y"表示。3 个末端连接成的公共点成为中性点（或零点），用字母"N"表示，从中性点引出的导线称为中性线，一般用黑色或淡蓝色线。从三相绕组首端引出的 3 根导线称为相线

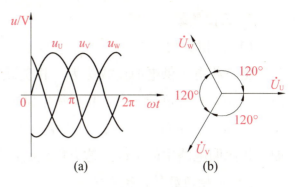

图 2-20　三相正弦对称电源的波形图和矢量图
（a）波形图；（b）矢量图

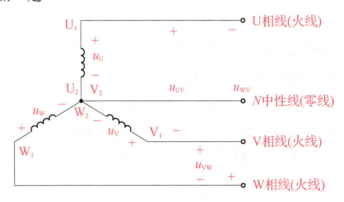

图 2-21　三相四线制电源

（或火线），分别用符号"U、V、W"表示，用黄、绿、红 3 种颜色区分，这种由 3 根相线和一根中性线组成的供电系统称为三相四线制供电系统，用符号"Y_0"表示，通常在低压配电系统中采用。

在高压输电系统中，通常采用只由 3 根相线组成的三相三线制供电系统，用符号"Y"表示。

2）相电压和线电压

三相四线制供电系统可输出两种电压，即相电压和线电压。

相电压是相线与中性线之间的电压，通常用 U_P 泛指相电压，用 U_U、U_V、U_W 表示 U、V、W 各相电压的有效值。

线电压是指相线与相线之间的电压，通常用 U_L 泛指线电压，用 U_{UV}、U_{VW}、U_{WU} 表示 UV、VW、WU 各线电压的有效值。

线电压与相电压有效值之间的数量关系为 $U_L = \sqrt{3}\,U_P$，即各线电压的有效值为相电压有效值的 $\sqrt{3}$ 倍。在三相四线制供电系统中，相电压和线电压都是对称的，而且各线电压超前相应的相电压 30°。

2. 三相负载的连接

(1) 三相负载

由三相电源供电的负载称为三相负载，如三相异步电动机。三相负载可分为三相对称负载和三相不对称负载。在三相交流电路中，各相负载的大小和性质都相等（$Z_U = Z_V = Z_W$）的三相负载称为三相对称负载，如三相异步电动机、三相电炉等；否则，称为三相不对称负载，如三相照明电路中的负载，这类负载通常是按照尽量平均分配的方式接入三相交流电源中。

(2) 三相负载的连接方式

在三相电路中，负载有星形（Y）和三角形（△）两种连接方式。

1) 三相负载的星形连接

把各相负载的末端 U_2、V_2、W_2连在一起接到三相电源的中性线上，把各相负载的首端 U_1、V_1、W_1分别接到三相交流电源的 3 根相线上，这种连接方式称为三相负载有中性线的星形连接，用符号"Y_0"表示。图 2-22 (a) 为三相负载有中性线的星形连接的原理，图 2-22(b) 为实际电路。

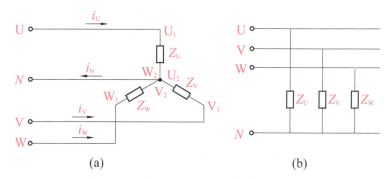

图 2-22　三相负载有中性线的星形连接

(a) 原理；(b) 实际电路

负载做星形连接并具有中性线时，每相负载两端的电压称为负载的相电压，用 U_{YP} 表示。忽略输电线的阻抗，负载的相电压等于电源相电压（$U_{YP} = U_P$），负载的线电压等于电源的线电压，所以负载的相电压与线电压的关系为 $U_L = \sqrt{3}\,U_{YP}$。

流过每根相线的电流称为线电流，分别用 I_U、I_V、I_W 表示 U、V、W 各线电流的有效值，通常用符号 I_{YL} 表示；流过每一相负载的电流称为相电流，通常用 I_{YP} 表示；流过中性线的电流称为中性线电流，用 I_N 表示。三相负载做星形连接时，线电流等于相电流，即 $I_{YL} = I_{YP}$。

对称三相负载做星形连接时，中性线电流等于0，即中性线没有电流通过，去掉中性线也不影响三相电路的正常工作。为此，常常采用三相三线制电路，如图 2-23 所示。常用的三相电动机和三相变压器都是对称三相负载，都采用三相三线制供电。

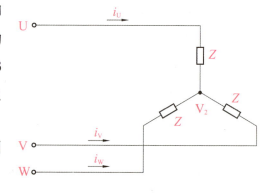

图 2-23　三相三线制电路

三相负载在很多情况下是不对称的，最常见的照明电路就是不对称负载星形连接的三相电路。

在三相电路中，如果负载不对称，则各相电流的大小就不相等，相位差也不一定是120°，中性线电流就不为0，这种情况下，中性线绝对不能断开，必须采用带中性线的三相四线制供电。若无中性线，则可能使一相电压过低，该相用电设备不能正常工作，而另一相电压过高，导致该相用电设备烧毁。因此在三相四线制电路中，中性线的作用是使不对称负载两端的电压保持对称，从而保证电路安全可靠地工作。另外，在连接三相负载时，应尽量保持三相平衡，以减小中性线电流。

2）三相负载的三角形连接

把三相负载分别接到三相交流电源的每两根相线之间，这种连接方法称为三相负载的三角形连接。图2-24（a）、图2-24（b）分别是三相对称负载的三角形连接原理和实际电路。

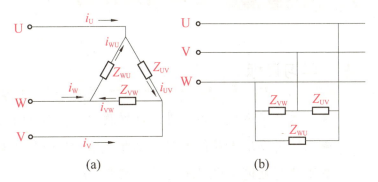

图2-24　三相对称负载的三角形连接

（a）原理；（b）实际电路

当对称负载做三角形连接时，线电压等于相电压，线电流等于相电流的 $\sqrt{3}$ 倍，即

$$U_{\triangle L} = U_{\triangle P} \qquad I_{\triangle L} = \sqrt{3} I_{\triangle P}$$

3. 三相负载的功率计算

在三相交流电路中，不论负载采取星形连接的方式，还是三角形连接的方式，三相负载消耗的总功率都等于各相负载消耗的功率之和，即 $P = P_U + P_V + P_W$。

每一相负载所消耗的功率，可以应用单相正弦交流电路中学过的方法计算。

当三相负载对称时，如果知道各相电压、相电流及功率因数 $\cos\varphi$ 的值，由于 $P_U = P_V = P_W = U_p I_p \cos\varphi$，所以负载消耗的总功率为

$$P = 3U_p I_p \cos\varphi$$

式中，P——三相负载总有功功率；

$\quad\quad U_p$——负载的相电压；

$\quad\quad I_p$——流过负载的相电流；

$\quad\quad \cos\varphi$——三相负载的功率因数。

由上式可知，三相对称电路总有功功率等于单相有功功率的3倍。

在实际工作中，测量线电压、线电流比较方便，三相电路的总功率常用线电压和线电流来表示。理论推导证明，对称负载不论做星形还是三角形连接，总有功功率都为

$$P = \sqrt{3} U_L I_L \cos\varphi$$

同理，三相对称负载的无功功率为

$$Q = \sqrt{3} U_L I_L \sin\varphi$$

视在功率为

$$S = \sqrt{3} U_L I_L$$

三者的关系为

$$S = \sqrt{P^2 + Q^2}$$

任务4　电动机及控制

学习目标

◆熟悉汽车常用电磁器件继电器及喇叭电路工作原理分析和检测方法。

◆能够用万用表等仪器对电磁继电器和喇叭等电磁器件进行性能检测。

◆能够对继电器电路进行基本测量。

◆掌握直流电动机的组成、转动原理和铭牌数据。

◆理解步进电动机的组成和转速原理。

◆会正确分析直流电动机电路，并对一般故障进行排除。

◆会对直流电动机的电路进行正确连接，实现其起动调速与正、反转。

任务描述

电机(俗称马达)是电动机和发电机的统称，是一种实现机电能量转换的电磁装置。拖动生产机械，把电能变换为机械能的称为电动机，如现代工业、汽车行业及许多家用电器中都广泛使用电动机来作动力驱动；作为电源，把机械能变换为电能的称为发电机。同一台电机既可作电动机运行，又可作发电机运行，这就是可逆运行原理，它适用于所有电机。电机按通电性质分为直流电机和交流电机。

本任务中要求学生学习继电器及汽车喇叭电路的应用，能够通过万用表对汽车喇叭继电器等电磁器件进行性能检测，对继电器电路进行基本测量；了解直流电动机、步进电动机和交流电动机的基本结构和转动原理；掌握汽车直流电动机、步进电动机的组成、工作原理和功能；并能够通过直流电动机实验台，采取学中做、做中学等方式加深对汽车直流电动机的理解，运用工学结合、手脑并用，实现理实一体化教学。

任务知识库一　常用低压电器——继电器

1. 继电器及分类

(1)继电器组成与功能

常用继电器也称为电磁式继电器，是利用小的开关信号控制大的开关动作的器件。它广泛应用于汽车电子控制系统中，其作用是利用它的动断和动合触点进行电路切换。由于继电器是利用改变金属触点位置，使动触点和静触点闭合或分开，所以具有接触电阻小、流过电流大和耐压高等优点，特别适用于大电流、高电压的使用场合，小型继电器也常用作精密测量电路的转换开关。

所以，电磁继电器是由一个电磁铁、一个电枢和开关触点组成的。电路接通时铁芯吸引操纵开关触点的电枢，使触点断开、闭合或切换，相当于开关的作用。

（2）一般继电器的分类

①电流继电器：又可分为过电流继电器和欠电流继电器，适用于电动机的过载及短路保护、直流电动机磁极控制或失磁保护。

②电压继电器：又可分为过电压继电器和欠电压继电器，当电路中的电压超过规定值时，触点吸合；当电路中的电压低于规定值时，触点分开。适用于电动机过电压或欠电压保护，以及制动和反转控制等，在汽车上也经常使用这种类型的继电器。

③中间继电器：实质上也属于电压继电器，当电路中的端电压达到规定值时，中间继电器动作。

④热继电器：由于过电流通过热元件，热元件发热弯曲而推动机构动作，用于一般电动机的过载、断相运转及电流不平衡保护，如汽车门窗玻璃升降，电动机在玻璃升降至极限位置时的过载保护。

2. 汽车常用的继电器

汽车常用的继电器主要起保护开关和自动控制的作用。由于开关只控制继电器线圈的通断，而继电器用线圈产生的电磁力来通断开关所要控制的电路，加继电器后，控制开关只流过较小的继电器线圈电流，因而，开关就不容易损坏，使用寿命得以延长。

（1）汽车中常用继电器的类型及图形符号

汽车生产商采用的继电器有 3 种不同的类型，即常开继电器、常闭继电器和混合式继电器。

1）常开继电器

继电器线圈不通电时，继电器触点在其弹簧力作用下保持张开的位置，继电器线圈通电后触点闭合，如图 2-25 所示。

2）常闭继电器

继电器线圈不通电时，继电器触点在其弹簧力作用下保持闭合的位置，继电器线圈通电后张开，如图 2-26 所示。

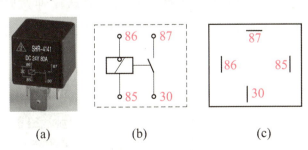

图 2-25　常开继电器

（a）实物；（b）图形符号；（c）引脚

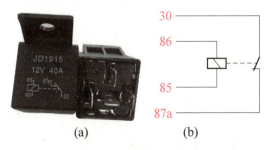

图 2-26　常闭继电器

（a）实物；（b）图形符号

3）混合式继电器（转换器使用的继电器）

继电器有常开（动合）触点和常闭（动断）触点，继电器线圈通电后常开触点闭合，常闭触点张开，如图2-27所示。

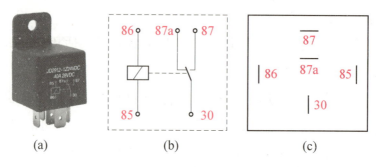

图2-27　混合式继电器

（a）实物；（b）图形符号；（c）引脚

（2）汽车其他继电器

在车辆中的继电器可分作为开关使用的继电器，如汽车喇叭、前雾灯、散热器风扇、启动继电器和燃油泵的开关继电器；作为功能继电器，如转向信号继电器、刮水和清洗间隔时间继电器。

1）低压断路器（自动空气开关）

低压断路器主要用来控制局部照明线路或对电路的某些部分做通断控制。断路器在电路发生过载、短路及失电压、欠电压时，均能自动分断电路，起保护作用。

继电器在汽车喇叭
电路中的应用

2）交流接触器

交流接触器是用来频繁接通和断开电路的自动切换电路，它具有手动切换电器所不能实现的遥控功能，同时还具有欠电压、失电压保护的功能。

①交流接触器的主要控制对象：电动机。

②交流接触器的结构：电磁系统和触头系统。

③交流接触器工作原理：当交流接触器线圈通入交流之后，铁芯和衔铁均被磁化，衔铁克服弹簧张力向下吸合，固定在衔铁上的所有动触点随之向下移动，辅助常开触点打开，3对主触点和辅助的常开触点闭合；当电磁线圈失电后，铁芯和衔铁也随即失磁，衔铁在弹簧张力下复位，使常开触点打开、常闭触点闭合；断电后铁芯和衔铁即刻失磁，衔铁在弹簧张力下复位，各动触点随之复位。

任务知识库二　直流电动机

直流电动机

1. 认识直流电动机

直流电动机在人们日常生活中是比较常用的，如男士使用的电动剃须刀、孩子们的电动玩具。在现代汽车中，普遍采用电力启动，它以蓄电池为电源，以直流电动机为动力，通过传动装置和控制机构进行工作。汽车中还有许多直流电动机在工作，如风扇电动机、起动机、风窗玻璃刮水器电动机、风窗玻璃冲洗器电动机、新鲜空气鼓风机电动机，用于车窗、滑动天窗、座椅等的伺服电动机等。

（1）直流电动机的组成

直流电动机由固定不动的定子（主磁极）和旋转的转子（电枢）两部分组成，在这两部分之间有一个极小的空隙，如图2-28（c）所示。

1）定子

定子由主磁极、换向磁极、机座、端盖和电刷装置等组成，如图2-28（b）、图2-28（c）所示。主磁极由铁芯和励磁绕组组成，励磁绕组通以励磁电流产生主磁场，它可以是一对、两对或多对磁极。换向磁极由换向磁极铁芯和绕组组成，位于两主磁极之间，并与电枢串联，通以电枢电流，产生附加磁场，以改善电动机的换向条件，减小换向器上的火花。在小功率直流电动机中不装换向磁极。机座由铸钢或原钢板制成，用以安装主磁极和换向器等部件，并保护电动机，它既是电动机的外壳又是电动机磁路的一部分。在机座两端各有一个端盖，端盖中心处装有轴承，用来支撑转子和转轴，端盖上还固定有电刷架，用以安装电刷。

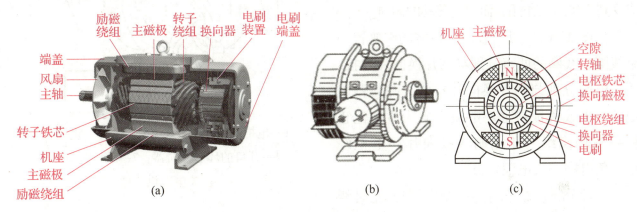

图2-28　直流电动机的外形和结构
（a）实物内部；（b）外形；（c）结构

2）转子

直流电动机的转子与其连接部件通称电枢，如图2-29所示。它主要由电枢铁芯、电枢绕组、换向器、转轴和风扇等部件组成。

电枢铁芯由硅钢片叠压而成，如图2-30所示，其表面有许多均匀分布的槽，用来嵌入电枢绕组。电枢绕组由许多相同的线圈组成，按一定规律嵌入电枢铁芯的槽内并与换向器的两片相连，通以电流时在主磁场的作用下产生电磁转矩。

3）换向器

换向器又称整流子，是直流电动机的特有装置。它由许多楔形钢片组成，各片间用云母或其他垫片绝缘，外表呈圆柱形，装在转轴上，在换向器表面压着电刷。换向器通过与电刷的摩擦接触，将两个电刷之间固定极性的直流电流变换为绕组内部的交流电流，以便形成固定方向的电磁转矩。或者说旋转的电枢绕组与静止的外电路一直相通，以引入直流电。

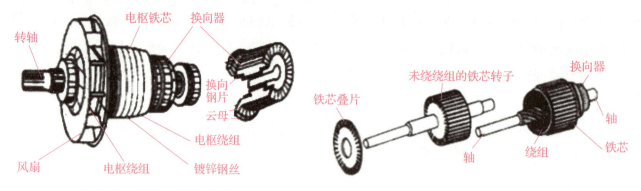

图 2-29　直流电动机转子　　　　图 2-30　直流电动机电枢铁芯

换向器作用：将外部直流电转换成内部的直流电，以保持转矩方向不变。

（2）直流电动机的工作原理

直流电动机的工作原理是基于载流导体与磁场之间的相互作用。利用磁场的相互作用将电能转化成机械能，并使机械能产生动能，用来驱动其他装置的电气设备。在磁场内通电导线受到磁场力的作用，而产生移动的倾向。

从图 2-31 中可以看出，在磁场中放置一个线圈，线圈的两点分别与两片换向片连接，两只电刷分别与两片换向片接触，并与蓄电池的正极或负极接通。电流方向为蓄电池正极→磁场绕组→正电刷→换向片→电枢绕组→负电刷→蓄电池负极。

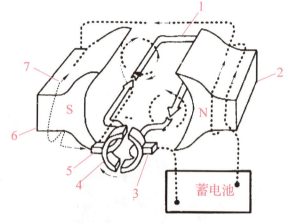

1—电枢绕组；2、6—极靴；3、5—电刷；
4—开口的环形换向器；7—磁场绕组。

图 2-31　直流电动机工作原理示意

原理分析：根据左手定则可知，此时线圈中产生逆时针方向转矩。当线圈转过 180° 后，虽然线圈在磁场中的位置发生变化，但在换向器的作用下各边的电流方向也随之改变，即在 N 极和 S 极附近导线中的电流方向发生改变，故电磁转矩的方向并不改变，线圈将保持一个方向继续旋转，产生直流电。

2. 直流电动机在汽车中的应用

（1）汽车鼓风电动机电路检查

举一实际案例分析汽车电动机的应用与电路检查。一辆汽车的新鲜空气鼓风机只能在一种速度挡位上运转。其原因是串联电阻发现有故障，检查串联电阻上是否有电压，通过电阻测量来检查串联电阻。

电路分析步骤如下。

第一步，识电路图，如图 2-32 所示。

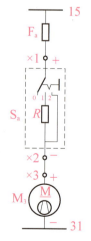

15—电源线；F_a—保险丝（熔丝）；
S_a—风扇开关；R—电阻；
M_3—鼓风机电动机；31—搭铁（负极）。

图 2-32　新鲜空气鼓风机电路

第二步，工作过程分析，如表 2-3 所示。

表 2-3 新鲜空气鼓风机工作过程分析

过程 1	过程 2
开关位置 1：低转速 电源线 15→保险丝 F_a→风扇开关 S_a 1 端→串联电阻→鼓风机电动机 M_3→搭铁 31	开关位置 2：高转速 电源线 15→保险丝 F_a→风扇开关 S_a 2 端→鼓风机电动机 M_3→搭铁 31

第三步，检查和测量电动机。发生故障时先要明确是电动机故障还是电源故障。

1）检查电源

①拔出电动机插头。

②把万用表接到线束端头上。

③接通点火开关。

④万用表必须显示至少 11.5 V 的电压。

⑤否则需要检查线束、开关或继电器。

2）检查电动机

①从电路图了解电极布置。

②用辅助电缆把正极或负极接到蓄电池上。

③如果电动机不转动，则电动机有故障。

3）检查与检测流程图

检查与检测流程图，如图 2-33 所示。

（2）直流电动机在汽车电动车窗中的应用

电动车窗系统由车窗、车窗玻璃升降器、电动机、继电器、开关等装置组成，如图 2-34 所示。

电动车窗使用的电动机是双向的，有永磁型和双绕组串励型两种。每个车窗都装有一个电动机，通过开关控制它的旋转方向，使车窗玻璃上升或下降。

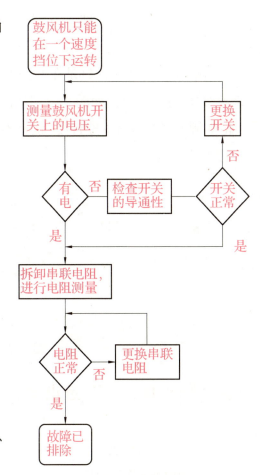

图 2-33 新鲜空气鼓风机电路故障检查与检测流程图

1）永磁型直流电动机

永磁型直流电动机是通过改变电枢电流的方向来改变电动机的旋转方向，从而使车窗玻璃上升或下降。

2）双绕组串励型直流电动机

双绕组串励型直流电动机有两个绕向相反的磁场绕组：一个称为上升绕组，另一个称为下降绕组。通电后会产生相反方向的磁场，改变电动机的旋转方向，从而实现车窗玻璃上升或下降。

图 2-34　电动车窗系统

需要注意的是各电动车窗电路中，均有断路保护器，以免电动机因超载而烧坏。断路保护器触点臂为双金属片结构，当电动机超载，电路中电流过大时，双金属片因温度上升产生翘曲变形，断开多功能触点，切断电路。电流消失后，双金属片冷却，变形消失，触点再次闭合。如此周期动作，使电动机电流平均值不超过规定值，不至于过热而烧坏。

3. 直流伺服电动机

直流伺服电动机，又称直流调整电动机，与直流电动机原理一样。车窗刮水器采用此电动机。

根据电动机转速 n ，只是在并励电流电动机上，通过改变主磁极磁电流 I_a 和电枢供电电压 U_a 来改变电动机转速，如图 2-35 所示。

将电源开关置于不同挡位，就有不同的电阻串入励磁电路，产生不同的励磁电流，从而改变电动机转速。

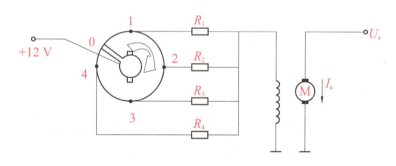

图 2-35　刮水器伺服电动机原理

任务知识库三　步进电动机

步进电动机

1. 认识步进电动机

（1）步进电动机的组成

步进电动机是由定子、定子绕组、永磁转子及控制电路组成的，如图 2-36 所示。

电动机的定子和转子铁芯通常由硅钢片叠成。定子和转子均匀分布着很多小齿。定子上有 A、B、C 三对磁极，在相对应的磁极上绕有 A、B、C 三向控制绕组。其几何轴线依次分别与转子齿轴线错开。

（2）步进电动机工作原理

1）永磁转子式步进电动机

永磁转子式步进电动机的转子是一个具有 N 极和 S 极的永久磁铁，定子有两相独立的绕组，如图 2-37（a）所示。当从 $V_1 \rightarrow V$ 向绕组输入一个电脉冲信号时，绕组产生一个磁场，在磁力同性相斥、异性相吸的原理作用下，使转子 S 极在右、N 极在左。

当从 $V_1 \rightarrow V$ 输入的脉冲信号消失后，再从 $U \rightarrow U_1$ 向绕组输入另一个脉冲信号时，绕组产

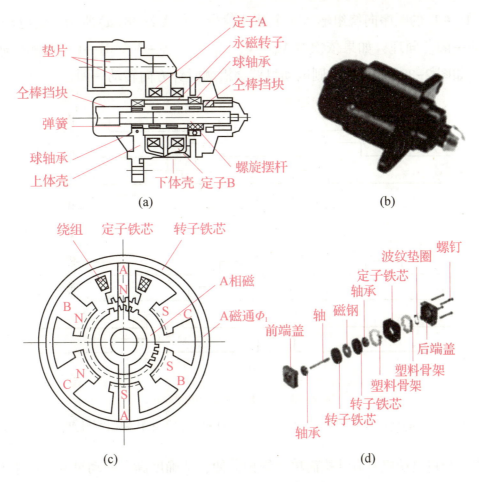

图2-36　步进电动机的组成

(a)结构；(b)实物；(c)原理；(d)步进电动机

生一个磁场，N极在上、S极在下，如图2-37(b)所示。在同性相斥、异性相吸原理作用下，转子就会沿逆时针方向转动90°，如图2-37(c)所示。

当从U→U₁输入的脉冲信号消失后，再从V→V₁向绕组输入另一个脉冲信号时，绕组产生磁场，N极在左、S极在右，如图2-37(c)所示。在同性相斥、异性相吸原理作用下，转子就会沿逆时针方向转动90°，如图2-37(d)所示。

当从V→V₁输入的脉冲信号消失后，再从U₁→U向绕组输入另一个脉冲信号时，绕组产生磁场，N极在下、S极在上，如图2-37(d)所示。在同性相斥、异性相吸原理作用下，转子就会沿逆时针方向转动90°，如图2-37(e)所示。

如果依次按V₁→V、U→

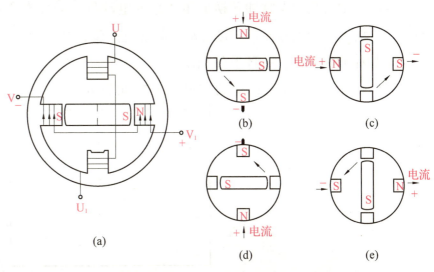

图2-37　永磁转子式步进电动机基本结构和步进原理

U_1、$V \rightarrow V_1$、$U_1 \rightarrow U$ 的顺序向绕组输入 4 个脉冲信号，如图 2-38（a）所示，则电动机就会沿逆时针方向转动一圈。同理，如果依次按 $V_1 \rightarrow V$、$U_1 \rightarrow U$、$V \rightarrow V_1$、$U \rightarrow U_1$ 的顺序向绕组输入 4 个脉冲信号，如图 2-38（b）所示，则电动机就会沿顺时针方向转动一圈。

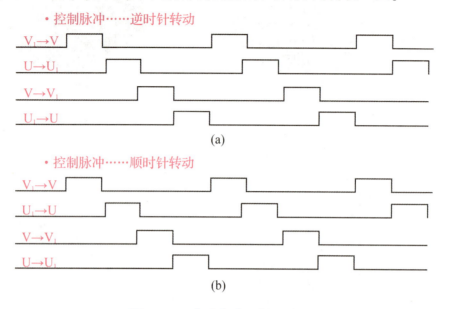

图 2-38　步进电动机控制脉冲

（a）逆时针步进转动控制脉冲；（b）顺时针步进转动控制脉冲

可以看出，步进电动机具有结构简单、维护方便、精确度高、起动灵敏、停车准确等性能。此外，步进电动机的转速取决于脉冲频率，并与频率同步。需要指出的是，电脉冲不能直接用来控制步进电动机，必须采用脉冲分配器先将电脉冲按通电工作方式进行分配，而后经脉冲放大器放大到具有足够的功率，才能驱动电动机工作。步进电动机的工作流程如图 2-39 所示。

图 2-39　步进电动机的工作流程

步进电动机是把电脉冲转换成角位移的电动机。需要专用的驱动电源供给有规律的电脉冲信号，输入一个电脉冲，步进电动机就前进一步，其转速和转向与各绕组的通电方式有关。

2）脉冲分配控制——环形分配器

三相硬件环形分配器的驱动控制如图 2-40 所示。

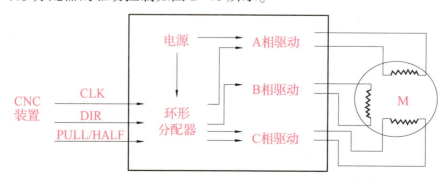

图 2-40　三相硬件环形分配器的驱动控制

当 DIR = "1"时，每来一个脉冲(CLK)则电动机正转一步；当 DIR = "0"时，每来一个脉冲(CLK)则电动机反转一步。

3）脉冲放大电路

脉冲放大电路的作用是将环形分配器发出的 TTL 电平信号放大至几安培到十几安培的电流，然后将电流送至步进电动机各绕组。

4）软件脉冲分配的控制——查表法

对于三相六拍环形分配器，每当接收到一个进给脉冲指令，环形分配器软件根据表 2-4 所示真值表，按顺序及方向控制输出接口，将 A、B、C 的值输出即可。

表 2-4 软件脉冲分配真值表

步序		导电相	工作状态
正转 反转			C B A
		A	0 0 1
		A B	0 1 1
		B	0 1 0
		B C	1 1 0
		C	1 0 0
		C A	1 0 1

2. 步进电动机在汽车中的应用

当发动机怠速运转时，由于空调压缩机、动力转向助力泵、发电机等负载的变化会引起怠速转速发生波动。因此，需要对发动机怠速转速进行调整。燃油喷射系统的怠速控制阀分为步进电动机式、脉冲电磁阀式和真空阀式 3 种。目前，大多采用步进电动机式怠速控制阀。怠速控制阀安装在发动机节气门体上或节气门体附近，安装位置如图 2-41 所示。

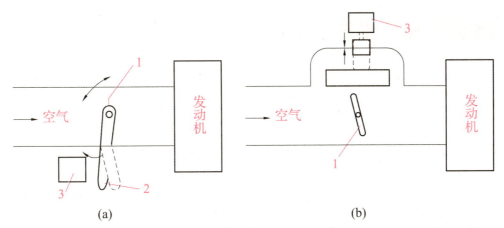

1—节气门；2—节气门操纵臂；3—怠速控制阀。

图 2-41 怠速控制阀安装位置

（a）节气门直动式；（b）旁通空气式

功率放大器的装调

知识树

```
                                        ┌─ 桥式整流滤波电路
                          ┌─ 稳压电路的装调 ─┼─ 串联型稳压电路
                          │                └─ 开关电源
                          │                ┌─ 分压式偏置放大电路
功率放大器的装调 ──────────┼─ 放大电路的装调 ─┼─ 集成运放电路
                          │                └─ 功率放大电路
                          │                ┌─ 振荡电路
                          └─ 信号发生电路的装调 ┤
                                            └─ 高频处理电路
```

任务 1 稳压电路的装调

学习目标

◆ 了解桥式整流电路、串联型稳压电路和开关电源的作用。

◆ 熟悉桥式整流电路、串联型稳压电路和开关电源的结构。

◆ 理解桥式整流电路、串联型稳压电路和开关电源原理。

◆ 能完成桥式整流电路和串联型稳压电路的装调。

◆ 能够以严谨的科学作风、科学态度进行电路参数的计算。

任务描述

　　整流电路是将交流电变为脉动直流电的电路。整流电路有单相整流电路和三相整流电路之分，常用的家电、通信、汽车终端产品设备中，主要是桥式整流电路作为前置，后置稳压电路常见的有串联型稳压电路和开关电源。通过本任务的学习，首先对整流、滤波、稳压电路结构及基本原理进行理解和掌握，然后进行典型电路装配与调试。

任务知识库一　　桥式整流滤波电路

一、整流电路

1. 单相半波整流电路

　　半波整流电路由电源变压器 T、整流二极管 VD 和负载 R_L 组成，其电路如图 3-1 所示。

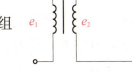

图 3-1　半波整流电路

　　（1）电路中各元器件的作用

　　变压器 T：用以实现电压变换，T 的一次绕组接交流电压 e_1，则在变压器二次绕组就会产生感应交流电压 e_2。

　　二极管 VD：电路中的整流元件，即将变压器变压后的交流电变成单方向脉动直流电。

　　电阻 R_L：耗能元件，即消耗二极管整流后的单方向脉动直流电。

　　（2）电路的工作原理

　　半波整流波形如图 3-2 所示。当 e_2 为正半周的时候，变压器二次绕组电压的极性为上正下负，整流二极管 VD 导通，电路中的负载上有电流流过，产生输出电压 U_O。

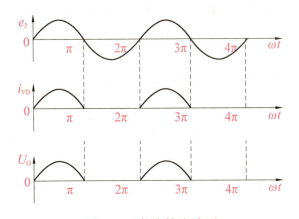

图 3-2　半波整流波形

　　当 e_2 为负半周的时候，变压器二次绕组电压的极性为上负下正，整流二极管 VD 承受的电压是反向电压，二极管处于截止状态，此时负载 R_L 上没有电流流过，即负载电阻 R_L 两端没有电压。

　　（3）负载上获得电压和电流的大小

经过上述的工作原理分析可以知道，负载上电压的大小是变化的脉动直流电，我们可以利用平均值 U_0 表示其大小，经过理论推导有

$$U_0 = 0.45e_2$$

式中，e_2 表示变压器二次交流电压的有效值。

根据上述负载上所获得的电压可以知道，负载 R_L 上的平均电流为

$$I_0 = \frac{U_0}{R_L} = \frac{0.45e_2}{R_L}$$

2. 单相桥式整流电路

半波整流电路虽然简单，但是电能的利用率太低，输出电压的脉动比较大，输出的直流电压也低。因此，一般常用桥式整流电路。

（1）电路结构

单相桥式整流电路由 1 个电源变压器、4 只整流二极管和负载 R_L 组成。4 只整流二极管组成了桥式整流电路的 4 条臂，变压器的二次绕组和负载 R_L 分别接在桥式整流电路的两个对角线顶点上，其电路结构如图 3-3 所示。

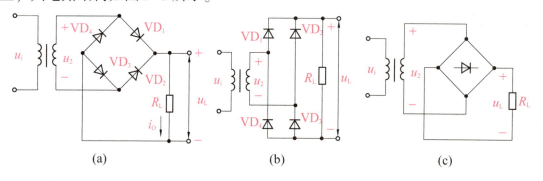

（a）   （b）   （c）

图 3-3　桥式整流电路

（a）常用画法；（b）变形画法；（c）简单画法

（2）各元器件作用

变压器：将一次电压变换成电路中所需要的电压值。

二极管 VD_1、VD_2、VD_3、VD_4：变压器正、负两个半周时的整流元件，同时向负载提供单相脉动电流，其中 VD_1、VD_3 为正半周时的整流二极管，VD_2、VD_4 为负半周时的整流二极管。

电阻 R_L：耗能元件，即负载，消耗二极管整流后的单向脉动直流电。

（3）工作原理

在 u_2 的正半周，变压器的极性为上正下负，整流二极管 VD_1、VD_3 正向导通，VD_2、VD_4 反向截止，其电流流向为"$+$"$\rightarrow VD_1 \rightarrow R_L \rightarrow VD_3 \rightarrow$"$-$"。

在 u_2 的负半周，变压器的极性为上负下正，整流二极管 VD_2、VD_4 正向导通，VD_1、VD_3 反向截止，其电流流向为"$+$"$\rightarrow VD_2 \rightarrow R_L \rightarrow VD_4 \rightarrow$"$-$"。

（4）相关参数计算

①负载电压和电流计算。由于桥式整流属于全波整流，所以负载电压和电流与全波整流电路完全相同，即

$$U_L = 0.9\,U_2$$

$$I_O = \frac{0.9U_O}{R_L} = \frac{0.9U_2}{R_L}$$

②整流二极管承受的电流和最高反向工作电压。由于每只二极管只在半个周期内导通，所以在 1 个周期内流过每只二极管的电流只有负载电流的一半，即

$$I_{VD} = \frac{1}{2}I_O$$

从图 3-4 还可以看出，每只二极管承受的最高反向电压为变压器二次电压的峰值。即

$$U_{R\,max} = \sqrt{2}\,U_2$$

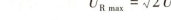

图 3-4　桥式整流电路输出波形

二、滤波电路

1. 半波整流电容滤波电路

半波整流电容滤波电路是在半波整流电路的负载 R_L 两端并联 1 只大电容（一般为电解电容）。这只电容称为滤波电容，如图 3-5 所示。

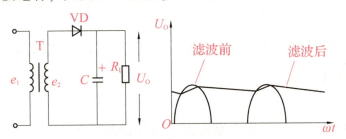

图 3-5　半波整流电容滤波电路及其波形

2. 电容滤波电路的主要特点

①输出波形比较连续平滑。

②输出电压的平均值 U_O 得到提高，这是二极管导通时电容充电储存了电场能，二极管截止时电容向负载释放电场能的结果。输出电压的平均值如下。

半波整流滤波电路：$U_O = e_2$。

桥式整流滤波电路：$U_O = 1.2e_2$。

桥式整流空载的时候（输出端开路）$U_O = 1.4e_2$，即此时输出电压接近 e_2 的峰值。

③整流二极管导通时的时间比没有接滤波电容时的时间要短。

④输出电压 U_O 受负载变化影响大。因为空载时（R_L 相当于 ∞），放电时间常数大，波形很平滑，$U_O = 1.4e_2$；重载时（R_L 很小），放电时间很短，电压的波形起伏大，输出电压的平均值会下降，所以电容滤波只适用于负载较轻（R_L 较大）且变化不大的场合。

3. 电感滤波电路及复式滤波电路

从电容滤波电路的主要特点可以知道，电容滤波电路带负载能力差，且开始充电时有较大的充电电流（浪涌电流）冲击整流二极管，容易造成整流二极管损坏，如果采用电感滤波电路就可以避免这种情况。在整流电路与负载之间串联一个电感线圈，就组成了电感滤波电路，如图 3-6（a）所示。

电感 L 也是一种储能元件，当电流发生变化的时候，电感 L 中的感应电动势将阻止其变化，使流过电感 L 中的电流不能发生突然变化。当电流有较大变化的趋势时，感生电流的方向与原来电流的方向相反，阻碍电流的增大，将大部分能量存储起来；

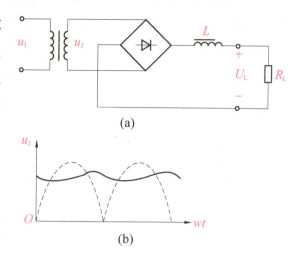

图 3-6　电感滤波电路及输出波形
（a）电路；（b）输出波形

当电流有变小的趋势时，感生电流的方向与原来电流的方向相同，阻碍电流的减小。于是使输出电流与电压的脉动减小，其输出波形如图 3-6（b）所示。

电感滤波电路的主要特点有以下 3 个。

①通过整流二极管的电流不会出现瞬时值过大或过小的情况，对整流二极管的安全有利。

②电感 L 越大，R_L 越小，滤波效果越好，但电感 L 越大会使电路体积增大，变得笨重，成本增大。

③输出电压的平均值虽然比不滤波时提高，但是比电容滤波时的平均值低。电感滤波电路的输出电压的平均值为

$$U_L = 0.9U_2$$

通过上式可见，电感滤波适用于电流较大、负载较重的场合。

电容滤波和电感滤波都是基本的滤波电路，可以把它们组合在一起使用，如图 3-7 所示的复式滤波电路。将它们其中任一电路接到整流电路输出端与负载 R_L 之间，滤波效果比单一的电容滤波电路或电感滤波电路效果要好得多。

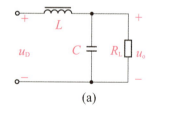 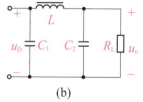 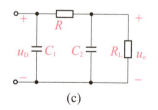

（a）　　　　　　　　　　（b）　　　　　　　　　　（c）

图 3-7　复式滤波电路
（a）LC 滤波电路；（b）LC-π 型滤波电路；（c）RC-π 型滤波电路

任务知识库二　串联型稳压电路

1. 并联型稳压管稳压电路

常用的小功率直流稳压电源电路主要由电源变压器、整流电路、滤波电路、稳压电路 4 部分组成，图 3-8 是小功率直流稳压电源的结构框图。

并联型稳压电路（也称稳压管稳压电路）是最简单的一种稳压电路，如图 3-9 所示，因其稳压二极管 VZ 与负载电阻 R_L 并联而得名。这种电路主要用于对稳压要求不高的场合，有时也作为基准电压源。

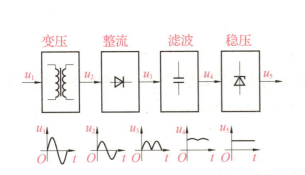

图 3-8　小功率直流稳压电源的结构框图

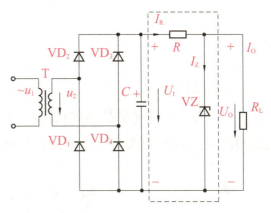

图 3-9　稳压管稳压电路

（1）各元器件作用

电路中各元件名称及作用如表 3-1 所示。

表 3-1　并联稳压电路各元件名称及作用

元件编号	元件名称	作用
T	电源变压器	把电压变到所需的电压值，输出交流电压信号
VD_1、VD_2、VD_3、VD_4	整流二极管	组成桥式整流电路，将变压器输出的交流电压信号整流成脉动直流电压信号
C	滤波电容	对桥式整流后的脉动直流电进行滤波，向负载提供较平滑的直流电压信号
I_R	限流电阻	避免滤波后输出的电流较大，损坏稳压二极管
VZ	稳压二极管	将电容滤波后的电压稳定到一定的值，提供给负载

（2）稳压原理

电路中引起电压不稳定的原因主要是交流电源电压的波动和负载电流的变化。设负载 R_L 不变，U_I 因交流电源电压增加而增加，则负载电压 U_O 也要增加，稳压管的电流 I_Z 急剧增大，因此电阻 R 上的压降急剧增加，这就抵偿了 U_I 的增加，从而使负载电压 U_O 保持近似不变，具体稳压过程如下：

$$U_I \uparrow \rightarrow U_O \uparrow \rightarrow I_Z \uparrow \rightarrow U_R \uparrow \rightarrow U_O \downarrow$$

当 U_I 因交流电源电压降低而降低时，稳压过程与上述过程相反。

（3）选取稳压二极管的参数

选择稳压二极管时，其参数的选取如表 3-2 所示。

表 3-2　稳压二极管的参数选择

序号	表达公式	说明
1	$U_Z = U_O$	稳压二极管稳定电压与输出电压相等
2	$I_{Z(max)} = (1.5 \sim 3) I_{O(max)}$	最大稳定电流是输出电流的 1.5~3 倍
3	$U_I = (2 \sim 3) U_O$	输入电压是输出电压的 2~3 倍

2. 简单串联型晶体管稳压电路

（1）电路结构

图 3-10 为简单串联型晶体管稳压电路。其前端仍然是桥式整流电容滤波电路，主要的改变就是稳压电路部分的改变，主要元件名称及作用如表 3-3 所示。

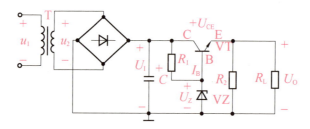

图 3-10　简单串联型晶体管稳压电路

表 3-3　串联型晶体管稳压电路主要元件名称及作用

元件编号	元件名称	作用
R_1	电位稳定电阻	稳定晶体管集电极及基极端电位值
VT	调整管	稳压电路的主要元件，可调整输出电压大小
VZ	稳压二极管	稳定晶体管的基极电位，改变晶体管的状态，同时改变集—射等效电阻，从而改变输出电压大小，达到稳压

（2）稳压原理

通过电路图可以看出

$$U_{BE} + U_O = U_Z$$

$$U_{BE} = U_Z - U_O$$

通过上式可以看出：U_Z 稳定，输出电压升高，晶体管的 U_{BE} 将减小，基极电流 I_B 减小，调整管的集—射电阻 R_{CE} 将增大。由于 $U_O = U_I - U_{CE}$，则输出电压 U_O 下降，且 U_O 降低程度基本上等于原来升高的幅度，使其输出电压稳定。稳压过程表示为

$$U_O \uparrow \rightarrow U_{BE} \downarrow \rightarrow I_B \downarrow \rightarrow R_{CE} \uparrow \rightarrow U_{CE} \uparrow \rightarrow U_O \downarrow$$

如果输出电压下降，则稳压过程与上述相反。

3. 具有放大环节的串联型晶体管稳压电路

（1）电路结构

其电路原理如图 3-11 所示，该稳压电路由 4 部分组成：调整管 VT_1、比较放大管 VT_2、稳压二极管 VZ 和采样电路 R_1、R_2 和 R_P。其方框图如图 3-12 所示。其元件名称及作用如表 3-4 所示。

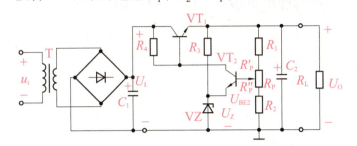

图 3-11　具有放大环节的串联型稳压电路原理

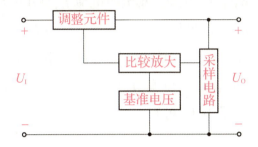

图 3-12　具有放大环节的串联型稳压电路方框图

表 3-4　具有放大环节的串联型稳压电路各元件名称及作用

元件编号	元件名称	作用
VT_2	比较放大管	与集电极电阻 R_4 组成比较放大器
VT_1	调整管	稳压电路的主要元件，可调整输出电压大小
VZ	稳压二极管	与限流电阻 R_3 组成基准电源，为 VT_2 发射极提供基准电压
R_1、R_2 和 R_P	采样电路	取出一部分输出电压变化量加到 VT_2 的基极，与 VT_2 发射极基准电压进行比较，其差值电压经过 VT_2 放大后，送到调整管的基极，控制调整管的工作

（2）电路工作原理

假如负载不变，输入电压 U_I 升高，则导致输出电压 U_O 升高，使采样电路 R_1、R_2、R_P 上的分压 U_{R2} 升高。因为 VT_2 射极电压 U_Z 被稳压管稳定不变，则 U_{BE2} 升高，其集电极电流 I_{C2} 增大，集电极电压 U_{C2} 降低，VT_1 基极电位降低，发射结正偏电压 U_{BE1} 下降，基极电流 I_{B1} 减小，集电极电流 I_{C1} 随之减小，VT_1 集—射电流 I_{C1} 随之减小，VT_1 集—射电阻 R_{CE1} 增大，U_{CE1} 增大，使输出电压 U_O 下降，其下降过程与原来升高程度基本一致，使 U_O 稳定。上述稳压过程可表示为

$$U_I \uparrow \rightarrow U_O \uparrow \rightarrow U_{R2} \uparrow \rightarrow U_{BE2} \uparrow \rightarrow I_{B2} \uparrow \rightarrow I_{C2} \uparrow \rightarrow U_{C2} \downarrow \rightarrow U_{B1} \downarrow$$

$$U_O \downarrow \leftarrow U_{CE1} \uparrow \leftarrow R_{CE1} \uparrow \leftarrow I_{C1} \downarrow \leftarrow I_{B1} \downarrow \leftarrow U_{BE1} \downarrow$$

当输入电压降低的时候，其稳压过程与上述过程相反。

当输入电压不变，而稳压过程改变时（负载电阻减小，I_L 增加），输出电压的稳压过程如下：

$$I_L \uparrow \rightarrow U_O \downarrow \rightarrow U_{B2} \downarrow \rightarrow U_{BE2} \downarrow \rightarrow I_{B2} \downarrow \rightarrow I_{C2} \downarrow \rightarrow U_{C2} \uparrow ———\!$$

$$U_O \uparrow \leftarrow U_{CE1} \downarrow \leftarrow R_{CE1} \downarrow \leftarrow I_{B1} \uparrow \leftarrow U_{BE1} \uparrow \leftarrow U_{B1} \uparrow \leftarrow———$$

同理,负载减小的时候,其稳压过程与上述相反。在采样电路中,R_P 调节控制输出电压 U_O 大小的原理如下。

R_P 中心调节臂上滑导致 VT_2 基极电压升高,则 VT_2 集电极电压下降,使 VT_1 基极电压下降,基极电流 I_{B1} 下降,集电极电流 I_{C1} 减小,VT_2 集—射等效电阻增大,U_O 下降,即

$$R_P \text{中心调节臂上滑} \rightarrow U_{B2} \uparrow \rightarrow U_{C2} \downarrow \rightarrow U_{B1} \downarrow \rightarrow I_{B1} \downarrow \rightarrow I_{C1} \downarrow \rightarrow R_{CE2} \uparrow \rightarrow U_O \downarrow$$

反之亦然,通过调节 R_P 的大小就能够改变输出电压 U_O 的大小。

(3)输出电压调节范围

由图 3-11 可知

$$U_{B2} = U_{BE2} + U_Z \approx \frac{R_P'' + R_2}{R_1 + R_P + R_2} \cdot U_O$$

即

$$U_O \approx \frac{R_1 + R_P + R_2}{R_P'' + R_2}(U_{BE2} + U_Z)$$

当 R_P 的调节臂移到最上端时,$R_P' = 0$,$R_P'' = R_P$,U_O 达到最小值,即

$$U_{O(min)} \approx \frac{R_1 + R_P + R_2}{R_P + R_2}(U_{BE2} + U_Z)$$

当 R_P 的调节臂移到最下端时,$R_P' = R_P$,$R_P'' = 0$,U_O 达到最大值,即

$$U_{O(max)} \approx \frac{R_1 + R_P + R_2}{R_2}(U_{BE2} + U_Z)$$

则输出电压 U_O 为

$$U_{O(min)} \sim U_{O(max)}$$

以上各式中的 U_{BE2} 为 $0.6 \sim 0.8$ V。

4. 三端集成稳压器

三端集成稳压电路的外部只有 3 个端子:输入、输出和公共端。在三端稳压电源芯片内有过流、过热及短路保护电路。该芯片具有使用安全可靠、接线简单、维护方便、价格低廉等优点,当前已被广泛采用。

(1)三端固定集成稳压器 W78 系列

三端固定集成稳压电路的输出电压是固定的,常用的是 W7800/W7900 系列。W7800 系列输出正电压,其输出电压有 5 V、6 V、7 V、8 V、9 V、10 V、12 V、15 V、18 V、20 V 和 24 V 共 11 个挡次。其外形及引脚排列如图 3-13 所示。

(2)三端集成稳压电路在电路中的接法

图 3-14 为三端集成稳压电路的典型应用电路。正常工作时,输入、输出电压差为 $2 \sim 3$ V。

电容 C_1 用来实现频率补偿，C_2 用来抑制稳压电路的自激振荡，C_1 一般为 $0.33\ \mu F$，C_2 一般为 $1\ \mu F$。

引脚说明：W78 系列，1—U_I，2—U_0，3—GND；W79 系列，1—GND，2—U_0，3—U_I。

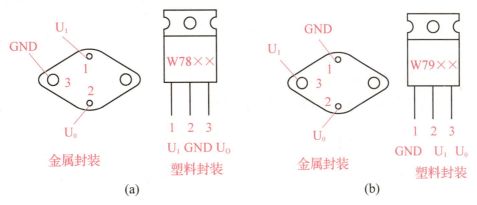

图 3-13　三端固定集成稳压器的外形及引脚排列

（a）W78×× 系列的正电压输出；（b）W79×× 系列的负电压输出

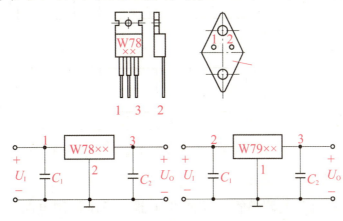

图 3-14　三端集成稳压器外形及典型应用电路

（3）三端集成稳压电路的特点

三端可调输出电压集成稳压器是在三端固定集成稳压器的基础上发展起来的生产量大、应用面广的产品，它也有正电压输出 LM117、LM217、LM317 系列和负电压输出 LM137、LM237、LM337 系列两种类型，它既保留了三端集成稳压器的简单结构形式，又克服了固定式输出电压不可调的缺点，从内部电路设计上及集成化工艺方面采用了先进的技术，性能指标比三端固定稳压器高一个数量级，输出电压在 $1.25 \sim 37\ V$ 连续可调。其稳压精度高、价格便宜，称为第二代三端式稳压器。

LM317 是三端可调集成稳压器的一种，它具有输出 $1.5\ A$ 电流的能力，典型应用电路如图 3-15 所示。该电路的输出电压为 $1.25 \sim 37\ V$。输出电压的近似表达式为

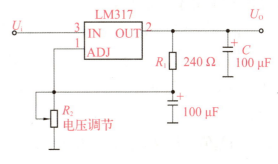

图 3-15　三端可调集成稳压器的典型应用电路

$$U_0 = U_{REF}(1 + \frac{R_2}{R_1})$$

式中，$U_{REF} = 1.25$ V，如果 $R_1 = 240$ Ω，$R_2 = 2.4$ kΩ，则输出电压近似为 13.75 V。

任务知识库三　开关电源

1. 开关电源的电路及组成

开关型稳压电路的基本组成框图如图 3-16 所示。

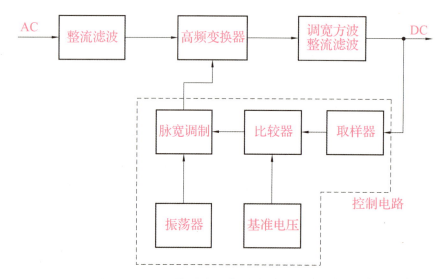

图 3-16　开关型稳压电路的基本组成框图

2. 开关电源基本结构与工作原理

开关型稳压电路主要由开关调整管、储能变压器、稳压控制电路、激励脉冲产生电路组成，它直接把交流电整流成约 300 V 的直流电压，然后采用半导体器件作为开关，通过控制开关的占空比把 300 V 直流电压变换成各种所需的直流输出电压。

在开关型稳压电路中，调整管工作在开关状态。当其截止前，电流很小，因而管耗很小；当其饱和时，管压降很小，因而管耗也很小。这样就提高了效率，同时可减轻体积和重量。此外，开关型稳压电路更易于实现自动保护，因此在现代电子设备（如电视机、计算机、航天仪器等）中得到广泛的应用。

前面所介绍的串联型稳压电路属于线性稳压电路，调整管始终工作在线性放大区，因此自身功率消耗大，效率低。为了解决调整管的散热问题，还需安装散热器，这必然要增大电子设备的体积和重量。图 3-17 为串联开关型稳压电路组成原理图，开关调整管 VT_1 与负载 R_L 串联。基准电压电路提供稳定的基准电压 U_{REF}，比较放大器 A1 对采样电压 U_F 与基准电压 U_{REF} 的差值进行放大，其输出电压 U_A 送到电压比较器 A2 的同相输入端。振荡器产生一个频率固定的三角波 U_T，它决定了电源的开关频率。U_T 送到电压比较器 A2 的反相输入端，与 U_A 进行比较。当 $U_A > U_T$ 时，A2 输出电压 U_B 为高电平，调整管 VT_1 饱和导通；当 $U_A < U_T$ 时，输出电压 U_B 为低电平，调整管 VT_1 截止。U_A、U_T 和 U_B 波形如图 3-18 所示。设开关调整管的导通时

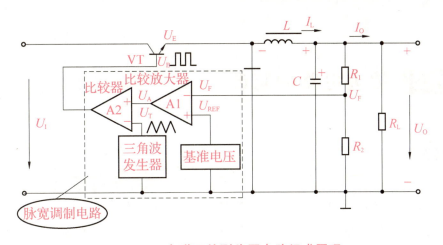

图 3-17 串联开关型稳压电路组成原理

间为 t_{on}，截止时间为 t_{off} [见图 3-18 (c)]，脉冲波形的占空比定义为

$$q = \frac{t_{on}}{T} = \frac{t_{on}}{t_{on} + t_{off}}$$

当开关调整管饱和导通时，忽略饱和压降，$U_E \approx U_I$，则输出电压平均值为

$$U_O = qU_I$$

假设输出电压 U_O 升高，采样电压 U_F 同时增大，比较放大器 A1 输出电压 U_A 下降，调整管 VT_1 导通时间 t_{on} 减小，占空比 q 减小，输出电压 U_O 随之减小，结果使 U_O 基本不变。调节过程可用下式表示：

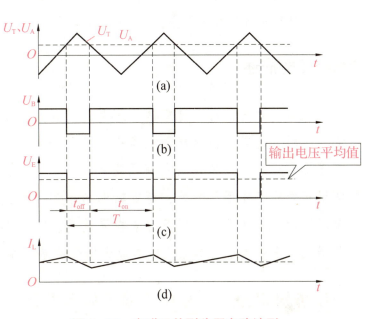

图 3-18 串联开关型稳压电路波形

$$U_O \uparrow \rightarrow U_F \uparrow \rightarrow U_A \downarrow \rightarrow U_B \downarrow \rightarrow q \downarrow$$

$$U_O \downarrow \longleftarrow$$

以上控制过程是在保持调整管开关周期 T 不变的情况下，通过改变调整管导通时间 t_{on} 来调节脉冲占空比，从而实现稳压的，故称为脉宽调制式（PWM）稳压电源，简化电路如图 3-19 所示。

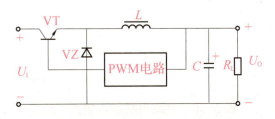

图 3-19 串联开关型稳压电路的简化电路

任务 2　放大电路的装调

 学习目标

◆了解分压式偏置放大电路、集成运放和功率放大电路的作用。

◆理解分压式偏置放大电路、集成运放和功率放大电路的基本原理。

◆熟悉分压式偏置放大电路、集成运放和功率放大电路的电路结构。

◆能够以辩证思维区别分压式偏置放大电路、集成运放和功率放大电路，并进行电路装调。

 任务描述

在汽车电路中，对于传感信号放大、声音信号功率放大、显示信号集成放大等都得到了广泛的应用。尤其是在新能源汽车中，其无论是声音、显示、传感信号，还是控制信号的处理都显得尤为普遍，其分压式偏置放大电路作为晶体管放大电路的基础，对其集成运放的电路实现起着决定作用。另外，需要输出功率较大时，如声音信号放大和电动机驱动信号，就需要用到功率放大器。本任务力求在弄清楚基本电路结构的基础上，通过典型放大电路的装配与调试，进一步明白其放大电路放大信号的基本原理。

任务知识库一　分压式偏置放大电路

1. 基本放大电路

（1）基本放大电路的组成

放大电路由放大器件、直流电源、偏置电路和输入、输出电路 4 部分组成，如图 3-20 所示。此电路是共发射极基本放大电路，有两种画法：双电源画法和单电源画法，其中最常见的是单电源画法。

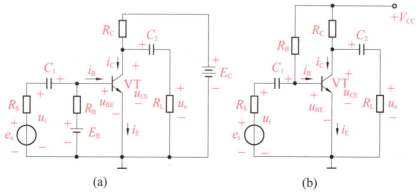

(a)　　　　　　　　　　(b)

图 3-20　共发射极基本放大电路

（a）双电源画法；（b）单电源画法

（2）电路中各元件的作用

VT 为 NPN 型晶体管，起放大作用，是该电路的核心器件。

E_B 为晶体管基极偏置电源，为发射结提供正偏电压。

R_B 是晶体管的基极偏置电阻。E_B 电压一定时通过改变 R_B 的阻值获得不同的基极电流（或称为偏置电流，简称偏流）。R_B 一般为几十千欧至几百千欧。

E_C 为集电极偏置电源，为集电结提供反向偏压，与 E_B 共同作用，使晶体管工作在放大区。

R_C 为集电极电阻，将集电极电流 I_C 的变化转变成集—射电压 U_{CE} 的变化，这个变化的电压就是放大器的输出信号电压。R_C 的取值一般是几百欧至几千欧。

C_1、C_2 分别为输入、输出信号耦合电容，使交流信号顺利通过；同时隔断输入信号与晶体管基极、晶体管集电极与负载电阻 R_L 之间的直流通路，即隔直通交。

在此电路中，采用 E_B、E_C 分别给基极和集电极供电。为了简化电路，通常将两个电源合并为一个 E_C，只要将 R_B 的阻值做相应调整就可以达到相同的效果，如图 3-20（b）所示，这是今后通用的共射放大器的习惯画法。

（3）基本放大电路必须遵循的原则

①必须保证晶体管工作在放大区，以实现放大作用。

②元件的安排应保证信号能有效地传输，即有 U_I 输入时，应有 U_O 输出。

③元件参数的选择应保证输入信号能不失真地放大；否则，放大将失去意义。

需要注意的是，以上 3 条原则也是判断一个电路是否具有放大作用的依据。

（4）直流通路及画法

放大器的直流等效电路即为直流通路，是放大器输入回路和输出回路直流电流的流经途径。画直流通路的方法是，将电容视为开路，电感视为短路，于是图 3-20（b）所示的共发射极的常用画法的直流通路就变成图 3-21 所示的电路。

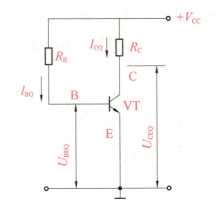

图 3-21　放大器的直流通路画法

（5）静态工作点

没有输入信号时，晶体管基—射电压、集—射电压、基极电流、集电极电流是不变的直流量，分别用符号 U_{BEQ}、U_{CEQ}、I_{BQ}、I_{CQ} 表示。因此，放大器没有输入信号时的直流工作状态称为静态。由于 U_{BEQ}、U_{CEQ}、I_{BQ}、I_{CQ} 的值对应晶体管输入特性曲线和输出特性曲线上某一点 Q，故称其为放大电路的静态工作点，如图 3-22 所示。

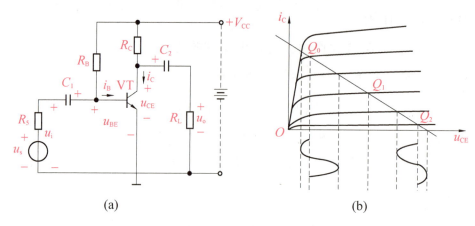

图 3-22   放大电路的静态工作点

（a）电路；（b）静态工作点

（6）基本放大电路交流通路的画法

有信号输入时，放大电路的工作状态称为动态。动态时，电路中既有代表信号的交流分量，又有代表静态偏置的直流分量，是交、直流共存状态。

放大器交流等效电路即为交流通路，是放大器输入交流信号流经的途径。交流通路的画法是，将电容视为短路，电感视为开路，电源视为短路。所以共发射极基本放大电路的交流通路如图 3-23 所示。

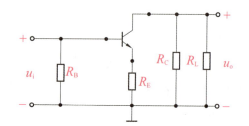

图 3-23   共发射极基本放大电路的交流通路

（7）基本放大电路的主要性能指标

放大电路放大信号的性能优劣是用它的性能指标来进行衡量的。放大电路的性能指标很多，常用的有以下 5 个。

①电压放大倍数：输出电压有效值与输入电压有效值之比，即

$$A_u = \frac{U_O}{U_I}$$

它表示放大电路放大电压信号的能力。

②电流放大倍数：输出电流有效值与输入电压有效值之比，即

$$A_I = \frac{I_O}{I_I}$$

它表示放大电路对电流信号的放大能力。

③功率放大倍数：输出信号功率（$P_O = I_O U_O$）与输入功率 $P_I = U_I I_I$ 之比，即

$$A_P = \frac{P_O}{P_I}$$

④输入电阻：放大器输入端加上交流信号电压 u_i，其输入回路产生输入电流 i_i，放大器的输入电阻用 r_i 表示，其数值上等于输入电压与输入电流之比，即

$$r_i = \frac{u_i}{i_i}$$

输入电阻 r_i 也可以从另一个角度来理解，即从输入端看，有一个等效电阻向信号源吸收能量，这个电阻越大，则要求信号源提供的信号电流就越小，对于信号源的负担也就越小。

⑤输出电阻：从放大器输出端看的交流等效电阻称为输出电阻，用 r_o 表示，也可理解为当放大电路将信号放大以后输出给负载，对负载 R_L 而言，放大电路可视为具有内阻的信号源，该信号源的内阻即为放大电路的输出电阻。

（8）放大器的参数估算

用算数方程式通过近似计算分析放大器主要指标的方法称为估算法。估算法比较简便，而且准确性很好。

①静态工作点的估算包括 I_{BQ}、I_{CQ}、U_{CEQ} 3 个直流参数，根据图 3-24 的电路分析可得

$$E_C = I_{BQ}R_B + U_{BEQ}$$

经过整理可得

$$\begin{cases} I_{BQ} = \dfrac{E_C - U_{BEQ}}{R_B} \approx \dfrac{E_C}{R_B}（因为 U_{BEQ} 很小，硅管只有 0.7 \text{ V}，锗管只有 0.3 \text{ V}） \\ I_{CQ} = \beta I_{BQ} \\ U_{CEQ} = E_C - I_{CQ}R_C \end{cases}$$

上面的 3 个式子是估算基本放大电路静态工作点的相关式子，今后可以直接引用。

②电压放大倍数的估算。电压放大倍数的定义式为

$$A_u = \frac{U_O}{U_I}$$

经过理论推导可得图 3-24 所示的基本放大电路电压放大倍数的公式为

$$A_u = -\beta \frac{R_L'}{r_{BE}}$$

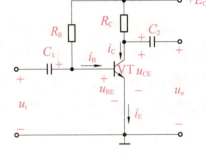

图 3-24　静态工作点估算电路

式中，$R_L' = R_C // R_L = \dfrac{R_C R_L}{R_C + R_L}$。

r_{BE} 是晶体管发射结交流等效电阻，其大小可以按照如下公式计算。

$r_{BE} = 300 + (1 + \beta)\dfrac{26}{I_{EQ}}$，$I_{EQ}$ 是发射极的静态电流，单位是 mA，因为 $I_{EQ} = I_{CQ} + I_{BQ}$（很小）$\approx I_{CQ}$。

电压放大倍数中的"－"号表示的是输出电压的相位与输入电压的相位相反，这是因为晶体管具有倒相的作用。

③电流放大倍数。电流放大倍数的定义式为

$$A_I = \frac{I_O}{I_I}$$

经过推导可以知道基本放大电路的电流放大倍数的公式为

$$Ai = -\beta$$

通过上式可以看出，共发射极基本放大电路的电流放大倍数与晶体管的电流放大系数 β 相同。

2. 分压式偏置放大电路

对静态工作点稳定要求较高的场合，常常采用的是分压式偏置电路。

（1）分压式偏置电路的结构及稳定工作点的原理

①电路结构。分压式偏置放大电路如图 3-25 所示。

它与固定式偏置电路相比多接了 3 个元件，即 R_{B2}、C_E、R_E。下面先简要介绍它们的作用。从图 3-25 可以看出，R_{B2} 相当于基本放大电路（固定式偏置电路）中的基极电阻 R_B，现在接入 R_{B1} 后，流经 R_{B2} 的电流 I 与流经 R_{B1} 的电流 I_1 及基极电流 I_{BQ} 之间的关系为 $I \approx I_1 \gg I_{BQ}$。因此，基极电位 U_B 由 R_{B2} 与 R_{B1} 分压决定，分压式偏置电路由此得名。根据分压公式有

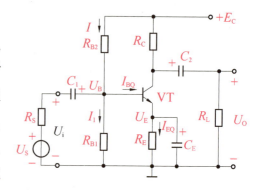

图 3-25 分压式偏置放大电路

$$U_B = \frac{R_{B1}}{R_{B1} + R_{B2}} E_C$$

由上式可以看出，改变 R_{B1} 或 R_{B2} 的值，就可以改变晶体管的基极电位 U_B，也就改变了放大器的静态工作点。

②稳定静态工作点的原理。放大电路在工作的时候，电流流过晶体管的时候会使晶体管的温度升高，引起晶体管的集电极电流 I_{CQ} 和电路放大倍数 β 增大，造成 I_{CQ}、I_{EQ} 增大，引起晶体管的发射极电位被抬高，但是晶体管的基极电位 U_B 基本不变。由于 $U_{BE} = U_B - U_E$，从而使晶体管的发射结电压 U_{BE} 下降，U_{BE} 下降以后，I_{BQ} 下降，最终使 I_{CQ} 下降，防止了由于温度升高而使晶体管集电极电流上升的趋势，使工作点恢复到原有的状态。

根据上述分析，其稳定静态工作点的过程为

$$T\uparrow \to I_{CQ}\uparrow \to I_{EQ}\uparrow \to U_E\uparrow \xrightarrow{U_{BE} = U_B - U_E \text{ 且 } U_B \text{ 恒定}} U_{BE}\downarrow \to I_{BQ}\downarrow \to I_{CQ}\downarrow$$

（2）静态工作点的估算

计算静态工作点的顺序：固定偏置电路是先计算 I_{BQ}，再计算 I_{CQ}，最后计算 U_{CEQ}；分压式偏置电路则是先计算 I_{CQ}，再计算 I_{BQ}，最后计算 U_{CEQ}。估算分压式偏置电路的工作点时要明确以下两点：

① $I_{CQ} + I_{BQ} = I_{EQ}$，由于 I_{BQ} 很小，所以 $I_{CQ} \approx I_{EQ}$；

② $U_B = U_E + U_{BE}$，由于 U_{BE} 是晶体管的发射结电压，一般只有零点几伏，即 $U_B \gg U_{BE}$，所以 $U_B \approx U_E$。

在图 3-25 所示的电路中，因为 $U_B = \dfrac{R_{B1}}{R_{B1} + R_{B2}} E_C$，从而可以得到下面一组计算分压式偏

置电路静态工作点的关系式：

$$\begin{cases} I_{\mathrm{CQ}} \approx I_{\mathrm{EQ}} = \dfrac{U_{\mathrm{E}}}{R_{\mathrm{E}}} = \dfrac{U_{\mathrm{B}}}{R_{\mathrm{E}}} \\[3mm] I_{\mathrm{BQ}} = \dfrac{I_{\mathrm{CQ}}}{\beta} \\[3mm] U_{\mathrm{CEQ}} = E_{\mathrm{C}} - I_{\mathrm{CQ}}R_{\mathrm{C}} - I_{\mathrm{EQ}}R_{\mathrm{E}} = E_{\mathrm{C}} - I_{\mathrm{CQ}}(R_{\mathrm{C}} + R_{\mathrm{E}}) \end{cases}$$

通过上述关系式可以看出，要计算分压式偏置电路的静态工作点，首先要根据分压公式计算出基极电位 U_{B}。

（3）电压放大倍数的计算

与固定式偏置电路的交流通路相比，唯一有差别的是输入回路中，分压式偏置电路用 R_{B1} $/\!/ R_{\mathrm{B2}}$ 代替了固定式偏置电路的 R_{B}，其余完全相同，所以电压放大倍数的计算公式与固定式偏置放大电路的计算电压放大倍数的公式完全相同。即

$$A_{\mathrm{u}} = -\frac{\beta R_{\mathrm{L}}'}{r_{\mathrm{BE}}}$$

如果去掉旁路电容，则电压放大倍数将下降，其电压放大倍数的公式将变为

$$A_{\mathrm{u}} = -\frac{\beta R_{\mathrm{L}}'}{r_{\mathrm{BE}} + (1 + \beta) R_{\mathrm{E}}}$$

3. 多级放大器

当我们需要把一个微弱的信号放大到较大的幅度时，采用单级的放大器是不能够有效办到的，因为一只晶体管的放大倍数有限。如果将几个单级的放大器连接起来，进行多级放大，就能将信号放大到一定倍数，如图 3-26 所示。

图 3-26   多级放大器方框图

构成方法是将前一级放大器的输出端与后一级的输入端进行连接，这样依次连接下去直至最后一级。这样各级之间信号能量的传递称为级间耦合，简称耦合。

（1）放大器级间耦合的方式

多级放大器级间耦合的方式有阻容耦合、变压器耦合和直接耦合 3 种。

1）阻容耦合

阻容耦合是利用电容 C_2 将 2 个单级放大器连接在一起。第二级放大器的输入电阻就是第一级的负载。在技术上把这种通过电容和下一级的输入电阻连接起来，实现级间信号、能量传递的方式称为阻容耦合，如图 3-27 所示。

优点：这种耦合方式只能传输交流信号（电容具有隔直流、通交流的作用），各级直流电路互不相通，每一级的静态工作点相互独立且互不影响，给电路的设计和调试带来很大的方便。

缺点：在信号频率较低的时候，需要加大耦合电容的容量，不便于集成，因此在分立电

路中应用最广泛。

2）变压器耦合

变压器耦合就是将前级与后级放大器之间用变压器进行连接，实现信号、能量的传输方式。它适用于电路要求进行阻抗变换的场合，如图3-28所示。

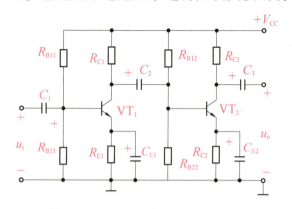

图3-27　阻容耦合的两级放大器

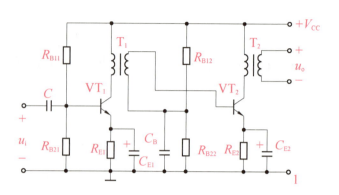

图3-28　变压器耦合的两级放大电路

优点：这种耦合方式各级静态工作点仍然相互独立互不影响，还能实现级间的阻抗变换。

缺点：由于变压器作为耦合元件很笨重、成本较高不便于集成，故其使用范围逐渐缩小。

3）直接耦合

由于前面的两种耦合放大器不能直接地传输直流或变化缓慢的交流信号，故将前一级输出端与后一级输入端直接（或经过电阻）连接，以实现信号和能量的传输，这种耦合方式称为直接耦合，如图3-29所示。

优点：这种耦合方式在输出过程中没有能量损耗，更主要的是放大器还能放大直流信号，所以，又称为直流放大器。它便于集成。

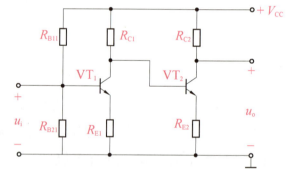

图3-29　直接耦合的两级放大器

缺点：由于其前级与后级的静态工作点相互影响，为电路的设计、调试和维修带来困难。

（2）多级放大器的性能指标

1）电压放大倍数

加入各级放大器的电压放大倍数依次为 A_{u1}，A_{u2}，A_{u3}……A_{un}，则输入信号 U_1 经第一级放大后输出电压为 $A_{u1} \times U_1$，经第二级放大后输出电压为 $A_{u2} \times (A_{u1} \times U_1)$，以此类推，经过 n 级放大电路后，输出电压为 $A_{u1} \times U_1 \times A_{u2} \times A_{u3} \times \cdots \times A_{un}$。因此，多级放大器总的电压放大倍数为各级电压放大倍数的乘积，即

$$A_u = A_{u1} \cdot A_{u2} \cdot A_{u3} \cdot \cdots \cdot A_{un}$$

2）输入电阻和输出电阻

多级放大器的输入电阻就是第一级放大器的输入电阻，而多级放大器的输出电阻就是最

后一级的输出电阻。

3）非线性失真

由于每一个单级放大器均具有失真，多级放大器的失真为各级放大器失真的积累。因此，多级放大器级数越多，失真也就越大，所以在使用多级放大器时往往还要通过其他办法来减少这种失真。

4. 放大器的 3 种组态

放大器的 3 种组态

通过前面的学习了解到晶体管有 3 种接法，由此我们可以演变出放大器的 3 种组态：共发射极放大器、共集电极放大器和共基极放大器。

（1）共发射极放大器

共发射极放大器是指信号从基极输入，从晶体管的集电极输出，以发射极作为输入、输出回路的公共端。

（2）共集电极放大器

共集电极放大器是指信号从基极输入，从晶体管的发射极输出，以集电极作为输入、输出回路的公共端，又称为射极输出器（射极跟随器）。

（3）共基极放大器

共基极放大器是指信号从发射极输入，从晶体管的集电极输出，以基极作为输入、输出回路的公共端。

任务知识库二　集成运放电路

1. 集成运算放大器的组成与结构

集成运算放大器（简称为集成运放）主要由输入级、中间级、输出级和偏置电路四大部分组成，如图 3-30 所示。

（1）各组成部分的作用和特点

集成运算放大器各组成部分的构成、作用及其特点如表 3-5 所示。

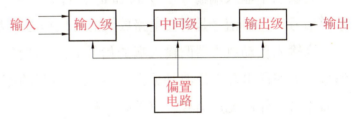

图 3-30　集成运算放大器的组成框图

表 3-5　集成运算放大器各组成部分的构成、作用及其特点

组成部分	构成	作用及特点
输入级	由双端输入的差动放大电路构成	提高放大器的输入电阻，差模放大倍数要大，抑制零漂的能力要强，静态电流要小
中间级	由高放大倍数的放大电路组成，常用的放大电路是共射放大电路	主要对输入的信号进行放大，放大倍数要达几万倍以上
输出级	常用的是互补对称的功放电路	具有输出电压线性范围宽、输出电阻小的特点
偏置电路	一般由恒流源（电流源）电路组成	向放大器的各级提供稳定的静态工作点

（2）基本差动放大电路

为了克服零漂现象，将两个参数完全相同的直接耦合放大电路对接就构成了基本差动放大电路，如图 3-31 所示，它可以有效地抑制零漂。

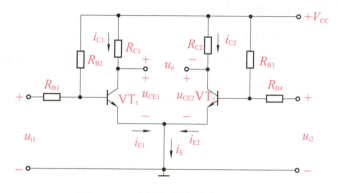

图 3-31　基本差动放大电路

图中 $R_{B1}=R_{B4}$，$R_{B2}=R_{B3}$，$R_{C1}=R_{C2}$，晶体管 VT_1 与 VT_2 的参数要求尽量相近。信号由两管的基极输入，从两管的集电极输出（双端输入、双端输出），输出电压为 $u_o=u_{C1}-u_{C2}$。当输入信号为 0 时，由于电路对称，$i_{C1}=i_{C2}$，$u_{C1}=u_{C2}$，所以 $u_o=u_{C1}-u_{C2}=0$。

其原理为当温度升高时，i_{C1} 会升高，由于电路对称，i_{C2} 也升高，且 i_{C1} 与 i_{C2} 的增量相等，即 $\Delta i_{C1}=\Delta i_{C2}$，使 VT_1 与 VT_2 的集电极电位的变化量也相等，即 $\Delta u_{C1}=\Delta u_{C2}$，则输出电压的变化量为 $\Delta u_o=\Delta u_{C1}-\Delta u_{C2}=0$，此过程可以表示为

$$T\uparrow\begin{array}{c}i_{C1}\uparrow\\i_{C2}\uparrow\end{array}\Delta i_{C1}=\Delta i_{C2}\rightarrow\Delta u_{C1}=\Delta u_{C2}\rightarrow\Delta u_o=0$$

上述分析说明：当温度 T 发生变化时，差动放大器的输出电压 u_o 不会发生变化，从而有效地抑制了温度变化造成的零漂。同样，电路也可以克服电源电压波动所引起的零漂。

（3）差模信号、共模信号和共模抑制比

当从两个输入端输入信号 u_{i1} 和 u_{i2}，若 $u_{i1}=-u_{i2}$，则这种大小相等、极性相反的信号称为差模信号。差模信号是需要电路放大的有用信号，差动放大器应对它有很高的放大倍数。

当输入差动放大器两输入端的信号 $u_{i1}=u_{i2}$ 时，这种大小相等、极性相同的信号称为共模信号。电路因电源电压波动或温度变化等引起的零漂都可以视为共模信号，它是影响差动放大器正常工作的无用信号，应予以抑制。

用共模抑制比（CMRR）表示差动放大器对共模信号的抑制能力，它等于电路的差模信号的电压放大倍数 A_{ud} 与共模信号的电压放大倍数 A_{uc} 之比，即

$$\text{CMRR}=\frac{A_{ud}}{A_{uc}}$$

差动放大器应有较高的共模抑制比。显然，CMRR 越大，对共模信号的抑制能力越强。理想情况时，$A_{uc}=0$，CMRR→∞。在实际应用中，CMRR 应高于 60 dB，高的可达 120 dB。

2. 集成运放的图形符号、参数及其特点

（1）集成运放的图形符号

集成运放的图形符号如图 3-32 所示。

集成运放有两个输入端和一个输出端。一个输入端称为反向输入端，在该端输入信号的极性与输出信号相异，用符号"−"或 N 表示。另一个输入端是同相输入端，在该端输入信号的

极性与输出信号相同，用符号"+"或 P 表示。输出端在输入端的另一侧。实际的运算放大器还必须有正、负电源端，一般还有补偿端和调零端，在实际使用中必须要进行正确的连接。

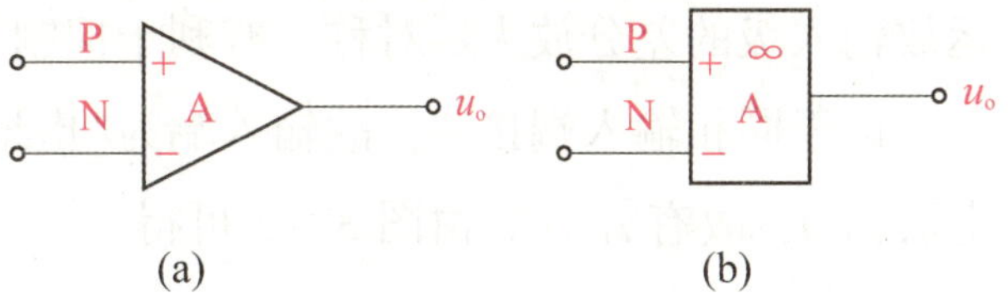

（2）集成运放的主要参数

为了正确地选用运放，必须了解它的参数，

图 3-32　集成运算放大器的图形符号
（a）旧标准；（b）新标准

常见的集成运放的主要参数如表 3-6 所示，在使用中可查阅相关的集成电路手册或其他资料。

表 3-6　常见的集成运放的主要参数

参数名称	定义	理想值
开环差模电压放大倍数 A_{u0}	不外加反馈时集成运放的电压放大倍数称为开环差模电压放大倍数	∞（无穷大）
最大输出电压 U_{OPP}	在一定电源电压下，集成运放空载输出的最高电压称为最大输出电压，它一般略低于电源电压	$U_{OPP} \approx E_C$
差模输入电阻 r_i	差模输入电压与输入电流之比	∞（无穷大）
开环输出电阻 r_o	指不对外反馈电路时运放输出端的对地电阻	0
共模抑制比 CMRR	指开环状态下差模放大倍数与共模放大倍数之比	∞（无穷大）

（3）集成运放的分析

具有理想参数的运算放大器为理想运放。理想运放并不真正存在，但可以参照理想运放来分析实际的运放电路，所得结论的误差很小，一般都在工程的允许误差范围内。所以今后除特殊说明外，都按照理想运放进行分析。

①运放开环运用时，如果 $u_P > u_N$，则 $u_o = +U_{OPP}$；如果 $u_P < u_N$，则 $u_o = -U_{OPP}$。

②虚短。运放的两个输入端 P 端与 N 端电位相等，P 点与 N 点相当于"短路"，但电路内部并没有真正的短路，这种线性称为"虚短"。即

$$U_P - U_N \approx 0 \Rightarrow U_P = U_N$$

③虚断。由于差模输入电阻 $r_i = \infty$，而输入端两端的电压 U_P 和 U_N 均为有效值，输入端的电流为输入电压与输入电阻的比值，故运放的两个输入端的电流为 0。即

$$i_P = i_N = 0$$

上式表明运放的输入端电流为 0，相当于输入端"断路"，但并未真正断开，所以称为"虚断"。

3. 集成运放构成的常用电路

（1）反向比例运算放大器

反向比例运算放大器电路如图 3-33 所示，其特点是输入信号和反馈信号都加在集成运放的反相输入端。图中 R_f 为反馈电阻，R' 为平衡电阻，取值为 $R' = R_1 // R_f$。接入 R' 是为了使集成

运放输入级的差分放大器对称,有利于抑制零漂。

由于同相输入端接地,故输入端为"虚地"点,即 $u_P = u_N = 0$,又根据"虚断"特性,净输入电流为0,故有 $i_1 = i_f$,由图3-33可得

$$i_1 = \frac{u_i - u_N}{R_1} = \frac{u_N - u_o}{R_f}$$

上式整理可得

$$u_o = -\frac{R_f}{R_1}u_i$$

放大器的电压放大倍数为

$$A_{uf} = \frac{u_o}{u_i} = -\frac{R_f}{R_1}$$

(2)同相比例运算放大器

同相比例运算放大器电路如图3-34所示,同样要求 $R' = R_1 // R_f$。利用"虚短"特性(注意同相输入时无"虚地"特性),可得

$$u_P = u_N = u_i$$

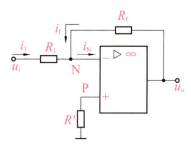
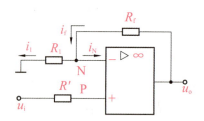

图 3-33　反相比例运算放大器　　　图 3-34　同相比例运算放大器

又根据"虚断"特性,$i_N = 0$,可得

$$u_N = \frac{R_1}{R_1 + R_f}u_o$$

由于

$$1 + \frac{R_f}{R_1} = \frac{R_1 + R_f}{R_1} = \frac{1}{\dfrac{R_1}{R_1 + R_f}} = \frac{R_f}{\dfrac{R_1 R_f}{R_1 + R_f}} = \frac{R_f}{R'}$$

所以

$$u_o = \frac{R_f}{R'}u_i \qquad A_{uf} = \frac{u_o}{u_i} = 1 + \frac{R_f}{R_1}$$

由上式可知:输入电压 u_i 与输出电压 u_o 同相且成比例关系,所以电路可以完成同相比例运算。

上式为同相比例运算放大器的闭环放大倍数,它与集成运放本身的参数无关,只与 R_f 或

R_1(或 R')的取值有关。需要注意的是，同相比例运算放大器的 A_{uf} 恒大于等于 1。当 R_1 开路或 $R_f = 0$ 时，$A_{uf} = 1$，此时电路构成电压跟随器。

（3）加法运算电路

进行加法运算时，几个输入信号同时加在反相输入端口上，称为反相加法运算电路；同时加在同相输入端时，称为同相加法运算电路。

图 3-35 所示是在反相运算放大器的基础上，增加几个输入支路，组成反相加法运算电路，也称为反相加法器。为满足电路平衡要求，平衡电阻 $R' = R_1 /\!/ R_2 /\!/ R_3 /\!/ R_f$。电路通过 R_f 为电路引入了电压并联负反馈，所以该电路工作在线性应用状态。

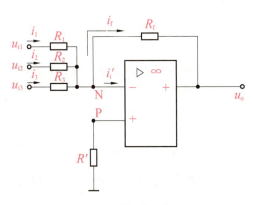

图 3-35　反相加法运算电路

根据"虚短"和"虚断"的特性可得

$$u_P = u_N = 0$$

所以

$$i_1 = \frac{u_{i1}}{R_1} \quad i_2 = \frac{u_{i2}}{R_2} \quad i_3 = \frac{u_{i3}}{R_3} \quad i_f = -\frac{u_o}{R_f}$$

根据"虚断"有

$$i_1 + i_2 + i_3 = i_f$$

所以

$$u_o = -\left(\frac{R_f}{R_1} u_{i1} + \frac{R_f}{R_2} u_{i2} + \frac{R_f}{R_3} u_{i3} \right)$$

如果选取电路参数：$R_1 = R_2 = R_3 = R_f$，则输出电压为

$$u_o = -(u_{i1} + u_{i2} + u_{i3})$$

可见，输出电压等于各个输入电压之和，实现加法运算。式中负号表示输出电压和输入电压相位相反。该电路常用在测量和控制系统中，对各种信号按不同比例进行组合运算。

（4）减法运算电路

减法运算电路是指输出电压与多个输入电压的差值成比例的电路，如图 3-36 所示。电路采用差动输入方式，即反相端和同相端都有输入信号，可见该电路是同相比例运算放大电路和反相比例运算放大电路的组合。根据外接电阻的平衡要求，应满足 $R_1 /\!/ R_f = R_2 /\!/ R_3$。

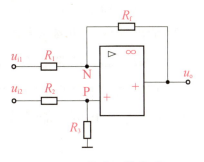

图 3-36　减法运算电路

根据"虚断"有

$$\frac{u_{i1} - u_N}{R_1} = \frac{u_N - u_o}{R_f}$$

即

$$u_N - \frac{R_f}{R_1}u_{i1} + \frac{R_f}{R_1}u_N = \frac{R_1 + R_f}{R_1}u_N - \frac{R_f}{R_1}u_{i1}$$

根据"虚断"和"虚短"有

$$u_N = u_P = \frac{R_3}{R_2 + R_3}u_{i2}$$

若 $R_1 = R_2$，$R_f = R_3$，经过整理可得

$$u_o = \frac{R_f}{R_1}(u_{i2} - u_{i1})$$

由上式可知，输出电压正比于两个输入电压之差。这种运算电路实现了差值运算，因此又称为差动输入运算电路。如果取 $R_1 = R_2 = R_3 = R_f$，则有

$$u_o = u_{i2} - u_{i1}$$

可见，输出电压等于两输入电压之差，实现减法运算。此电路称为减法运算电路。减法运算电路常作为测量放大器，用以放大各种差值信号。

任务知识库三　功率放大电路

1. 功率放大器的特点及要求

（1）功率放大器的定义及特点

功率放大器处于放大电路的最后一级，它将对前级放大的电压信号和电流信号进行功率放大，输出足够的功率去推动负载（如扬声器）工作。为了使负载获得足够的功率，要求功率放大器必须具有电压与电流放大能力。由于输入信号和输出信号都较大，所以它工作的动态范围都比较大。

（2）对功率放大器的要求

①输出功率大。功率放大器输出信号电压与信号电流的乘积为它的输出功率，为了得到大的输出功率，功率放大器元件的参数要达到一定的功率要求才能更好地带动负载工作。

②效率高。所谓效率，就是负载得到的有用信号功率 P_O 和电源供给的直流功率 P_E 的比值。它代表了电路将电源直流能量转换为输出交流能量的能力。同时功率放大器是一种能量转换电路，将电源的能量转变为交流信号能量输出。功率放大器的效率用 η 表示，即

$$\eta = \frac{P_O}{P_E} \times 100\%$$

η 越大，效率越高。功率放大器要求有尽可能高的效率。

③非线性失真小。功率放大器工作在大信号状态，输入信号幅度变化大，功放管容易进入饱和区或截止区而造成非线性失真，所以必须要想办法使其都工作在线性放大区来减小非线性失真。

④散热良好。功率放大器工作时，流过功放管的电流较大，会产生很大的热量，造成温

度升高，容易损坏功放管。所以要求采取散热措施，降低功放管的工作温度，保证功率放大器的正常工作。

2. 功率放大电路的应用及其分类

（1）功率放大电路的应用

由于放大信号的频率不同，所以功率放大电路又分为低频功率放大电路和高频功率放大电路，我们主要介绍低频功率放大电路。一个实用的放大器通常是一个多级放大器，功率放大器的系统如图 3-37 所示。

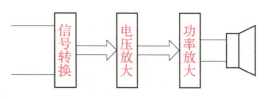

图 3-37 功率放大器的系统

（2）功率放大电路的分类

根据功率放大电路中晶体管在输入正弦信号的一个周期内的导通情况，可将放大电路分为以下 3 种工作状态，如表 3-7 所示。

表 3-7 3 种功率放大电路比较

分类	Q 点位置	波形	特点	效率
甲类	Q 点在交流负载线中点附近		功放管在输入信号整个周期内都处于放大状态，输出信号无失真，效率低	≤50%
乙类	Q 点在截止区		功放管仅在输入信号半个周期内导通，输出信号失真大，效率高	≤78%
甲乙类	Q 点接近截止区		功放管的导通时间略大于半个周期，输出信号失真较小，效率高	50%~78.5%

3. OTL 功放

（1）电路结构

如图 3-38 所示，从两只功放管发射极输出的信号通过一只容量很大的电容耦合到负载 R_L 上，电路采用单电源供电，VT_2 集电极接电源，VT_3 集电极接地。电路中各元件的名称及作用如表 3-8 所示。

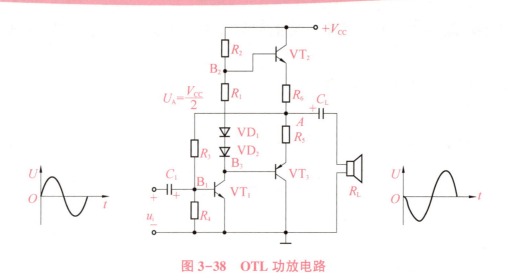

图 3-38　OTL 功放电路

表 3-8　OTL 功放电路各元件的名称及作用

元件编号	元件名称	元件作用
VT_2、VT_3	互补对称功放管	功放级的主要元件，接成射极输出的形式，输出电阻小，带负载能力强
VT_1	推动管	构成推动放大电路，对信号进行放大，为功放管提供足够强的输入信号
R_L	负载	功放的负载，扬声器等
R_4	下偏置电阻	VT_1 的下偏置电阻
R_3	中点电位调节电阻	VT_3 的上偏置调节电阻，改变它的大小，就可以调节中点电位
R_2	偏置电阻	功放级的偏置元件之一，是 VD_1、VD_2、VT_1 等的供电电阻
C_1	输入耦合电容	耦合输入信号
C_L	输出耦合电容	耦合输出信号
VD_1、VD_2	钳位二极管	为两只功放管提供固定的偏置电压，保证功放管静态时工作在微导通状态，从而消除交越失真，也可用一个阻值合适的电阻代替

（2）电路工作原理

静态时，通过调节 R_3 让中点 A 的电位在 $\frac{1}{2}V_{CC}$ 位置。电容 C_L 上的电压也为 $\frac{1}{2}V_{CC}$，由于 C_L 的容量很大，有信号输入时，电容两端的电压基本不变，可视为一个恒定的 $\frac{1}{2}V_{CC}$ 负电源，电路与双电源供电的电路完全一样。同时，由于 C_L 隔直流的作用，所以输出端的静态电压为 0。

当有输入信号的时候，信号经过推动管 VT_1 进行倒相，信号由 VT_1 的集电极输出信号，在信号正半周期间，功放管 VT_2 正偏导通，VT_3 反偏截止，电流路径为 $+V_{CC} \rightarrow VT_2 \rightarrow C_L \rightarrow R_L$ $\rightarrow$ 地，形成回路，同时对输出耦合电容 C_L 充电，负载 R_L 上获得正半周信号电压；在信号负半周期间，VT_3 导通，VT_2 截止，由输出耦合电容 C_L 放电，电流路径为 $C_L \rightarrow VT_3 \rightarrow$ 地 $\rightarrow R_L \rightarrow C_L$ 负端，负载 R_L 上获得一个完整的周期信号，输出电压的幅度大约为 $\frac{1}{2}V_{CC}$。

（3）电路特点

①输出方式为电容耦合。

②采用单电源供电。

③功放管处于微导通状态，可克服交越失真。

④最大输出功率 $P_{om} = \dfrac{V_{CC}^2}{8R_L}$。

4. OCL 功放

（1）电路结构

如图 3-39 所示，电路采用直接耦合输出的方式，电路由正、负双电源供电，输入与输出反相，电路中各元件的名称及作用如表 3-39 所示。为了克服乙类功放产生交越失真的缺点，在乙类功放的基础上，给两只功放管加上较小的偏置，该偏置电压大约等于功放管的死区电压，使功放管在没有信号输入的时候处于微导通状态，从而构成了真正实用的互补对称功放电路，即甲乙类功放。

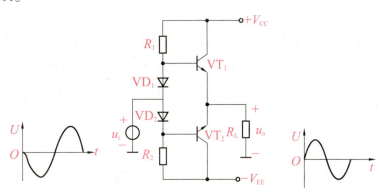

图 3-39　OCL 功放电路

表 3-9　OCL 功放电路各元件的名称及作用

元件编号	元件名称	元件作用
VT_1、VT_2	互补对称功放管	功放级的主要元件，接成射极输出的形式，输出电阻小，带负载能力强
R_L	负载	功放的负载，扬声器等
R_1	偏置电阻	功放级的偏置元件之一，是 VD_1、VD_2 等的供电电阻

续表

元件编号	元件名称	元件作用
R_2	反馈电阻	构成电流串联负反馈，可以使放大器的工作更稳定
VD_1、VD_2	钳位二极管	为两只功放管提供固定的偏置电压，保证功放管静态时工作在微导通状态，从而消除交越失真，也可用一个阻值合适的电阻代替

（2）电路工作原理

静态时，两只功放管微导通，只要合适选择 R_1 的大小，就可以保证负载上没有直流电流流过。当输入信号有输入的时候，由于两只功放管的性能基本相同，双电源也是对称的，故在负载 R_L 上就可以得到经过放大的完整信号输出。由于功放管处于微导通状态，所以，其克服了交越失真。

（3）电路特点

①输出耦合方式为直接耦合。

②采用正、负对称的双电源供电。

③功放管处于微导通状态，有效地克服了交越失真。

④最大输出功率 $P_{om} = \dfrac{V_{CC}^2}{2R_L}$，效率为 50% ~ 78.5%。

5. 集成功率放大器

集成功率放大器是采用集成工艺将大部分电路及元器件集成在一块芯片上，其外接元件少，使用方便。为了保持性能稳定、可靠，能适应长时间连续工作，有的集成功率放大器内还有过载和过热保护等电路。集成功率放大电路的型号和类型很多，这里着重介绍比较常用的两种。

（1）LM386 集成功率放大电路

LM386 是一种音频集成功放，具有自身功耗低、更新内链增益可调整、电源电压范围大、外接元件少和总谐波失真小等优点，广泛应用于录音机和收音机中。其外形和引脚排列如图 3-40 所示。

LM386 为使外围元件最少，电压增益内置为 20 dB。但在 1 脚和 8 脚之间增加一只外接电阻和电容，便可将电压增益调整为任意值，直至 200 dB。输入端以地为参考，同时输出端被自动偏置到电源电压的一半，在 6 V 电源电压下，它的静态功耗仅为 24 mW，使 LM386 特别适用于电池供电的场合。

LM386 集成电
路内部原理

（2）TDA2030 集成功率放大电路

TDA2030 是音频功放电路，采用 V 形 5 脚单列直插式塑料封装结构，如图 3-41 所示，按引脚的形状可分为 H 形和 V 形。该集成电路广泛应用于汽车立体声收录音机、中功率音响设备中。

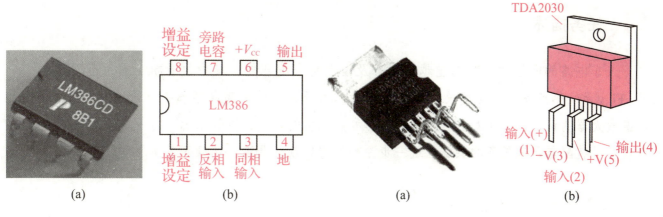

图 3-40 LM386 外形和引脚排列
（a）外形；（b）引脚排列

图 3-41 TDA2030 外形和引脚排列
（a）外形；（b）引脚排列

（3）电路特点

①外接元件非常少。

②输出功率大，$P_o = 18$ W（$R_L = 4$ Ω）。

③采用超小型封装（TO-220），可提高组装密度。

④开机冲击极小。

⑤内含短路保护、热保护、地线偶然开路、电源极性反接（$U_{s(max)} = 12$ V），以及负载泄放电压反冲等各种保护电路，因此工作安全可靠。

⑥TDA2030 能在最低±6 V，最高±22 V 的电压下工作，在±19 V、8 Ω 阻抗时能够输出 16 W 的有效功率，总谐波失真 THD≤0.1%。最适合用来做电脑有源音箱的功率放大部分或小型功放。

任务3 信号发生电路的装调

学习目标

◆ 了解振荡电路类型及反馈类型。

◆ 熟悉振荡电路的结构及反馈原理。

◆ 能够分析基本振荡电路原理。

◆ 能够进行收音机电路原理理解和电路装调。

汽车电路的电控和网联功能越来越普及，也越来越智能，其中收音机、雷达、GPS、无线Wi-Fi、无线热点等功能均涉及无线信号传输。本任务即从振荡电路入手，通过对反馈的了解，调谐放大器的认识，以及对各种典型振荡器和收音机的分析，可较系统地打下坚实的基础，并通过收音机装配与调试任务的实施，进一步深刻理解振荡、调谐、调频等基本原理。

任务知识库一　振荡电路

1. 反馈的基本概述

　　前面所讲的放大器，是将信号从输入端输入，输出端输出，属于单一的正向传输。而反馈，则是一种反向传输，它是将信号的一部分或者全部从放大器的输出端输出，沿反方向通过元器件或者反馈网络送回输入端的信号的逆向传输方式。被反馈的信号有电压信号，也有电流信号。典型的反馈放大器组成方框图如图 3-42 所示。

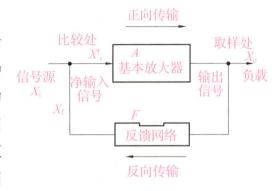

图 3-42　反馈放大器组成方框图

　　图中的 X_i 表示输入信号，X_o 表示输出信号。A 是放大器的放大倍数。F 是反馈电路的反馈系数。X_f 是反馈信号，X'_i 为输入信号 X_i 和反馈信号 X_f 比较以后得到的净输入信号。这里所指的比较，是将 X_i 与 X_f 相加或者相减，使输入信号加强或者减弱，从而得到净输入信号 X'_i。

　　接入反馈后，其开环放大倍数为 A，它等于输出信号 X_o 与净输入信号 X'_i 之比，即

$$A = \frac{X_o}{X'_i}$$

　　接入反馈电路以后，我们将反馈信号量与输出信号量之比称为反馈系数，用 F 表示，即

$$F = \frac{X_f}{X_o}$$

　　引入反馈后，闭环放大倍数为

$$A_{uf} = \frac{1}{\dfrac{1}{A} + F}$$

2. 反馈的类型及判断方法

　　由于反馈信号、极性、连接形式不同，反馈类型有很多种。在技术上，常常根据不同需要来选择合适的反馈类型。

　　(1)电路中是否存在反馈的判断

电路中是否存在反馈，要看在输出端与输入端是否有元件或者支路(反馈网络)连接。

以图3-43所示的放大电路为例进行分析。

首先，观察输入端与输出端之间有无相连的通路，如果有，则一定有反馈存在。该放大器中，R_F为连接输出端集电极和输入端发射极的反馈网络，它是将输出电压的一部分通过R_F反馈回发射极的。其次，观察放大器有无既属于输入回路又属于输出回路的元件，若有，则一定有反馈存在；否则，无反馈存在。

例外情况分析：如图3-44所示，射极输出器中发射极电阻R_E，它将输出电流I_E变换成输出电压$I_E R_E$，由于R_E是输出电路与输入电路的公共元件，就构成了反馈网络，它将输出电压全部反馈回了输入电路，所以，又称全反馈电路。无论是多级放大器还是单级放大器，其反馈网络查找方法都是一样的。

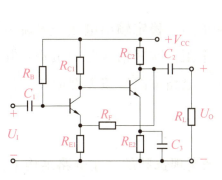

图3-43 放大器中的反馈

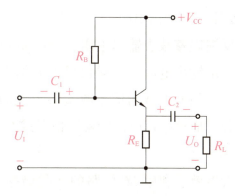

图3-44 全反馈电路

(2)反馈类型的判断

常用的反馈类型可以根据不同情况进行分类：从输出端看，其反馈的信号有电压和电流信号，可以分为电压反馈和电流反馈；从输入端看，根据信号反馈回输入端的叠加方式有串联和并联两种，可以分为串联反馈和并联反馈；从反馈信号使净输入量增加或减少看，可分为正反馈和负反馈。

反馈判断

3. 负反馈对放大器的作用

根据前面的分析我们可以看出，引入负反馈后，将直接改变放大器的工作状态，影响放大器的性能。此处将从正、反两方面分析负反馈对放大器性能的影响。

(1)降低放大器的放大倍数

在前面讨论反馈的定义时我们就已经知道，放大器在引入负反馈之前，其开环电压放大倍数为A，引入负反馈后电路呈闭环状态，放大倍数为$A_f = \dfrac{A}{1 + A_f}$。可见，引入负反馈后，放大器的放大倍数降低了$1 + A_f$倍。

(2)提高放大器的稳定性

从电压放大倍数公式$A_u = -\beta \dfrac{R'_L}{r_{BE}}$可以看出，$A_u$的大小取决于组成放大器的元件参数及负载等因素。这些因素又将受到温度、电源电压及负载的变化而发生变化。为了提高放大器的稳定性，应该在电路中引入负反馈。

（3）减小非线性失真

由于放大器均存在非线性传输特性，特别是在输入信号幅度较大的情况下，放大器可能工作在它的传输特性的非线性部分，使输出波形产生非线性失真。引入负反馈后，可以使这种失真减少。

（4）展宽频带

从本质上说，频带限制是由于放大电路对不同频率的信号呈现不同的放大倍数而造成的。负反馈具有稳定闭环增益的作用，因而对于频率增大（或减小）引起的放大倍数的下降，同样具有稳定作用。也就是说，它能减小频率变化对闭环增益的影响，从而展宽闭环增益的频率。

（5）改变输入、输出电阻

电压负反馈能够减小输出电阻，提高带负载的能力，稳定输出电压；电流负反馈能增大输出电阻，稳定输出电流。串联负反馈能增大输入电阻，减轻信号源的负担；并联负反馈能减小输入电阻，使放大器向信号源索取较大的电流。电路中的反馈类型应该如何选择并没有什么好坏之分，应该根据电路的实际情况综合考虑。

4. 调谐放大器

调谐放大器就是利用 LC 回路的并联谐振特性来实现选频的。在电路结构上，它利用 LC 并联回路取代了集电极电阻 R_C。本任务将先讲述 LC 并联回路的选频特性，再分析调谐放大器的结构及其原理。

（1）LC 并联回路的频率选择特性

如图 3-45 所示的电路是由电感 L 和电容 C 所组成的 LC 并联谐振回路，由信号源 I_a 供给工作信号，电感支路的 R 是线圈不能忽略的等效损耗电阻。

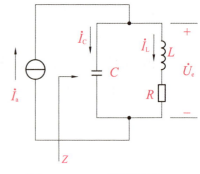

图 3-45　LC 并联回路

1）LC 回路的阻抗频率特性

在电工知识的学习中，我们知道，在 LC 并联回路中，随着输入信号频率的不断变化，回路阻抗 Z 将跟着变化。当信号频率升高的时候，感抗 X_L 也跟着升高（因为 $X_L = 2\pi f L$），容抗 X_C 减小（因为 $X_C = \dfrac{1}{2\pi f C}$），由于两条支路并联，回路阻抗减小，回路呈容性。当输入信号的频率与 LC 回路的固有频率 $f_0 = \dfrac{1}{2\pi\sqrt{LC}}$ 相等，$X_L = X_C$ 时，电路发生并联谐振，其谐振频率为

$$f_0 = \frac{1}{2\pi\sqrt{LC}}$$

并联谐振时，由于容抗与感抗相等，在回路内部抵消，使电路对输入电流 i 阻抗最大，回路呈电阻性。

在并联谐振状态，由于 $X_L = X_C$，则电感支路 i_L 与电容支路电流 i_c 大小相等，相位相反，从而在回路内部相互抵消，使外电路电流 i 为 0。而 LC 回路两端又有信号源电压 u_i，电流又为 0，则阻抗将呈无穷大趋势。由于 LC 回路不可避免地存在损耗，使两条支路电流相位不完全相反，不能完全抵消，使总电流不为 0，但是其数值很小，使阻抗 $Z = \dfrac{u_i}{i}$ 的数值很大。这个可以从图 3-46（a）中看出。

2）LC 回路的相位频率特性

当信号频率 f 小于谐振频率 f_0 时，$X_L < X_C$，电路呈感性，信号源电压 u 与电流 i 之间的相位差 Ψ 为大于 0° 而小于 90° 的正角，如图 3-46（b）所示。随着频率降低，Ψ 增大至 90°，阻抗越来越小。当 $f > f_0$ 时，$X_L > X_C$，电路呈容性，u 与 i 之间的相位差 Ψ 为 0°～90° 的负角，且随着 f 的升高在负方向增大至 -90°，阻抗越来越小。只有在 $f = f_0$ 时，$X_L = X_C$，电路发生并联谐振，呈容性，u 与 i 同相，两者之间相位角为 0。

3）LC 回路的品质因数 Q

从图 3-46（a）可以看出，曲线越尖锐，回路的选频能力就越强。为了定量表述 LC 回路的选频能力，引入了品质因数，将它定义为 LC 回路谐振时的感抗 X_L 或容抗 X_C 与回路等效损耗电阻 R 之比，即

$$Q = \frac{X_L}{R} = \frac{2\pi f_0 L}{R} \text{ 或 } Q = \frac{X_C}{R} = \frac{1}{2\pi f_0 CR}$$

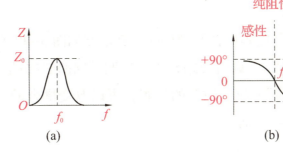

图 3-46　LC 回路的阻抗频率特性和相位频率特性

（a）阻抗频率特性；（b）相位频率特性

从上式可以看出，回路的 Q 值与它的等效电阻 R 成反比，R 越小，Q 值越大。还可以证明，Q 值越大，阻抗频率特性曲线幅度越大，且越尖锐，LC 并联谐振回路选择性越好，如图 3-47 所示。

（2）单调谐放大器

图 3-48 为典型的有 LC 抽头的单调谐放大器，与阻容耦合共射电路相比，主要的区别是利用 LC 并联回路代替了集电极电阻 R_C，其余电路结构不变。

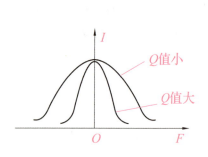

图 3-47　LC 回路阻抗频率特性与 Q 值的关系

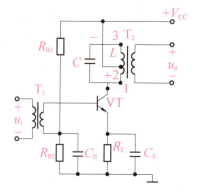

图 3-48　有 LC 抽头的单调谐放大器

单调谐放大器只对谐振频率附近的信号有选择性地进行放大，所以又称为选频放大器。从图中可以看出，每一级放大器只有一个 LC 调谐回路，所以又称为单调谐放大器。

单调谐放大器的特点：LC 并联谐振回路采用了电感抽头方式接入晶体管集电极电路，其目的是实现阻抗匹配以提高信号传输效率。事实上，晶体管集电极输出回路由于集—射间等效电容和电阻的影响，它的输出阻抗低于 LC 回路谐振阻抗。采用电感线圈抽头方式接入，可以利用自耦变压器的阻抗变换作用来调节 LC 并联回路阻抗，实现与晶体管输出阻抗之间的匹配，从而提高传输效率。

（3）双调谐放大器

单调谐放大器的通频带与选择性受到限制，无法满足对这两个都要求较高的场合这就需要采用双调谐放大器。

1）电路结构特点

双调谐放大器有互感耦合与电容耦合两种形式，其电路如图 3-49 所示。

与单调谐放大器的区别：用 LC 调谐回路替代了单调谐回路二次耦合线圈。图 3-49（a）为互感耦合，改变 L_1、L_2 之间的距离或者磁芯的位置，可以改变耦合的松紧程度，从而改善通频带与选择性。图 3-49（b）为电容耦合。

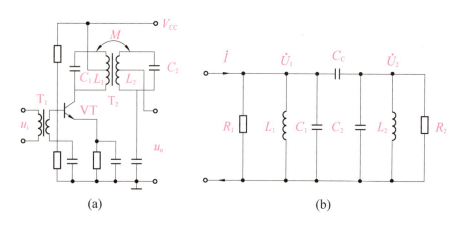

(a)　　　　　　　　　　(b)

图 3-49　双调谐放大器

（a）互感耦合；（b）电容耦合

2）选频原理

我们以互感耦合为例对双调谐放大器的选频原理进行分析。在图3-49（a）中，设L_1C_1与L_2C_2两个回路都谐振于信号频率，输入信号u_i经过晶体管放大，其集电极交流信号在L_1C_1中发生并联谐振，线圈L_1中的谐振电流经互感耦合，在二次线圈L_2中产生感应电动势，且频率等于谐振频率。谐振电动势与L_2C_2串联，在该回路中发生串联谐振，使回路电流达到最大值。这个谐振电流在L_2抽头部分获得很高的电压加到输出端。

综上，互感耦合的双调谐回路，利用一次线圈回路（L_1C_1）的并联谐振和二次线圈回路（L_2C_2）的串联谐振来实现选频。

双调谐回路的谐振曲线形状取决于两个回路的耦合程度，如图3-50所示。当耦合较弱的时候，称为弱耦合（或松耦合），谐振曲线呈单峰；耦合较紧时称为过耦合（或强耦合），谐振曲线呈双峰，且以谐振中心频率为对称轴。耦合越强，双峰之间距离越大，凹陷程度越深。耦合程度界于单、双峰之间的过度状态，称为临界耦合，此时谐振曲线呈单峰，这种谐振曲线不但通频带宽、选择性好，而且增益较高。

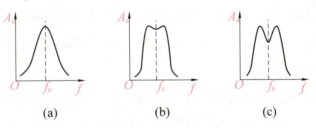

图3-50 双调谐回路谐振曲线

（a）耦合较松；（b）耦合适当；（c）耦合较紧

5. 振荡的基本概念

（1）正弦波振荡器的组成及其作用

正弦波振荡器是以调谐放大器为基础再加正反馈网络组成的，也可以看作由放大电路、选频回路和反馈网络三部分组成，如图3-51所示。

图3-51 正弦波振荡器组成框图

①放大电路：利用晶体管的电流放大作用使电路具有足够大的放大倍数。

②选频回路：仅对某一特定频率的信号产生谐振，从而保证正弦波振荡器能输出具有单一信号频率的正弦波。

③反馈网络：将输出信号正反馈到放大电路的输入端，作为输入信号，使电路产生自激振荡。

以图3-52所示电路为例，当开关S拨向"1"时，该电路为调谐放大电路，当输入信号为正弦波时，放大器输出负载互感耦合变压器L_2上的电压为u_f，调整互感M以及回路参数，可以使$u_i=u_f$。

此时，若将开关 S 快速拨向"2"，则集电极电路和基极电路都维持开关 S 接到"1"时的状态，即始终维持着与 u_i 相同频率的正弦信号。这时，调谐放大器就变为自激正弦波振荡器。

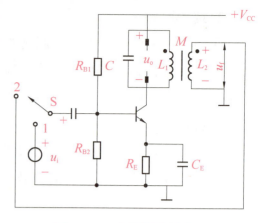

图 3-52　自激振荡过程

（2）自激振荡条件

振荡器无须外加信号，而是用反馈信号作为输入信号，但要形成等幅振荡还必须保证每次回送的反馈信号与原输入信号完全相同，不仅要振幅相同，而且要相位相同，即必须满足以下两个条件。

①相位平衡条件：$\varphi = \varphi_A + \varphi_F = 2n\pi$。即放大器的相移与反馈网络的相移之和为 $2n\pi$，说明反馈信号与原输入信号相位相同，所引入的反馈为正反馈。

②振幅平衡条件：$|AF| \geqslant 1$。即反馈电压的幅度与输入电压的幅度相同。

6. LC 振荡器

LC 振荡器分为变压器耦合式 LC 振荡器、电容三点式 LC 振荡器、电感三点式 LC 振荡器，用来产生几兆赫兹以上高、中频信号，它由放大器、LC 选频回路和反馈网络三部分组成。

（1）变压器耦合式 LC 振荡器

共基变压器耦合式 LC 振荡器电路如图 3-53 所示。判断方法仍用瞬时极性法判断电路能否起振，但应注意，对于共基电路，信号是由发射极输入。假设发射极输入信号瞬时极性为"＋"，则晶体管集电极瞬时极性为"＋"，反馈线圈 L 与 L_1 的同名端瞬时极性均为"＋"，引入的是正反馈，满足相位平衡条件。正反馈量的大小可通过调节 L_1 的匝数或 L 与 L_1 两个线圈之间的距离来改变。电容 C 的大小可调节振荡频率。

特点：共基变压器耦合式 LC 振荡器输出波形较好，振荡频率调节方便，一般采用固定电感与可变电容配合调节。

（2）三点式 LC 振荡器

在变压器耦合式 LC 振荡器中，由于反馈电压与输出电压靠磁路耦合，因而耦合不紧密、损耗较大。为了克服这一缺点，加强谐振效果，可采用三点式 LC 振荡器。

三点式 LC 振荡器

LC 振荡器即用 LC 并联谐振回路作为选频和移相网络的振荡器。所谓三点式，是指在交流通路中，LC 回路有 3 个抽头，分别与晶体管 3 个电极相连，如图 3-54 所示。

7. 石英晶体振荡器

在振荡器中，尽管采取了多种稳频措施，其频率稳定度也只能达到 $10^{-5} \sim 10^{-3}$ 数量级，如果要求更高的频率稳定度，则必须采用石英晶体振荡器。石英晶体振荡器的频率稳定度可达 $10^{-11} \sim 10^{-6}$ 数量级，它的这种优异性能与石英晶体本身的材料特性有关。

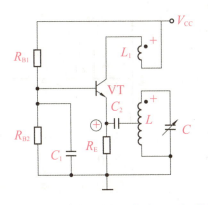

图3-53 共基变压器耦合式 *LC* 振荡器

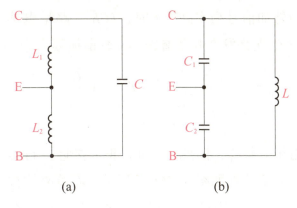

(a)   (b)

图3-54 三点式 *LC* 振荡器

(a)电感三点式；(b)电容三点式

(1)石英晶体的特性

按一定方位角将石英晶体切割成固定形状的薄晶片，再将晶片的两个相对表面抛光、镀银，并引出两个电极，加以封装就构成石英晶体振荡器，简称石英晶体。其结构、图形符号和外形如图3-55所示。

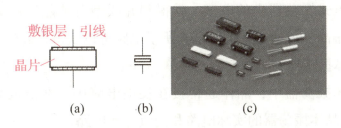

图3-55 石英晶体的结构、图形符号和外形

(a)结构；(b)图形符号；(c)外形

1)压电效应和压电谐振

当在石英晶体两极间加上交变电场时，晶片将会产生相应频率的机械形变；反之，当施加机械力使晶片产生机械振动时，晶片两极间也会出现相应的交变电场，这种物理现象称为压电效应。一般情况下，无论是机械振动还是交变电场，其振幅都很小。但是当外加交变电场的频率与石英晶体的固有频率相当时，振幅即骤然增大，这就是石英晶体的压电谐振。产生压电谐振时的频率称为石英晶体的谐振频率。

2)等效电路和振荡频率

石英晶体的等效电路如图3-56(a)所示。当晶体不振动时，可等效为一个平板电容 C_0，称为静态电容，其值约为几皮法到几十皮法。当晶体振动时，可用 L 和 C 分别等效晶体振动时的惯性和弹性，用 R 等效晶体振动时的摩擦损耗。石英晶体振荡器有两个谐振频率。

当 LCR 支路发生串联谐振时，等效为纯电阻 R，阻抗最小，串联谐振频率为

$$f_0 = \frac{1}{2\pi\sqrt{LC}}$$

当外加信号频率高于 f_s 时，LCR 支路呈电感性，与 C_0 支路发生并联谐振，并联谐振频率为

$$f_0 = \frac{1}{2\pi\sqrt{L\dfrac{CC_0}{C+C_0}}} \approx f_s\sqrt{1+\frac{C}{C_0}}$$

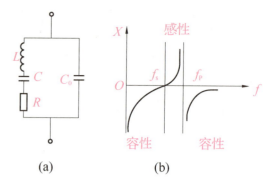

由于 $C \ll C_0$，因此，f_s 和 f_p 非常接近，石英晶体的频率特性如图 3-56(b) 所示。石英晶体在频率为 f_s 时呈纯阻性，在 f_s 和 f_p 之间呈感性，在此区域之外均呈容性。

图 3-56　石英晶体的等效电路和频率特性
(a)等效电路；(b)频率特性

（2）石英晶体振荡器

晶体振荡器的电路类型有很多，但根据晶体在电路中的作用，可以将石英晶体振荡器归为两大类：并联型石英晶体振荡器和串联型石英晶体振荡器。

1）并联型石英晶体振荡器

石英晶体工作在 f_s 与 f_p 之间，相当一个大电感，与 C_1、C_2 组成电容三点式振荡器。如果用石英晶体取代电容三点式振荡器中的电感，就得到并联型石英晶体振荡器，如图 3-57 所示。由于石英晶体的 Q 值很高，可达到几千以上，所示电路可以获得很高的振荡频率稳定性。

2）串联型石英晶体振荡器

在串联型石英晶体振荡器中，晶体通常接在反馈电路中，在谐振频率上晶体呈低阻抗。图 3-58 为串联型石英晶体振荡器的实际电路和交流等效电路。

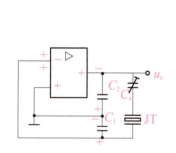

图 3-57　并联型石英晶体振荡器

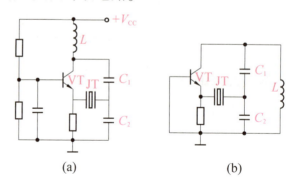

图 3-58　串联型石英晶体振荡器的实际电路和交流等效电路
(a)实际电路；(b)交流等效电路

3）石英晶体振荡器使用的注意事项

使用石英晶体振荡器时应注意以下 4 点。

①石英晶体振荡器的标称频率都是在出厂前，在石英晶体振荡器上并接一定负载电容条件下测定的，实际使用时也必须外加负载电容，并经微调后才能获得标称频率。

②石英晶体振荡器的激励电平应在规定范围内。

③在并联型石英晶体振荡器中，石英晶体起等效电感的作用，若作为容抗，则在石英晶

片失效时,石英晶体振荡器的支架电容还存在,线路仍可能满足振荡条件而振荡,但石英晶体谐振器失去了稳频作用。

④石英晶体振荡器中一块晶体只能稳定一个频率,当要求在波段中得到可选择的许多频率时,就要采取别的电路措施,如频率合成器。它是用一块晶体得到许多稳定频率,频率合成器的有关内容本书不作介绍。

任务知识库二 高频处理电路

1. 无线电波及其传播

(1)无线电波的概念

在通有交流电的导线周围有变化的磁场存在,变化的磁场在其周围又引起变化的电场,而变化的电场还将在其周围更远的空间引起变化的磁场,磁场和电场不断交替产生就把电磁场向四周空间传播开来,这种在四周空间传播的电磁场就称为电磁波。而无线电波就是电磁波的一种。无线电广播、电视广播都是利用无线电波进行传播的。现代通信离不开无线电波。

(2)无线电发射与接收

无线电广播可以把声音传递到千里之外,这不是声音本身能够实现和达到的,而是把需要传送的声音经过无线电波的"运输"来实现的。图3-59是无线电发射示意。

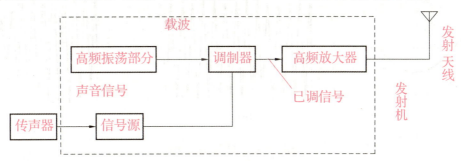

图3-59 无线电发射示意

在接收端,需要将空中传来的无线电波接收下来,并把它还原成原来的声音信号。其过程如图3-60所示。

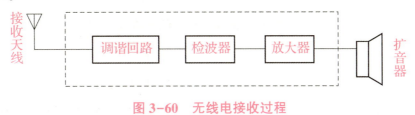

图3-60 无线电接收过程

(3)无线电波的传播途径

无线电波从发射端到接收端的传播途径主要有地波、天波和空间波,如图3-61所示。

2. 调幅与检波

采用电子技术的方法将声音变成低频电信号,并将低频电信号加到高频电路中去,然后再以高频电磁波的形式向空中传播，这就是无线电广播。

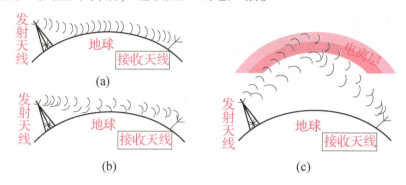

图 3-61　无线电波的传播途径

（a）沿地球表面传播的地波；（b）沿空间直射或经地球反射传播的空间波；

（c）沿空间经电离层反射或折射传播的天波

（1）调幅（AM）

用低频信号控制高频信号的过程称为调制，高频信号称为载波，低频信号称为调制信号。如果载波的信号被低频信号所控制，则这种调制称为调幅（AM），图 3-62 为调幅波波形。已调波与载波波形有差别，已调波的振幅是按照调制信号的变化而变化的。

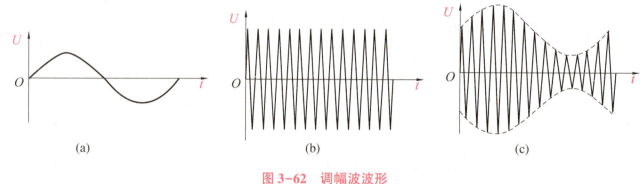

图 3-62　调幅波波形

（a）音频信号（调制）；（b）高频信号（载波）；（c）调幅信号（已调制）

调幅广播按照使用频率范围的不同可分为长波、中波和短波，相对应的英文简称为 LW、MW 和 SW。无线广播还有调频广播（FM）方式。无线广播的频率范围如表 3-10 所示。

表 3-10　无线广播的频率范围

无线广播		频率范围
调幅（AM）	长波（LW）	150~540 kHz（我国未使用）
	中波（MW）	540~1 700 kHz（我国广播为 535~1 605 kHz）
	短波（SW）	1.8~26.1 MHz（非连续使用）
调频（FM）		87~108 MHz

（2）检波

从已调信号中还原出原来信号的过程称为解调或者检波，用以完成这个任务的电路称为检波器。最简单的检波器只需要一个二极管就能完成，该二极管称为检波二极管。

1）二极管包络检波电路

检波电路主要由非线性器件和低通滤波器两部分组成。非线性器件一般是二极管或者晶体管。二极管检波电路如图 3-63 所示。图中，VD 为检波二极管，C 为低通滤波电容，C_G 为隔直耦合电容，R 为检波器的输出电阻，并兼作输出信号幅度控制器（音量调节器）。U_1 是输入的调幅波信号电压，U_0 是输出的音频信号电压。

2）二极管包络检波原理

由于二极管的单相导电性，当调幅信号经过检波二极管 VD 的时候，变成半个中频调幅信号，如图 3-64 所示，其成分包含直流分量、音频信号分量和残余的中频分量。通过 C 和 R 组成的低通滤波器滤除残留的中频成分后，便可得到中频调幅波的包络，也就是音频信号及直流分量的叠加，如图 3-64(c) 所示。最后再经过 R、C_G 耦合，去掉音频信号的直流成分，就得到音频信号输出，如图 3-64(d) 所示。

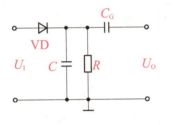

图 3-63　二极管检波电路

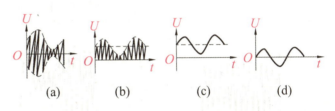

图 3-64　检波前、后的波形

3. 调频与鉴频

（1）调频

如果载波的频率被低频信号所控制，则这种调制方法称为调频（FM），被调频后的信号称为调频波或者调频信号，其波形如图 3-65 所示。

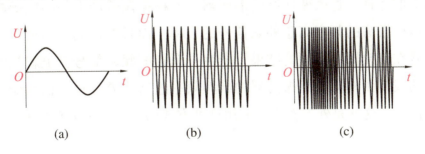

图 3-65　调频波波形

（a）音频信号（调制）；（b）高频信号（载波）；（c）调幅信号（已调制）

调频广播与调幅广播的性能参数比较如表 3-11 所示。

表 3-11　调频广播与调幅广播的性能参数比较

性能	调频	调幅
电路结构	调制与解调电路较复杂	调制与解调电路均较简单
抗干扰能力	强	弱
音质	较好	较差
中频频率	10.7 MHz	465 kHz
通频带	一般为 200 kHz	一般为 10 kHz

（2）鉴频

从调频波中解调出原来调制信号的过程称为鉴频，实现鉴频的电路称为鉴频器（频率检波器）。常见的鉴频器有斜率鉴频器、相位鉴频器、比例鉴频器等，其工作原理基本相同，都是先将等幅调频信号送入幅频转换电路，变换成幅度与频率成正比变化的调幅–调频信号，然后用包络检波器进行检波，还原出调制信号，过程如图 3-66 所示。

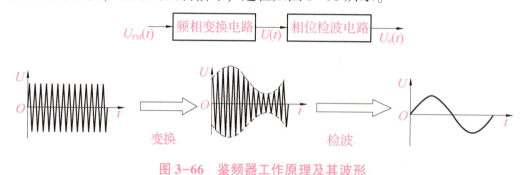

图 3-66　鉴频器工作原理及其波形

4. 变频器

（1）变频器的功能

变频器由混频器和本机振荡器两部分组成，如图 3-67 所示。接收天线收到的高频调幅信号经调谐输入回路的选择，送入变频级的混频器。本机振荡器产生的高频等幅振荡电流也送入混频器。通常本机振荡的频率高于外来信号的频率，而且高出的数值要保持一定值，即中频频率。两种信号在混频器中混频的结果，产生一个新的频率信号，也就是混频器的根本功用是把输入信号的载波频率同本机振荡器的载频频率进行作差计算，在其输出端得到一个差频信号，即中频信号。这就是外差作用。采用这种方式的收音机称为超外差式收音机。

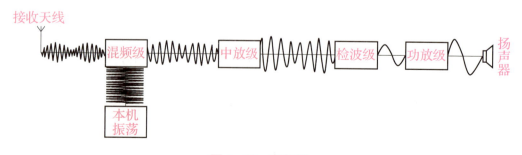

图 3-67　变频器

（2）晶体管变频器

在实际的收音机中，一般采用晶体管变频电路，如图 3-68 所示。

1）元器件名称及作用

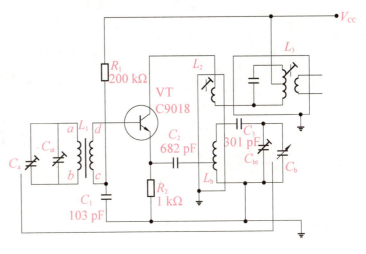

图 3-68　晶体管变频电路

L_{ab} 是绕在磁性棒上的线圈，L_{ab}、C_a、C_{at} 组成了高频调谐回路，L_b、C_b、C_{bt}、C_3 组成本机振荡回路。

电阻 R_1、R_2 组成偏置电路，L_2 是中波振荡线圈，L_3 是"中周"。

2）电路工作原理

磁性天线接收到的高频调幅信号，经高频调谐回路的选择，由耦合线圈 L_{cd} 加到变频管的基极和发射极之间；本机振荡器产生的高频等幅信号（比外来信号频率高一个固定中频）通过 C_2、C_1 和 R_2 也加到变频管的基极和发射极之间。我们知道半导体晶体管的发射结（发射极和基极之间的 P-N 结）是非线性元件，所以当外来信号和本机振荡信号加在发射极—基极回路时发生混频，产生了我们需要的差频（465 kHz）。我们再通过接在集电极回路中的 L_3 组成的中频谐振回路（俗称"中周"），将被放大的中频信号选取出来，由 L_3 二次线圈输出送至中频放大器。为了使本机振荡的频率和调谐回路的高频谐振频率之差始终为固定中频（465 kHz），在改变调谐回路的谐振频率时（即选择所要收听的电台时），必须同时调整振荡回路的振荡频率，称为统调。

（3）超外差式收音机的组成

超外差式收音机就是将接收的外电台信号通过变频级变成一个固定的中频（调幅为 465 kHz，调频为 10.7 MHz）信号，然后由多级中频放大级进行放大，再进行检波还原音频信号。超外差式收音机的组成框图如图 3-69 所示。

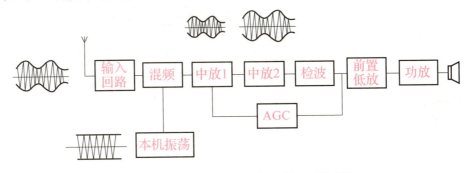

图 3-69　超外差式收音机的组成框图

图中的 AGC 称为自动增益控制，该电路的作用是自动调节中放级的增益，保证在收听不同的电台的时候，检波输出信号的幅度大致相等。

项目 4

汽车电压转换电路

知 识 树

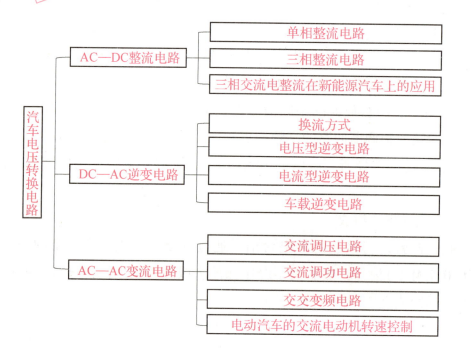

```
汽车电压转换电路
├─ AC—DC整流电路
│   ├─ 单相整流电路
│   ├─ 三相整流电路
│   └─ 三相交流电整流在新能源汽车上的应用
├─ DC—AC逆变电路
│   ├─ 换流方式
│   ├─ 电压型逆变电路
│   ├─ 电流型逆变电路
│   └─ 车载逆变电路
└─ AC—AC变流电路
    ├─ 交流调压电路
    ├─ 交流调功电路
    ├─ 交交变频电路
    └─ 电动汽车的交流电动机转速控制
```

任务1 AC—DC 整流电路

学习目标

◆ 能够描述整流电路的作用。

◆ 知道单相整流电路的结构及原理。

◆ 能够理解三相交流电的整流工作原理。

◆ 通过搭建 AC—DC 单相整流电路掌握其原理。

◆能够通过使用示波器检测单相交流整流电路的波形，做出正确分析。

 任务描述

在汽车电路中常常需要用到整流电路。例如，传统汽车减速或制动时，制动系统将车辆动能转变为热能，并向大气中释放，无法回收能量。而新能源汽车在减速或制动过程中，汽车动能转换成三相交流电的形式，然后经过整流电路，将三相交流电转换成直流电后对动力电池充电，实现回收制动能量的目的。本任务通过搭建电路，分析 AC—DC 电压转换器模块的工作特性，学习 AC—DC 电路的基本原理，并通过规范的操作，养成良好的职业素养。

任务知识库一 单相整流电路

整流电路（Rectifier）是电力电子电路中出现最早的一种，它的作用是将交流电变为直流电供给直流用电设备。按组成的器件可分为不可控、半控、全控 3 种；按电路结构可分为桥式电路和零式电路；按交流输入相数可分为单相电路和多相电路；按变压器二次电流的方向是单向或双向，分为单拍电路和双拍电路。

1. 单相半波可控整流电路

如图 4-1 所示，带电阻负载的工作情况，变压器 T 起变换电压和隔离的作用，其一次和二次电压瞬时值分别用 u_1 和 u_2 表示，有效值分别用 U_1 和 U_2 表示，其中 U_2 的大小根据需要的直流输出电压 u_d 的平均值 U_d 确定。

电阻负载的特点是电压与电流成正比，两者波形相同。在分析整流电路时，认为晶闸管（开关器件）为理想器件，即晶闸管导通时其管压降为 0，晶闸管阻断时其漏电流为 0，除非特意研究晶闸管的开通、关断过程，否则一般认为晶闸管的开通与关断过程瞬时完成。

在改变触发时刻，u_d 和 i_d 波形随之改变，直流输出电压 u_d 为极性不变，但瞬时值变化的脉动直流，其波形只在 u_2 正半周内出现，故称半波整流。加之电路中采用

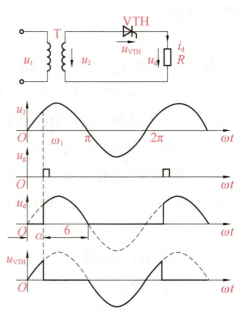

图 4-1 单相半波可控整流电路及波形

了可控器件晶闸管，且交流输入为单相，故该电路称为单相半波可控整流电路。整流电压 u_d 波形在一个电源周期中只脉动一次，故该电路为单脉波整流电路。

2. 单相桥式全控整流电路

如图 4-2 所示，带电阻负载的电路工作原理是晶闸管 VTH_1 和 VTH_4 组成一对桥臂，VTH_2 和 VTH_3 组成另一对桥臂。在 u_2 正半周（a 点电位高于 b 点电位），若 4 个晶闸管均不导通，$i_d = 0$，$u_d = 0$，则 VTH_1、VTH_4 串联承受电压 u_2。在触发角 α 处给 VTH_1 和 VTH_4 加触发脉冲，VTH_1 和 VTH_4 即导通，电流从电源 a 端经 VTH_1、R、VTH_4 流回电源 b 端。

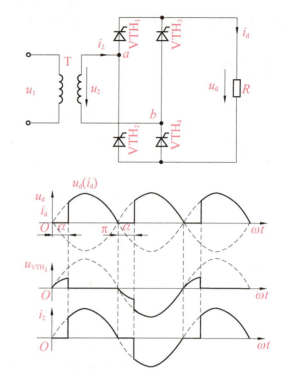

当 u_2 过零时，流经晶闸管的电流也降到 0，VTH_1 和 VTH_4 关断。在 u_2 负半周，仍在触发角 α 处触发 VTH_2 和 VTH_3，VTH_2 和 VTH_3 导通，电流从电源 b 端流出，经 VTH_3、R、VTH_2 流回电源 a 端。当 u_2 过零时，电流又降为 0，VTH_2 和 VTH_3 关断。

图 4-2　单相全控桥式带电阻负载时的电路及波形

任务知识库二　三相整流电路

三相可控整流电路的交流侧由三相电源供电。其最基本的是三相半波可控整流电路，应用最为广泛的是三相桥式全控整流电路以及双反星形可控整流电路、十二脉波可控整流电路等。当整流负载容量较大，或要求直流电压脉动较小、易滤波时，应采用三相整流电路。

1. 三相半波可控整流电路

如图 4-3 所示，为得到零线，变压器二次必须接成星形，而一次接成三角形，避免三次谐波流入电网。3 个晶闸管按共阴极接法连接，这种接法触发电路有公共端，连线方便。

假设将晶闸管换作二极管，3 个二极管对应的相电压中哪一个的值最大，则该相所对应的二极管导通，并使另两相的二极管承受反压关断，输出整流电压即为该相的相电压。在相电压的交点 ωt_1、ωt_2、ωt_3 处，均出现了二极管换相，称

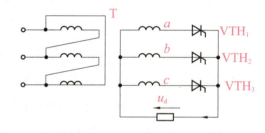

图 4-3　三相半波可控整流电路共阴极接法

这些交点为自然换相点，如图 4-4(a) 所示，同时将其作为 α 的起点，即 $\alpha=0$。3 个晶闸管轮流导通 $120°$，u_d 波形为 3 个相电压在正半周期的包络线。此时，变压器二次绕组电流有直流分量。晶闸管电压由一段管压降和两段线电压组成，随着 α 增大，晶闸管承受的电压中正的部分逐渐增多。

如图 4-4(b) 所示，当 $\alpha=30°$ 时，负载电流处于连续和断续的临界状态，各相仍导电 $120°$；当 $\alpha>30°$ 导通一相的相电压过零变负时，该相晶闸管关断，但下一相晶闸管因未触发而不导通，此时输出电压电流为 0。负载电流断续，各晶闸管导通角小于 $120°$。

2. 三相桥式全控整流电路

三相桥式全控整流电路如图 4-5 所示，阴极连接在一起的 3 个晶闸管（VTH_1、VTH_3、VTH_5）称为共阴极组；阳极连接在一起的 3 个晶闸管（VTH_4、VTH_6、VTH_2）称为共阳极组。共

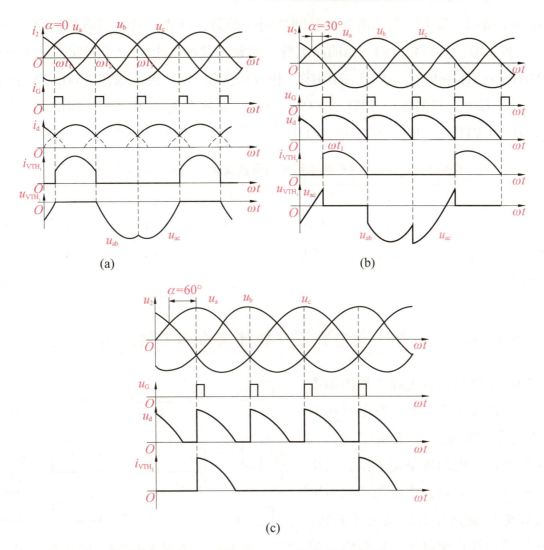

图 4-4　电阻负载时的电路的波形

（a）$\alpha = 0$ 时的波形；（b）$\alpha = 30°$ 时的波形；（c）$\alpha = 60°$ 时的波形

阴极组中与 a、b、c 三相电源相接的 3 个晶闸管分别为 VTH_1、VTH_3、VTH_5，共阳极组中与 a、b、c 三相电源相接的 3 个晶闸管分别为 VTH_4、VTH_6、VTH_2。晶闸管的导通顺序为 $VTH_1 \to VTH_2 \to VTH_3 \to VTH_4 \to VTH_5 \to VTH_6$。

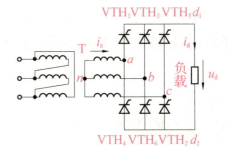

图 4-5　三相桥式全控整流电路

电路中各自然换相点既是相电压的交点，同时也是线电压的交点。当 $\alpha \leqslant 60°$ 时，u_d 波形均连续，对于电阻负载，i_d 波形与 u_d 波形的形状是一样的，也连续。

$\alpha = 0$ 时，u_d 为线电压在正半周的包络线。$\alpha = 30°$ 时，晶闸管起始导通时刻推迟了 30°，组成 u_d 的每一段线电压因此推迟 30°，u_d 平均值降低。$\alpha = 60°$ 时，u_d 波形中每段线电压的波形继续向后移，u_d 平均值继续降低。$\alpha = 60°$ 时，u_d 出现了为 0 的点。当 $\alpha > 60°$ 时，因为 i_d 与 u_d 一致，一旦 u_d 降为 0，i_d 也降为 0，晶闸管关断，输出整流电压 u_d 为 0，u_d 波形不能出现负值。

如表 4-1 所示，每个时刻均需 2 个晶闸管同时导通，形成向负载供电的回路，共阴极组和共阳极组各 1 个，且不能为同一相的晶闸管。对触发脉冲要求 6 个晶闸管的脉冲按 VTH$_1$→VTH$_2$→VTH$_3$→VTH$_4$→VTH$_5$→VTH$_6$ 的顺序，相位依次差 60°。共阴极组 VTH$_1$、VTH$_3$、VTH$_5$ 的脉冲依次差 120°，共阳极组 VTH$_4$、VTH$_6$、VTH$_2$ 也依次差 120°。同一相的上、下两个桥臂，即 VTH$_1$ 与 VTH$_4$、VTH$_3$ 与 VTH$_6$、VTH$_5$ 与 VTH$_2$，脉冲相差 180°。

表 4-1　三相桥式全控整流电路电阻负载 $\alpha=0$ 时晶闸管工作情况

时段	I	II	III	IV	V	VI
共阴极组中导通的晶闸管	VTH$_1$	VTH$_1$	VTH$_3$	VTH$_3$	VTH$_5$	VTH$_5$
共阳极组中导通的晶闸管	VTH$_6$	VTH$_2$	VTH$_2$	VTH$_4$	VTH$_4$	VTH$_6$
整流输出电压 u_d	$u_a-u_b=u_{ab}$	$u_a-u_c=u_{ac}$	$u_b-u_c=u_{bc}$	$u_b-u_a=u_{ba}$	$u_c-u_a=u_{ca}$	$u_c-u_b=u_{cb}$

任务知识库三　三相交流电整流在新能源汽车上的应用

新能源汽车能量回收电路方框图如图 4-6 所示，在新能源汽车上，发电机和电动机的结构是相同的，主要由定子、转子、外壳等组成。电动机是定子接通三相交流电后驱动转子转动，将电能转化为机械能。而发电机则是外力带动转子旋转，使定子切割磁感线产生电流，从而将机械能转化为电能。

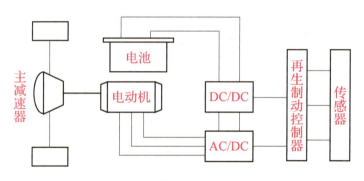

图 4-6　新能源汽车能量回收电路方框图

新能源汽车在减速或制动过程中，由于惯性，车轮通过传动机构使电动机的转子受力转动，切割磁感线，从而产生三相交流电。由于动力电池的充电电流是直流电，所以，需要三相整流电路进行整流后才能完成能量回收。

任务2　DC—AC 逆变电路

学习目标

◆ 能够描述逆变电路的换流方式。

◆ 能够理解单相电压型逆变电路的结构及原理。

◆ 能够理解三相电压型逆变电路工作原理。

◆ 能够理解电流型逆变电路结构及工作原理。

◆能掌握汽车逆变器工作原理。

◆通过搭建逆变电路实训板掌握其原理。

任务描述

我们处在一个"移动"的时代，如移动办公、移动通信、移动休闲和娱乐。在移动的状态中，人们不但需要由电池或电瓶供给的低压直流电，同时，更需要在日常环境中不可或缺的 220 V 交流电。逆变器可以满足我们的这种需求，我们一起来认识汽车逆变器，通过操作培养较强的探究能力。

任务知识库一　换流方式

以单相桥式逆变电路为例说明最基本的工作原理，如图 4-7 所示，$S_1 \sim S_4$ 是桥式电路的 4 个臂，由电力电子器件及辅助电路组成。

当开关 S_1、S_4 闭合，S_2、S_3 断开时，负载电压 u_o 为正；当开关 S_1、S_4 断开，S_2、S_3 闭合时，u_o 为负，这样就把直流电变成了交流电。改变两组开关的切换频率，即可改变输出交流电的频率。电阻负载时，负载电流 i_o 和 u_o 的波形相同，相位也相同。阻感负载时，i_o 相位滞后于 u_o，波形也不同。

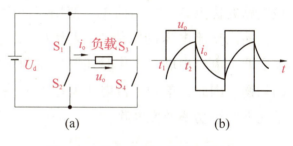

图 4-7　逆变电路及其波形举例
（a）电路；（b）波形

换流是指电流从一个支路向另一个支路转移的过程，也称为换相。研究换流方式主要是研究如何使器件关断。换流方式分为两种。一种是器件换流，利用全控型器件的自关断能力进行换流。采用 IGBT、电力 MOSFET、GTO、GTR 等全控型器件的电路的换流方式是器件换流。另一种是电网换流，将负的电网电压施加在欲关断的晶闸管上即可使其关断。不需要器件具有门极可关断能力，但不适用于没有交流电网的无源逆变电路。根据直流侧电源性质的不同，可以分为两类：一类为电压型逆变电路，其直流侧是电压源；另一类为电流型逆变电路，其直流侧是电流源。

任务知识库二　电压型逆变电路

电压型逆变电路有如下特点：一是直流侧为电压源或并联大电容，直流侧电压基本无脉动；二是由于直流电压源的钳位作用，其输出电压为矩形波，输出电流因负载阻抗不同而不同；三是阻感负载时需提供无功功率，为了给交流侧向直流侧反馈的无功能量提供通道，逆变桥各臂并联反馈二极管。

1. 单相半桥电压型逆变电路

相互串联的足够大的电容，两个电容的联结点便成为直流电源的中点，负载连接在直流电源中点和两个桥臂联结点之间。

工作原理如图4-8(a)所示，设开关器件 VF$_1$ 和 VF$_2$ 的栅极信号在一个周期内各有半周正偏、半周反偏，且两者互补。输出电压 u_o 为矩形波，其幅值为 $U_m = U_d/2$。电路带阻感负载，t_2 时刻给 VF$_1$ 关断信号，给 VF$_2$ 开通信号，则 VF$_1$ 关断，但感性负载中的电流 i_o 不能立即改变方向，于是 VD$_2$ 导通续流，当 t_3 时刻 i_o 降为 0 时，VD$_2$ 截止，VF$_2$ 开通，i_o 开始反向，由此得出图4-8(b)所示的电流波形。

VF$_1$ 或 VF$_2$ 导通时，i_o 和 u_o 同方向，直流侧向负载提供能量；VD$_1$ 或 VD$_2$ 导通时，i_o 和 u_o 反向，电感中储能向直流侧反馈。VD$_1$、VD$_2$ 称为反馈二极管，起着使负载电流连续的作用，又称为续流二极管。该电路的优点是，电路简单，使用器件少；其缺点是，输出交流电压的幅值 U_m 仅为 $U_d/2$，且直流侧需要两个电容串联，工作时还要控制两个电容电压的均衡。因此，单相半桥电压型逆变电路常用于几千瓦下的小功率逆变电源。

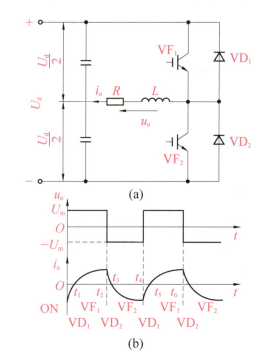

图4-8 单相半桥电压型逆变电路及其波形
(a)电路；(b)波形

2. 单相全桥电压型逆变电路

如图4-9所示，单相全桥电压型逆变电路共4个桥臂，可看成两个半桥电路组合而成。两对桥臂交替导通180°输出电压和电流波形与半桥电路形状相同，但幅值高出1倍。在这种情况下，要改变输出交流电压的有效值只能通过改变直流电压 U_d 来实现。

单相全桥电压型逆变电路采用移相调压方式，即 VF$_3$ 的栅极信号比 VF$_1$ 落后 θ（$0 < \theta < 180°$）。VF$_3$、VF$_4$ 的栅极信号分别比 VF$_2$、VF$_1$ 的信号前移 $180° - \theta$。输出电压是正、负各为 θ 的脉冲。

其工作过程如图4-10所示，t_1 时刻前 VF$_1$ 和 VF$_4$ 导通，$u_o = U_d$。t_1 时刻 VF$_4$ 截止，而因负载电感中的电流 i_o 不能突变，VF$_3$ 不能立刻导通，VD$_3$ 导通续流，$u_o = 0$。t_2 时刻 VF$_1$ 截止，而 VF$_2$ 不能立刻导通，VD$_2$ 导通续流，和 VD$_3$ 构成电流通道，$u_o = -U_d$。到负载电流过零并开始反向时，VD$_2$ 和 VD$_3$ 截止，VF$_2$ 和 VF$_3$ 开始导通，u_o 仍为 $-U_d$。t_3 时刻 VF$_3$ 截止，而 VF$_4$ 不能立刻导通，VD$_4$ 导通续流，u_o 再次为 0。改变 θ 就可调节输出电压。

3. 单相带中心抽头变压器的逆变电路

如图4-11所示，单相带中心抽头变压器的逆变电路采用交替驱动两个IGBT，经变压器耦合给负载加上矩形波交流电压。两个二极管的作用也是提供无功能量的反馈通道。U_d 和负载参数相同，当变压器匝数比为 1∶1∶1 时，u_o 和 i_o 波形及幅值与单相全桥逆变电路完全相同。

与单相全桥电压型逆变电路相比较，少用一半开关器件。器件承受的电压为 $2U_d$，比单相全桥变压型逆变电路高一倍，但必须有一个变压器。

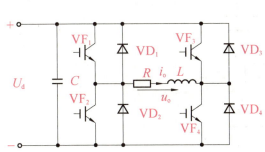

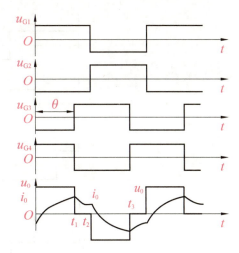

图 4-9　单相全桥电压型逆变电路　　　　　图 4-10　单相全桥电压型逆变电路的移相调压方式波形

4. 三相电压型逆变电路

如图 4-12 所示，3 个单相电压型逆变电路可组合成一个三相电压型逆变电路。三相电压型桥式逆变电路的基本工作方式是 180° 导电方式。同一相（同一半桥）上、下两臂交替导电，各相开始导电的角度差为 120°，任一瞬间有 3 个桥臂同时导通。每次换流都是在同一相上、下两臂之间进行，也称为纵向换流。

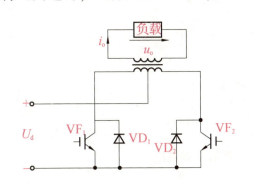

图 4-11　单相带中心抽头变压器的逆变电路

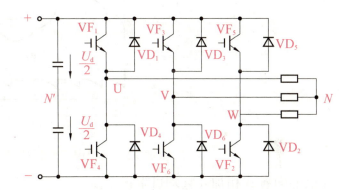

图 4-12　三相电压型桥式逆变电路

其工作波形如图 4-13 所示，对于 U 相输出来说，当桥臂 1 导通时，$u_{\mathrm{UN'}} = U_{\mathrm{d}}/2$，当桥臂 4 导通时，$u_{\mathrm{UN'}} = -U_{\mathrm{d}}/2$，$u_{\mathrm{UN'}}$ 的波形是幅值为 $U_{\mathrm{d}}/2$ 的矩形波，V、W 两相的情况和 U 相类似。负载线电压 u_{UV}、u_{VW}、u_{WU} 可由下式求出

$$\begin{cases} u_{\mathrm{UV}} = u_{\mathrm{UN'}} - u_{\mathrm{VN'}} \\ u_{\mathrm{VW}} = u_{\mathrm{VN'}} - u_{\mathrm{WN'}} \\ u_{\mathrm{WU}} = u_{\mathrm{WN'}} - u_{\mathrm{UN'}} \end{cases}$$

负载各相的相电压分别为

$$\begin{cases} u_{\mathrm{UN}} = u_{\mathrm{UN'}} - u_{\mathrm{NN'}} \\ u_{\mathrm{VN}} = u_{\mathrm{VN'}} - u_{\mathrm{NN'}} \\ u_{\mathrm{WN}} = u_{\mathrm{WN'}} - u_{\mathrm{NN'}} \end{cases}$$

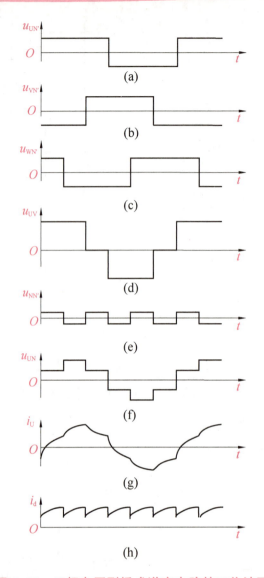

图 4-13　三相电压型桥式逆变电路的工作波形

把上面各式相加并整理可求得

$$u_{NN'} = \frac{1}{3}(u_{UN'} + u_{VN'} + u_{WN'}) - \frac{1}{3}(u_{UN} + u_{VN} + u_{WN})$$

设负载为三相对称负载，则有 $u_{UN} + u_{VN} + u_{WN} = 0$，故可得

$$u_{NN'} = \frac{1}{3}(u_{UN'} + u_{VN'} + u_{WN'})$$

当负载参数已知时，可以由 u_{UN} 的波形求出 U 相电流 i_U 的波形，把桥臂 1、3、5 的电流加起来，就可得到直流侧电流 i_d 的波形，i_d 每隔 60° 脉动一次。

任务知识库三　电流型逆变电路

直流电源为电流源的逆变电路称为电流型逆变电路。电流型逆变电路的主要特点是直流侧串大电感，电流基本无脉动，相当于电流源。交流输出电流为矩形波，与负载阻抗角无关，输出电压波形和相位因负载不同而不同。直流侧电感起缓冲无功能量的作用，不必给开关器件反并联二极管。电流型逆变电路中，采用半控型器件的电路仍应用较多，换流方式有负载换流、强迫换流。

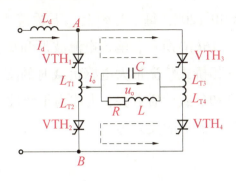

图 4-14　单相桥式电流型（并联谐振式）逆变电路

1. 单相电流型逆变电路

如图 4-14 所示，单相桥式电流型逆变电路由 4 个桥臂构成，每个桥臂的晶闸管各串联一个电抗器，用来限制晶闸管开通时的 d_i/d_t。采用负载换相方式工作的，要求负载电流略超前于负载电压，即负载略呈容性。由电容 C 和 L、R 构成并联谐振电路。输出电流波形接近矩形波，含基波和各奇次谐波，且谐波幅值远小于基波。

如图 4-15 所示，在交流电流的一个周期内，有两个稳定导通阶段和两个换流阶段。在 $t_1 \sim t_2$ 时，VTH_1 和 VTH_4 稳定导通阶段，$i_o = I_d$；在 t_2 时刻前在 C 上建立了左正右负的电压，触发 VTH_2 和 VTH_3 导通，开始进入换流阶段。由于换流电抗器 L_T 的作用，VTH_1 和 VTH_4 不能立刻关断，其电流有一个减小过程，VTH_2 和 VTH_3 的电流也有一个增大过程。4 个晶闸管全部导通，负载电容电压经两个并联的放电回路同时放电。一个回路是经 L_{T1}、VTH_1、VTH_3、L_{T3} 回到电容 C，另一个回路是经 L_{T2}、VTH_2、VTH_4、L_{T4} 回到电容 C。当 $t = t_4$ 时，VTH_1、VTH_4 电流减至 0 而关断，直流侧电流 I_d 全部从 VTH_1、VTH_4 转移到 VTH_2、VTH_3，换流阶段结束。晶闸管需一段时间才能恢复正向阻断能力，t_4 时刻换流结束后还要使 VTH_1、VTH_4 承受一段反压时间 t_β，$t_\beta = t_5 - t_4$，应大于晶闸管的关断时间 t_q。

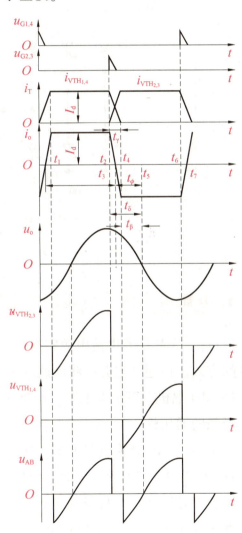

图 4-15　并联谐振式逆变电路工作波形

在实际工作过程中，感应线圈参数随时间变化，必须使工作频率适应负载的变化而自动调整，这种控制方式称为自励方式。固定工作频率的控制方式称为他励方式。自励方式由于存在启动问题，其可以用他励方式启动，系统开始工作后再转入自励方式，附加预充电起动电路。

2. 三相电流型逆变电路

三相电流型逆变电路如图 4-16（a）所示，基本工作方式是 120° 导电方式，每个臂一周期内导电120°，每个时刻上、下桥臂组各有一个臂导通。其换流方式为横向换流。其波形如图 4-16(b) 所示，输出电流波形和负载性质无关，为正、负脉冲各120°的矩形波。输出电流与三相桥式整流带大电感负载时的交流电流波形相同，谐波分析表达式也相同。输出线电压波形和负载性质有关，大体为正弦波，但叠加了一些脉冲。输出交流电流的基波有效值 I_{U1} 和直流电流 I_d 的关系为

$$I_{U1} = \frac{\sqrt{6}}{\pi}I_d = 0.78I_d$$

换流时，为给负载电感中的电流提供流通路径、吸收负载电感中存储的能量，必须在负载端并联三相电容 C_U、C_V、C_W，否则将产生巨大的换流过流电压从而损坏开关器件。

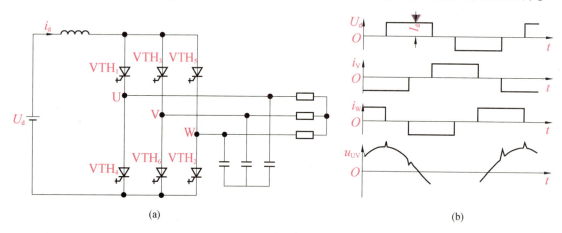

图 4-16　三相电流型逆变电路及其波形
(a) 电路；(b) 波形

任务知识库四　车载逆变电路

通过把12 V的蓄电池电源转换为工频使用电源，用于车载内部电器的方式，是一种简单、廉价的方式。该逆变电源可将电瓶的12 V直流电转换为220 V/50 Hz的交流电，供数码相机、CD 机、MD 唱机、笔记本电脑、小型录像机、电动剃须刀、手机等便携式产品使用，因此具有相当强的通用性。

汽车 DC—AC 转换电路如图 4-17 所示，该变换电路为全桥桥式电路。其中，TL494 芯片的 8 脚和 11 脚为内置的两只晶体管的集电极，且两只内置晶体管是交替导通的，变替导通的频率为 50 Hz。图中 TL494 芯片的 11 脚和 8 脚分别接入了上、下两部分完全对称的桥式电路，因为两只晶体管交替工作，工作频率为 50 Hz，所以选用桥式电路，目的在于得到 50 Hz 交流电。上、下两部分电路工作过程完全相同。现选其中一部分作为说明，TL494 芯片内置晶体管 VT_{00} 和 VT_{01}。当 VT_{00} 导通，即 VT_{01} 截止时：VT_1 的基极没有正偏压，从而使 VT_1 截止，然后 VF_1 的栅极有 12 V 正偏电压，使 VF_1 导通。而 VT_2 因为栅极无正偏压截止，输出 220 V 电压。当 VT_{00} 截止，即 VT_{01} 导通时：VT_1 基极有 12 V 正偏压，集电极有 12V 反向电压，从而导通。VF_1 的栅极无正偏电压，从而使 VF_1 截

TL494 引脚功能描述

止。而 VF_2 因为栅极有 12 V 正偏压导通。因为 VF_1 截止，220 V 电压无法送至输出。但此时下半部分的电路有 220 V 电压输出。因为此时 TL494 芯片 II 的另一个内置晶体管 VT_{01} 导通，它的集电极即第 11 脚使逆变电路 I 有 220 V 电压输出，原理同上。上、下两部分以频率 50 Hz 而交替导通，从而使电路有 220 V/50 Hz 的交流电输出。由于 TL494 芯片为脉冲调制器，其产生的波形为脉冲波而不是正弦波，故 VT_1、VT_2、VF_1、VF_2、VF_3、VF_4 应选择低频小功率型的。这里 VT_1 和 VT_2 为晶体管，可选择 KSP14 型，VF_1、VF_2、VF_3 和 VF_4 为场效应管，可选择 IRF740 型。限流电阻可选择 10 kΩ、1 kΩ、4.7 kΩ、3.3 kΩ 的经典取值。C_1、C_2 和 C_3 均为平滑输出的吸收电容。C_1 和 C_2 可取 10 μF，C_3 可取 0.01 μF。

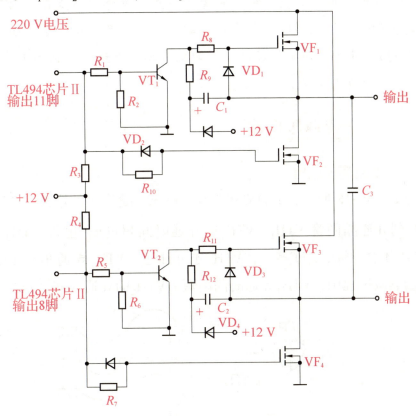

图 4-17　汽车 DC—AC 转换电路

任务3　AC—AC 变流电路

学习目标

◆理解 AC—AC 变流电路的分类及其基本概念。

◆掌握交流调功电路的结构。

◆掌握交交变频电路的工作原理和应用。

◆掌握 AC—AC 变流电路在汽车上的应用。

◆通过 AC—AC 电路的连接与分析，培养知识延伸学习能力。

任务描述

在日常的电能使用过程中，常常需要把一种形式的交流电变成所需要的另一形式的交流电。把两个晶闸管反并联后串联在交流电路中，通过对晶闸管的控制就可以控制交流输出。在每半个周波内通过对晶闸管开通相位的控制，调节输出电压有效值的电路，就形成了交流调压电路。如果以交流电周期为单位控制晶闸管的通断，改变通态周期数和断态周期数的比，调节输出功率平均值的电路，就形成了交流调功电路。其应用非常广泛，如灯光控制(如调光台灯和舞台灯光控制)、异步电动机软起动、新能源汽车的调速等。通过对交流调压电路的实训和分析，提高知识的延伸学习能力。

任务知识库一　交流调压电路

1. 电阻负载单相交流调压电路

电路及其波形如图 4-18 所示，α 的移相为 $0 \leqslant \alpha \leqslant \pi$，随着 α 的增大，u_o 逐渐降低，λ 逐渐降低。在 $\omega t = \alpha$ 时刻开通晶闸管 VTH_1，VTH_1 的导通时间超过 π，触发 VTH_2 时，i_o 尚未过零，VTH_1 仍导通，VTH_2 不会导通，i_o 过零后，VTH_2 才可开通，VTH_2 导通角小于 π。i_o 有指数衰减分量，在指数分量衰减过程中，VTH_1 导通时间渐短，VTH_2 的导通时间渐长。

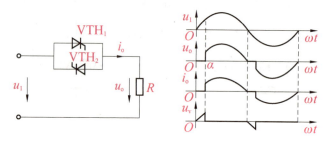

图 4-18　电阻负载单相交流调压电路及其波形

2. 斩控式单相交流调压电路

电路及其波形如图 4-19 所示，用 VF_1、VF_2 进行斩波控制，VF_3、VF_4 给负载电流提供续流通道。设斩波器件(VF_1，VF_2)导通时间为 t_{on}，开关周期为 T，则导通比 $\alpha = t_{on}/T$，通过改变 α 来调节输出电压。电源电流的基波分量是和电源电压同相位的，即位移因数为 1，电源电流中不含低次谐波，只含和开关周期 T 有关的高次谐波，这些高次谐波用很小的滤波器即可滤除，这时电路的功率因数接近 1。

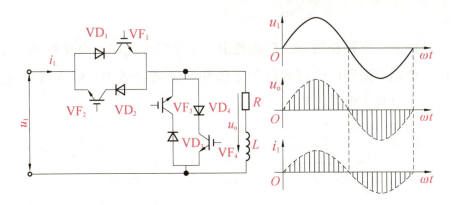

图 4-19　斩控式单相交流调压电路及其波形

3. 三相交流调压电路

根据三相连接形式的不同，三相交流调压电路具有多种形式。

如图 4-20(a)所示，星形连接电路分为三相三线和三相四线两种情况。三相四线相当于 3 个单相交流调压电路的组合，三相互相错开 120°工作。基波和 3 倍次以外的谐波在三相之间流动，不流过零线，3 的整数倍次谐波是同相位的，不能在各相之间流动，全部流过零线。当 $\alpha=90°$ 时，零线电流和相电流有效值接近。三相三线带电阻负载时的工作原理是任一相导通需和另一相构成回路，因此电流通路中至少有两个晶闸管应采用双脉冲或宽脉冲触发。触发脉冲顺序和三相桥式全控整流电路一样，为 $VTH_1 \sim VTH_6$，依次相差 60°。把相电压过零点定为开通角 α 的起点，在三相三线电路中，两相间导通时是靠线电压导通的，而线电压超前相电压 30°，因此 α 角的移相是 0°~150°。如图 4-21 所示，根据任一时刻导通晶闸管个数以及半个周波内电流是否连续可将 0°~150°的移相分为如下三段。

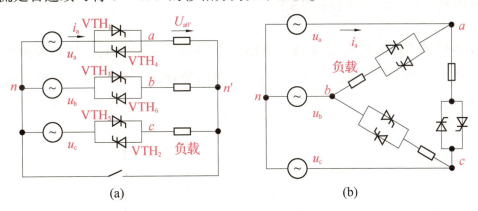

(a)　　　　　　　　　　　(b)

图 4-20　三相交流调压电路

(a)星形连接；(b)支路控制三角形连接

① $0°\leqslant\alpha<60°$，电路处于 3 个晶闸管导通与两个晶闸管导通的交替状态，每个晶闸管导通角度为 180°-α，但 $\alpha=0°$ 时是一种特殊情况，一直是 3 个晶闸管导通。

② $60°\leqslant\alpha<90°$，任一时刻都是两个晶闸管导通，每个晶闸管的导通角度为 120°。

③ $90°\leqslant\alpha<150°$，电路处于两个晶闸管导通与无晶闸管导通的交替状态，每个晶闸管导通角度为 300°-2α，而且这个导通角度被分割为不连续的两部分，在半周波内形成两个断续的波

头，各占 150°-α。

　　如图 4-20(b) 所示，支路控制三角形连接由 3 个单相交流调压电路组成，分别在不同的线电压作用下工作。单相交流调压电路的分析方法和结论完全适用，输入线电流（即电源电流）为与该线相连的两个负载相电流之和。

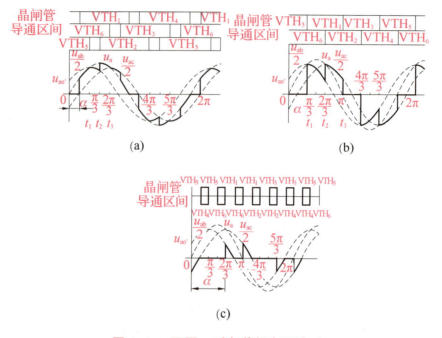

(a)　　　　　　　　　　(b)

(c)

图 4-21　不同 α 时负载相电压波形
(a) $\alpha = 30°$；(b) $\alpha = 60°$；(c) $\alpha = 120°$

任务知识库二　交流调功电路

　　交流调功电路的工作原理和交流调压电路的电路形式完全相同，只是控制方式不同。通过改变接通周波数与断开周波数的比值来调节负载所消耗的平均功率。其典型波形和电流频谱如图 4-22 所示。

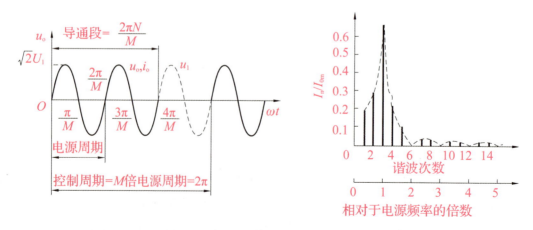

图 4-22　交流调功电路典型波形及电流频谱图

　　交流调功电路在交流电源接通期间，负载电压、电流都是正弦波，不对电网电压、电流造成通常意义的谐波污染。如果以电源周期为基准，电流中不含整数倍频率的谐波，但含有非整数倍频率的谐波，而且在电源频率附近，非整数倍频率谐波的含量较大。

任务知识库三　交交变频电路

1. 单相交交变频电路

交交变频电路是把电网频率的交流电直接变换成可调频率的交流电的变流电路，因为没有中间直流环节，因此属于直接变频电路。

如图 4-23 所示，电路由 P 组和 N 组反并联的晶闸管相控整流电路构成。

当 P 组工作时，负载电流 i_o 为正，N 组工作时，i_o 为负。改变两组变流器的切换频率，就可以改变输出频率 ω_o。改变变流电路的控制角 α，就可以改变交流输出电压的幅值。为使 u_o 波形接近正弦波，可按正弦规律对 α 进行调制。在半个周期内让 P 组 α 按正弦规律从 90° 减到 0° 或某个值，再增加到 90°，每个控制间隔内的平均输出电压就按正弦规律从 0 增至最高，再减到 0；另外，半个周期内可对 N 组进行同样的控制。u_o 由若干段电源电压拼接而成，在 u_o 的一个周期内，包含的电源电压段数越多，其波形就越接近正弦波。

2. 三相交交变频电路

交交变频电路主要应用于大功率交流电动机调速系统，系统使用三相交交变频电路，三相交交变频电路是由 3 组输出电压相位相互错开 120° 的单相交交变频电路组成的。

如图 4-24 所示，公共交流母线进线方式，由 3 组彼此独立、输出电压相位相互错开 120° 的单相交交变频电路构成。电源进线通过进线电抗器接在公共的交流母线上。因为电源进线端公用，所以 3 组的输出端必须隔离，主要用于中等容量的交流调速系统。

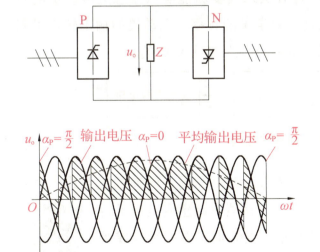

图 4-23　单相交交变频电路原理图和输出电压波形

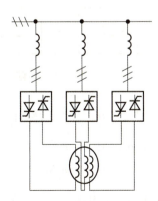

图 4-24　公共交流母线进线三相交交变频电路（简图）

如图 4-25 所示，输出星形连接方式，3 组输出端是星形连接，电动机的 3 个绕组也是星形连接，因为 3 组输出连接在一起，其电源进线必须隔离，因此用 3 个变压器供电。构成三相变频电路的 6 组桥式电路中，至少要有不同输出相的两组桥中的 4 个晶闸管同时导通才能构成回路，形成电流。

电路输出上限频率和输出电压谐波与单相交交变频电路是一致的。总的输入电流由 3 个单相电路的同一相输入电流合成而得到。有些谐波相互抵消，谐波种类有所减少，总的谐波幅值也有所降低。

交交变频电路是一种直接变频电路。和交直交变频电路比较，优点是只用一次变流，效率较高，可方便地实现

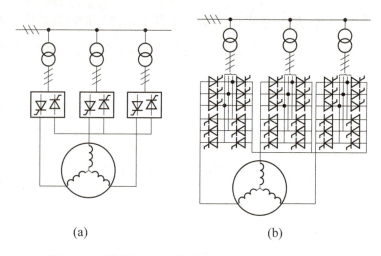

图 4-25   输出星形连接方式三相交交变频电路
（a）简图；（b）详图

四象限工作，低频输出波形接近正弦波；缺点是接线复杂，如采用三相桥式电路的三相交交变频器至少要用 36 只晶闸管，受电网频率和变流电路脉波数的限制，输出频率较低，输入功率因数较低，输入电流谐波含量大，频谱复杂。

交交变频电路主要用于 500 kW 或 1 000 kW 以上的大功率、低转速的交流调速电路中，目前，已在轧机主传动装置、鼓风机、矿石破碎机、球磨机、卷扬机等场合获得了较多的应用。其既可用于异步电动机传动，也可用于同步电动机传动。

任务知识库四   电动汽车的交流电动机转速控制

电动汽车的交流驱动电动机的转速可以通过两种方法来改变新能源汽车感应电动机的转速，如图 4-26 所示，一是改变定子的端电压，二是改变定子的频率。电动机的输出转矩可随定子的端电压变化而变化，但电压的变化不会改变电动机最大转矩所对应的转速差。

图 4-26   交流感应电动机速度控制

通过改变其工作频率来控制电动机转速，其原理是基于频率和同步转速的关系式。由其关系式 $\omega e = 4\pi f/p$ 可知，ωe 随 f 的变化而变化。电力电气变换器驱动感应电动机转动，该转换装置根据电动机转矩和转速的要求，将外界提供的恒定电压转换成幅值、频率不同的可变电压。电动汽车用第一代感应电动机驱动控制器通过参照转速差—转矩表来控制转速差（恒压频比控制），从而进行电动机控制。由于恒压频比控制理论是基于电动机的稳态等效电路得来的，所以车辆采用此控制方法效果欠佳。采用矢量控制法，电动机的动态性能效果提高明显。

汽车电路图
常用符号

汽车数显仪表电路

 知识树

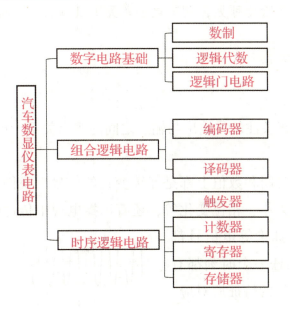

 任务1 **数字电路基础**

学习目标

◆ 了解数字电子技术基本概念、电路特点。

◆ 了解数制、码制的概念，掌握数制间的转换方法。

◆ 掌握基本逻辑关系，掌握逻辑代数和运算法则以及化简方法。

◆ 了解 TTL 和 CMOS 门电路的结构和接口电路。

任务描述

我们一般把电子电路分成两大类：一类是模拟电路；另一类是数字电路。它们是以所处理的电信号的不同来区分的。模拟电路处理模拟信号，数字电路处理数字信号。数字信号与模拟信号之所以不同，在于数字信号反映的是电路的状态，它与电平高低的变化有关，而与电平的具体大小值关系不大，传递的信号经常是"有"或"无""开"或"关"等，这种关系被称为二值逻辑，通常用1、0两个基本的数字符号表示这两种工作状态。按照一定的规律编制成不同的代码，用以代表不同的含义来进行信息的传送和过程的控制。由于数字电路处理的是状态变换，所以，它对元件精度要求不高，易于集成，成本低廉，使用方便。例如，人们常关心的只是有无电压脉冲、间隔电压出现的次数（脉冲数量）、高电压或低电压维持的时间（脉冲宽度）等。所以，组成的数字系统工作可靠，精度高，抗干扰能力强，在各个领域应用很广。在汽车电路中数字集成电路随处可见，汽车电控单元ECU就是一个典型的数字系统。

任务知识库一　数制

1. 模拟电路和数字电路

在数字电路中，我们将关注的是输出与输入之间的逻辑关系，也就是因果关系。

（1）模拟电路

模拟信号是指那些在时间和数值上都是连续变化的信号。我们前面研究的正弦交流电就是输出与输入之间信号的大小、相位变化等，还有广播电视中传送的各种语音信号和图像信号，汽车的温度、压力、速度等电信号都是模拟信号，其特点是在任一个时刻都有一个确定的值与相应物理量的特征所对应。一般来说，这种信号都是连续变化的，不会产生突变，如图5-1（a）所示。这些模拟信号所处理的电路称为模拟电路。

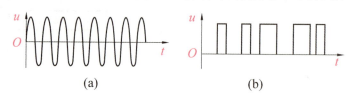

图5-1　模拟信号和数字信号

（a）模拟信号；（b）数字信号（控制信号）

（2）数字电路

数字信号是指那些在时间和数值上均是离散的、不连续的信号，如单个的开关信号、多路并行的开关信号以及频率信号统称为数字量或数字信号。在现代汽车上的曲轴位置传感器信号、发动机转速信号和用于故障自诊的故障代码等，都是典型的数字信号，如图5-1（b）所示。其特点是在一些特定的时间点上出现，而且信号的大小只能按一定的增量或阶梯来变化和取值。数字信号只有两种状态：高电平、低电平；或者有无信号，用0和1表示。这些数字信号所处理的电路称为数字电路。

1）脉冲电路

在短暂的时间间隔内作用于电路上的各种电压或电流信号称为脉冲信号，或者更广义地说，一切非正弦波信号都可能统称为脉冲信号。这些波形虽然形状各不相同，但它们都具有脉动或突变的特点。所以，脉冲电路是产生、变换和控制这些脉冲信号的电路，通常由开关电路和惰性电路组成。

脉冲电路属于数字电路部分。矩形波是最常用的一种脉冲信号，由于它只输出高、低电平，人们常把它称为控制信号，汽车中常用的就是这种控制信号。

2) 开关电路

开关信号也称为开关量，就是 0 或 1 两种电平状态的信号。各种机械式开关、接近开关、限位开关、按钮(按键)、继电器以及非接触式器件(如光电开关、电磁开关、霍尔器件等)都是汽车控制系统常用的开关信号输入设备。这些按键或按钮都是接在开关电路中，通过电路的通和断形成 0 和 1 两种状态信号，所以称为开关电路，属于数字电路部分。

3) 频率信号

频率信号就是周期性频繁变化的开关信号，也属于数字信号部分，用于测量信号的频率、周期或计数等场合。例如，汽车中常用的光电式或霍尔效应式转速传感器产生的信号就是频率信号。

2. 3 种信号控制方式

3 种信号的控制方式如表 5-1 所示。

表 5-1　3 种信号的控制方式

模拟信号控制	二进制控制	数字信号控制
在仪表照明亮度控制中。灯泡亮度随着电阻的滑移而变化，灯泡电流随电阻位置变化而无级改变	开关有两个工作状态 开：有电压(用 1 表示) 关：无电压(用 0 表示) 人们用开关控制灯光亮和灭，并把数字 1 和 0 分配给这两种工作状态，这种双值性称为二进制，信号也用二进制表输出	在数字控制中，以规定步长来发出信号，不产生中间值。只有车速上升或下降达 1 km/h 时，组合仪表中车速数字显示器才改变其显示值。显示器按计算步长显示车速(1 计数步长 = 1 个数字)
		 1—转速表；2—车速表；3—蓄电池电压表；4—机油压力表；5—操作开关；6—变速杆位置显示；7—里程计效表；8—燃油表；9—湿度显示；10—操作显示

续表

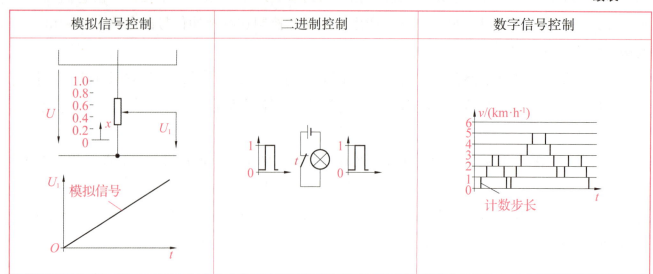

模拟信号控制	二进制控制	数字信号控制

这 3 种关系是可以相互转换的，也就是 A/D 转换或 D/A 转换。

例如，计算机通过把高于某给定值的电压转换成 1，而把低于某给定值的电压转换成 0，从而把数字电压转换成二进制码。当开关打开并且 5 V 电压被监测到时，该电压值被译成了 1（高电压）；当开关闭合时，较低的电压被监测到，此时电压值被译成了 0。1 和 0 代表汽车数字信号的一位信息。所以，汽车数字信号是用若干位二进制码来表示一种不同含义的汽车信息的。

数制与码制

任务知识库二　逻辑代数

1. 逻辑代数概述

逻辑代数是由英国数学家乔治·布尔（George Boole，1815—1864）于 19 世纪提出的。布尔在其原著《逻辑数学分析》及《思维规律》中首先阐述了逻辑代数的概念与基本性质。因而，逻辑代数也称布尔代数，是分析和设计数字系统的经典数学工具。

逻辑是指事物的因果关系，或者说是条件与结果的关系，这些因果关系可用逻辑代数来描述。逻辑代数具有 3 种基本运算：与运算（逻辑乘）、或运算（逻辑加）和非运算（逻辑非）。利用逻辑代数，可以把实际问题抽象为逻辑函数来描述，并且可以运用逻辑运算方法，解决逻辑电路的分析和设计问题。虽然它和普通代数有相同的表示方法，用字母表示变量，但其变量的取值只有 0 和 1 两种，读成零和幺。它们不代表数量的大小，只表示两种相互对立的逻辑状态，我们称为逻辑 0 和逻辑 1。这是它与普通代数的区别。

在逻辑代数中，输出变量和输入变量的关系，称为逻辑函数，可表示为 $F=f(A, B, C)$，其关系如图 5-2 所示。

图 5-2　$F=f(A, B, C)$

逻辑函数定量地反映了逻辑变量及其推理的因果关系。在应用中，逻辑函数的表示方法有 5 种：一是逻辑表达式；二是真值表；三是逻辑图；四是卡诺图；五是波形图。重点掌握前 3 种方法。

　　（1）逻辑表达式

　　逻辑表达式是由逻辑变量和逻辑运算（如与、或、非等）构成的代数表达式。逻辑表达式通过逻辑变量、常量、逻辑运算来描述逻辑函数的因果关系。如果输出变量 F 的因果关系是输入变量 A、B、C 的与关系，则有逻辑表达式 $F=ABC$。

　　（2）真值表

　　真值表是穷举逻辑变量的所有取值的组合与其逻辑函数值一一对应的表，反映了输入逻辑变量的各种组合与函数值的对应关系。如果输入变量有 n 个，则有 2^n 种输入组合。

　　（3）逻辑图

　　逻辑图是逻辑门图形符号所构成的电路图。它直观地反映了电路输出与输入逻辑状态的关系。

2. 逻辑代数基本运算

　　在逻辑电路中，基本的逻辑关系有 3 种：与逻辑、或逻辑和非逻辑。那么，在逻辑代数中，也就有相应的 3 种基本运算：与运算、或运算和非运算。

　　（1）与逻辑（与运算）

　　当决定事件（F）发生的全部条件（A，B，C，…）同时满足时，事件（F）才能发生。这种因果关系称为与逻辑，逻辑表达式为 $F=ABC\cdots$ 或 $F=A\cdot B\cdot C\cdot\cdots$。

　　式中小圆点"·"表示 A、B、C 等的与运算，也表示逻辑乘。在不致引起混淆的前提下，乘号"·"被省略。其真值表如表 5-2 所示。

　　与逻辑的运算规则：$0\cdot 0=0$，$0\cdot 1=0$，$1\cdot 0=0$，$1\cdot 1=1$。

　　与逻辑关系可用"全 1 出 1，见 0 出 0"的口诀来记忆。

　　（2）或逻辑（或运算）

　　决定事件（F）发生的各种条件（A，B，C，…）中，只要有一个或多个条件具备，事件（F）就发生。逻辑表达式为 $F=A+B+C+\cdots$。

　　式中"+"表示 A、B、C 等的或运算，也表示逻辑加。其真值表如表 5-3 所示。

　　或逻辑的运算规则：$0+0=0$，$0+1=1$，$1+0=1$，$1+1=1$。

　　或逻辑关系可用"全 0 出 0，见 1 出 1"的口诀来记忆。

表 5-2 　与逻辑真值表

A	B	C	F
0	0	0	0
0	0	1	0
0	1	0	0
0	1	1	0
1	0	0	0
1	0	1	0
1	1	0	0
1	1	1	1

表 5-3 　或逻辑真值表

A	B	C	F
0	0	0	0
0	0	1	1
0	1	0	1
0	1	1	1
1	0	0	1
1	0	1	1
1	1	0	1
1	1	1	1

（3）非逻辑（非运算，反相器）

非逻辑指逻辑的否定。当决定事件（F）发生的条件（A）满足时，事件不发生；条件不满足时，事件反而发生。逻辑表达式为 $F=\bar{A}$。

式中字母 A 上方的短横线"－"表示非运算，也称逻辑求反。

由于非门的输出信号与输入信号相位相反，故非门又称为反相器。非门是只有一个输入端的逻辑门！

非逻辑的运算规则：$\bar{0}=1$，$\bar{1}=0$。

下面列出几种常用的复合逻辑表达式。

（4）复合逻辑

①与非逻辑是"与"和"非"的复合逻辑，它的逻辑表达式为 $F=\overline{ABC}$。

②或非逻辑是"或"和"非"的复合逻辑，其逻辑表达式为 $F=\overline{A+B+C}$。

③与或非逻辑是"与""或""非"逻辑的复合逻辑，其逻辑表达式为 $Y=\overline{AB+CD+EF}$。实现与或非逻辑功能的图形符号如图 5-3（a）所示，其逻辑图如图 5-3（b）所示。

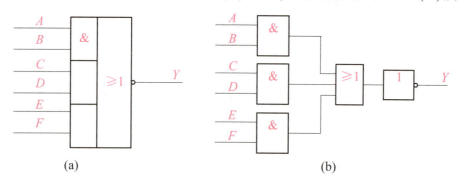

图 5-3 　实现与或非逻辑功能的图形符号及逻辑图

（a）图形符号；（b）逻辑图

④异或逻辑是对两个逻辑变量进行比较相同或不同时的逻辑描述。当两个逻辑变量相同时，逻辑值为 0；当两个逻辑变量不同时，逻辑值为 1。其逻辑表达式为 $F=\bar{A}B+A\bar{B}=A+B$。

实现异或逻辑功能的图形符号如图 5-4 所示。

3. 逻辑代数的公式和定律

逻辑代数有一系列的定律和规则，用它们对逻辑表达式进行处理，可以完成对数字电路的化简、变换、分析和设计。

图 5-4　实现异或逻辑功能的图形符号

（1）基本公式

①$0 \cdot A = 0$

②$1 + A = 1$

③$A \cdot A = A$

④$A + A = A$

⑤$0 + A = A$

⑥$1 \cdot A = A$

⑦$A \cdot \overline{A} = 0$

⑧$A + \overline{A} = 1$

⑨$\overline{\overline{A}} = A$

（2）基本定律

①交换律：$AB = BA$　　　　　　　　　$A + B = B + A$

②结合律：$ABC = (AB)C = A(BC)$　　$A + B + C = A + (B + C) = (A + B) + C$

③分配律：$A(B + C) = AB + AC$　　　$A + BC = (A + B)(A + C)$

④反演律（摩根定理）：在化简较复杂的逻辑关系时，这个定律经常用到。即

$$\overline{A \cdot B} = \overline{A} + \overline{B} \qquad \overline{A + B} = \overline{A} \cdot \overline{B}$$

⑤吸收律：$A(A + B) = A$　　　　　　$A + AB = A$

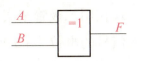

逻辑代数实例

任务知识库三　逻辑门电路

前面讨论了与、或、非、与非、或非等各种基本逻辑运算。现在将讨论完成上述基本逻辑运算的各种类型的具体电路。

门电路是一种具有一定的逻辑关系的开关电路。当它的输入信号满足某种条件时，才有信号输出，否则就没有信号输出。如果把输入信号看作条件，把输出信号看作结果，那么当条件具备时，结果就会发生。也就是说，在门电路的输入信号与输出信号之间存在着一定的因果关系，即逻辑关系。实现与、或、非 3 种逻辑关系的电路分别称为与门、或门和非门电路。本任务将要介绍由二极管构成的与门、或门电路及由晶体管构成的反相器（非门电路），作为学习逻辑门电路的基础。与基本逻辑关系相对应，由这 3 种基本门电路还可以组成其他多种复合门电路，即与非门、或非门、与或非门、同或门、异或门等电路。

下面，我们将从每一个门电路的定义、工作原理、实现的电子电路及图形符号、工作过程、逻辑表达式、电路逻辑功能及波形 7 个方面来阐述。

1. 与门电路

实现与逻辑关系的电路称为与门电路。与门至少两个输入和一个输出，它与一个负载串联的两三个开关相似。让灯开启的唯一方法是开关 A、B、C 同时闭合。

现在用二极管来实现与门电路，如图 5-5 所示。图中 A、B、C 为输入端，L 为输出端。输入信号的电位为 +5 V 或 0 V，输出信号的电位一般为 V_{CC} 值或二极管导通压降。图 5-5(a) 表示与逻辑开关电路，图 5-5(b) 表示由二极管组成的与门电路，图 5-5(c) 表示与门图形符号，图 5-5(d) 表示与门真值表。

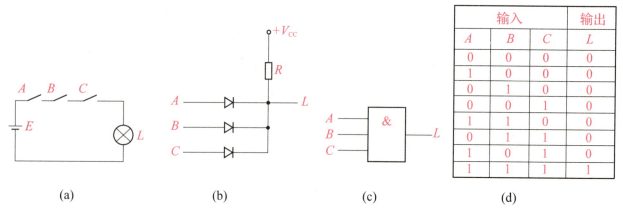

图 5-5　与门电路

(a) 与逻辑开关电路；(b) 与门电路；(c) 与门图形符号；(d) 与门真值表

下面对图 5-5 所示的与门电路进行工作原理分析。

①若输入端中有任意一个为低电平，则必有一个二极管导通，此时 L 点电位 V_L 被钳制在 0（二极管 VD 为理想管，电压为 0），所以 $V_L = 0$。

②只有输入端 A、B、C 都处于高电位 5 V，即 $V_A = V_B = V_C = 5$ V，这时，二极管均正偏导通，输出端 L 点电位 V_L 与 $+V_{CC}$ 相等，即 $V_L = +5$ V。

分析结果：只有所有输入都是高电位时，输出才是高电位，否则输出为低电位，所以它是一种与逻辑，其逻辑表达式为 $L = ABC$。

用 1、0 分别表示高、低电位，则上述逻辑关系可列成真值表，如图 5-5(d) 所示。与门的输入、输出信号波形如图 5-6 所示。

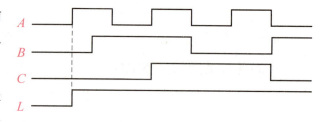

图 5-6　与门的输入、输出信号波形

2. 或门电路

实现或逻辑关系的电路称为或门电路。

与一个负载并联的两个开关相似。开关 A 或开关 B 只要有一个是闭合的，则灯就会被点亮。下面用二极管来实现或门电路，如图 5-7 所示（将图 5-5 所示的与门电路中的二极管位置改变即实现或门电路）。

对图 5-7 所示的电路进行工作原理分析。

①若输入端 A、B、C 中有一个为高电平，则必有一个二极管优先导通，此时 L 点电位被钳制在 5 V，所以输出高电平，$V_L = 5$ V。

②只有当输入端同时为低电平时，二极管均截止，输出 L 点处于低电位，即 $V_L = 0$。

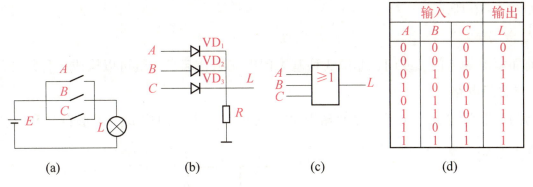

图 5-7　或门电路

(a)或逻辑开关电路；(b)或门电路；(c)或门图形符号；(d)或门真值表

分析结果：只有输入都是低电位时，输出才是低电位，否则输出就是高电位，所以它是一种或逻辑。其逻辑表达式为 $L=A+B+C$。

用 1、0 分别表示高、低电位，则上述逻辑关系可列成真值表，如图 5-7(d)所示。或门电路波形如图 5-8 所示。

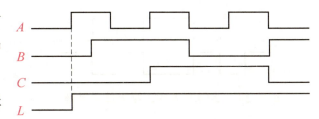

图 5-8　或门的输入、输出信号波形图

3. 非门电路

实现非逻辑关系的电路称为非门电路，也称反相器。

一个负载和一个开关并联就能实现非逻辑。非门电路简单地把二进制 1 反转为 0，并且反过来也一样，即高电平输入导致低电平输出，低电平输入导致高电平输出。

图 5-9(a)表示由负载与开关构成的非逻辑开关电路；图 5-9(b)表示由 NPN 型晶体管构成的共射极开关电路，也称反相器，又称非门电路(利用晶体管的开关特性来实现反相)；图 5-9(c)表示非门图形符号。

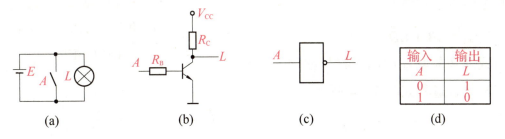

图 5-9　非门电路

(a)非逻辑开关电路；(b)非门电路；(c)非门图形符号；(d)非门真值表

对图 5-9 所示的非门电路进行工作原理分析。

①该电路输入低电平时，$V_A=0$，晶体管将截止，输出高电平，$V_L=V_{CC}=5\text{ V}$。

②当电路输入高电平时，$V_A=5\text{ V}$，晶体管将饱和，输出低电平，$V_L=0$。

分析结果：反相器的输出与输入量之间的逻辑关系是非逻辑，其逻辑表达式为 $L=\bar{A}$。

用 1、0 分别表示高、低电位，则上述逻辑关系可列成真值表，如图 5-9(d)所示。非门电路波形如图 5-10 所示。

4. 复合门电路

将前面学习的与门、或门、非门 3 种基本门电路组合起来，就可以构成多种复合门电路。

（1）与非门电路

由与门和非门构成与非门，会使输出信号反转。与非门的构成、图形符号和真值表如图 5-11 所示。

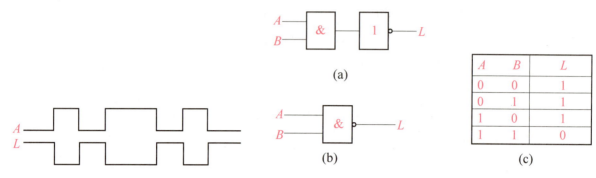

（a）

A	B	L
0	0	1
0	1	1
1	0	1
1	1	0

（b）　　　　　　　（c）

图 5-10　非门的输入、输出信号波形　　　图 5-11　与非门电路

（a）构成；（b）图形符号；（c）真值表

逻辑表达式为 $L=\overline{AB}$。

（2）或非门电路

由或门和非门构成或非门。或非门的构成、图形符号及真值表如图 5-12 所示。

逻辑表达式为 $L=\overline{A+B}$。

（3）与或非门电路

与或非门电路是"与""或"和"非"逻辑的复合逻辑，其逻辑表达式为

$$L = \overline{AB + CD + EF}$$

实现与或非逻辑功能的图形符号如图 5-13 所示，其逻辑复合过程如图 5-14 所示。

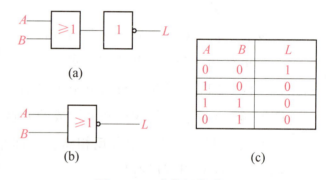

（a）

A	B	L
0	0	1
1	0	0
1	1	0
0	1	0

（b）　　　　　　　（c）

图 5-12　或非门电路

（a）构成；（b）图形符号；
（c）真值表

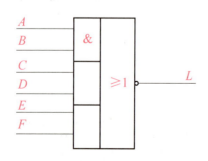

图 5-13　与或非门图形符号

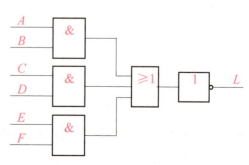

图 5-14　与或非逻辑复合过程

（4）异或门电路

异或逻辑是对两个逻辑变量进行比较相同或不同时的逻辑描述。当两个逻辑变量相同时，逻辑值为 0；当两个逻辑变量不同时，逻辑值为 1。其逻辑表达式为

$$L = A\bar{B} + \bar{A}B = A + B$$

实现异或逻辑功能的电路称为异或门电路，其图形符号和真值表如图 5-15 所示。

A	B	L
0	0	0
0	1	1
1	0	1
1	1	0

(a) 　　　　　　(b)

图 5-15　异或门电路

（a）图形符号；（b）真值表

5. 集成门电路

前面介绍的都是一些常见门电路，如果用分立元件构成，不但电路的元件很多，连线和焊点也太多，电路体积增大，可靠性降低。随着电子技术的飞速发展和集成工艺的规模化生产，数字集成电路得到了广泛的应用。

集成逻辑门电路是以半导体器件为基本单元，集成在一块硅片上，并具有一定逻辑功能的电路。数字集成门电路按开关元件的不同可分为两大类：一类是双极型集成电路（TTL 集成门电路），主要特点是速度快、负载能力强，但功耗较大、集成度较低；另一类是单极型集成电路（MOS 集成电路），主要特点是结构简单、制造方便、集成度高、功耗低，但速度较慢（略介绍，参考其他教材）。

（1）TTL 集成与非门电路

TTL 集成门电路是输入端和输出端都用双极型晶体管构成的逻辑电路，称为晶体管—晶体管逻辑门电路，简称 TTL 门电路。

下面分析一个典型的 TTL 集成与非门电路的组成、工作原理以及外特性。

1）TTL 集成与非门电路组成

图 5-16 为 TTL 集成与非门电路及图形符号，其中 VT_1 是多发射晶体管，每一个发射极对应一个输入端，输出是 Y。

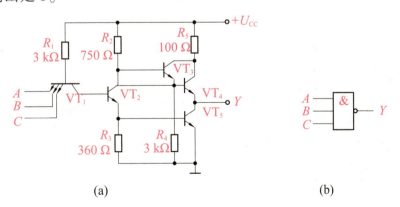

(a) 　　　　　　　　　　(b)

图 5-16　TTL 集成与非门电路及图形符号

（a）电路；（b）图形符号

2）TTL 集成与非门电路工作原理

①输入至少有一个为低电平。当输入端 A、B、C 至少有一个为低电平时，假如 A 端，此时 $U_A = U_{IL} = 0.3$ V，VT_1 与 A 端连接的发射结正向导通。从图 5-16(a) 中可知，VT_1 集电极电位 U_{C1} 使 VT_2、VT_5 均截止，而 VT_2 的集电极电压足以使 VT_3、VT_4 导通。所以，输出电压为高电平，有

$$U_O = U_{OH} \approx U_{CC} - U_{BE3} - U_{BE4} = (5 - 0.7 - 0.7)\text{V} = 3.6 \text{ V}$$

由于 VT_2 截止，电源 U_{CC} 通过 R_2 驱动 VT_3 和 VT_4，使之工作在导通状态。

②输入全为高电平。当输入端 A、B、C 均为高电平时，$U_{IH} = 3.6$ V，电源 U_{CC} 通过 R_1 和 VT_1 的集电结向 VT_2 提供足够的基极电流，使 VT_2 饱和导通，VT_2 的发射极电流在 R_3 上产生的压降又使 VT_5 饱和导通。所以，输出电压为低电平，有

$$U_O = U_{OL} = U_{CE5} \approx 0.3 \text{ V}$$

此时，VT_1 的基极电压 $U_{B1} = U_{BC1} + U_{BE2} + U_{BE5} \approx 2.1$ V，VT_1 的发射结处于反向偏置，而集电结处于正向偏置，故 VT_1 处于发射结和集电结倒置使用的放大状态。另外，VT_2 的集电极电压等于 VT_2 的饱和压降与 VT_5 的发射结压降之和，即 $U_{C2} = U_{CE2} + U_{BE5} \approx 0.3$ V $+ 0.7$ V $= 1$ V，该值大于 VT_3 发射结正向压降，使 VT_3 导通，而 VT_4 的基极电压 $U_{B4} = U_{E3} = U_{C2} - 0.7$ V $= 0.3$ V，故 VT_4 截止。

分析结果：输入有 0 时，输出为 1；输入全为 1 时，输出为 0。电路的输出与输入之间满足与非逻辑关系，即 $Y = \overline{ABC}$。

3）TTL 集成与非门电路外特性

TTL 集成与非门电压传输特性是指输出电压 U_O 随输入电压 U_I 变化的关系，测试电路如图 5-17(a) 所示，电压传输特性曲线大致分为 4 段，如图 5-17(b) 所示。

AB 段：输入电压 $U_I \leqslant 0.6$ V 时，VT_1 工作在深度饱和状态，$U_{CESi} < 0.1$ V，$U_{B2} < 0.7$ V，故 VT_2、VT_5 截止，VT_3、VT_4 导通，$U_O \approx 3.6$ V 为高电平。与非门处于截止状态，所以把 AB 段称为截止区。

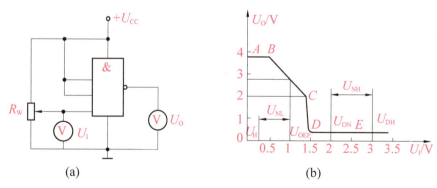

(a)　　　　　　　　　　(b)

图 5-17　TTL 集成与非门测试电路及电压传输特性曲线

（a）测试电路；（b）电压传输特性曲线

BC 段：输入电压 $0.6 \text{ V} < U_I \leq 1.3 \text{ V}$，$0.7 \text{ V} < U_{B2} < 1.4 \text{ V}$ 时，VT_2 开始导通，VT_5 仍未导通，VT_3、VT_4 处于射极输出状态。随 U_I 的增加，U_{B2} 增加，U_{C2} 下降，并通过 VT_3、VT_4 使 U_O 也下降。因此 U_O 基本上随 U_I 的增加而线性减小，故把 *BC* 段称为线性区。

CD 段：输入电压 $1.3 \text{ V} < U_I \leq 1.4 \text{ V}$ 时，VT_2 导通电流较大，VT_5 开始导通，并随 U_I 的增加趋于饱和，使输出电压 U_O 为低电平，所以把 *CD* 段称为转折区或过渡区。

DE 段：输入电压 $U_I > 1.4 \text{ V}$ 时，VT_2、VT_5 饱和，VT_4 截止，输出为低电平，与非门处于饱和状态，因此把 *DE* 段称为饱和区。

4）常用 TTL 集成与非门电路

图 5-18 为两种常用集成门电路，即 4 个 2 输入端的与非门 74LS00 和 CD4011，电源线及地线公用。

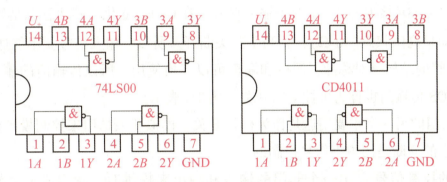

图 5-18 常用 TTL 集成与非门电路引脚

（2）CMOS 门电路

CMOS 门电路是由 NMOS 管和 PMOS 管构成的，又称互补 MOS 电路。它的开关速度较高、静态功耗低、抗干扰能力强、工作稳定性好、电源电压范围宽，同时制造工艺简单、体积小，便于集成，因此特别适用于中、大规模集成电路。

1）CMOS 反相器

CMOS 反相器的基本电路结构形式如图 5-19 所示。工作管 T_N 是增强型 NMOS 管，负载管 T_P 是 PMOS 管，两管的栅极相连接作为电路的输入端 u_i，两管的漏极 D 相连接作为电路的输出端 u_o，T_N 的源极 S_1 与其衬底相连并接地，T_P 的源极 S_2 与其衬底相连并接电源 V_{DD}。

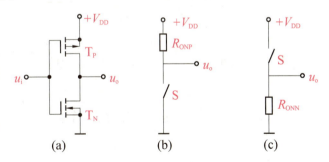

图 5-19 CMOS 反相器的基本电路结构形式

（a）电路；（b）导通；（c）截止

当输入电压 U_I 为低电平 0 时，T_N 截止，T_P 导通，电路的输出为高电平 V_{DD}。

当输入电压 U_I 为高电平 V_{DD} 时，T_N 导通，S_1 和 D_1 之间呈现较小的电阻，T_P 截止，电路的输出为低电平 0。电路的输出和输入之间满足非逻辑关系，所以该电路为非门电路。由于在稳态时，T_N 和 T_P 中必然有一个是截止的，所以电路的电流极小，功率损耗很低。所以，CMOS 门的抗干扰能力较强，CMOS 反相器接近于理想开关。典型 CMOS 电路在电源为 5 V 时，阈值电压为 2.5 V，输出高电平为 5 V，低电平为 0。

2）CMOS 传输门和模拟开关

CMOS 传输门是数字电路用来传输信号的一种基本单元电路。它是由一个 PMOS 管 T_P 和一个 NMOS 管 T_N 并联而构成的，如图 5-20（a）所示。其中两管源极相连，作为输入端 u_i，两管漏极相连作为输出端 u_o，两管的栅极作为控制端，加互为相反的控制信号 C 和 $\bar{C}$，图形符号如图 5-20（b）所示。工作原理分析如下。

当控制信号 $C=1$（接 V_{DD}），$\bar{C}=0$ 时，输入信号 u_i 在 $0 \sim V_{DD}$ 变化，则两管中至少有一个导通，输入和输出之间呈低阻状态，相当于开关接通。所以，输入信号 u_i 在 $0 \sim V_{DD}$ 都能通过传输门。

当控制信号 $C=0$（接地），$\bar{C}=1$ 时，输入信号 u_i 在 $0 \sim V_{DD}$ 变化，则两管总是处于截止状态，输入和输出之间呈高阻状态（$10^7 \Omega$），相当于开关断开。所以，输入信号 u_i 不能通过。

由于 MOS 管的结构是对称的，源极和漏极可以互换使用，所以传输门的输入端和输出端可以对换，CMOS 传输门也称为可控双向开关，用 TG 表示。

CMOS 传输门的另一个重要用途是作为模拟开关。模拟开关是用来控制模拟信号传输的一种电子开关，它的通断是用数字信号控制的。

当传输门的控制信号 C 由一个非门的输入和输出来提供时，就构成一个模拟开关，如图 5-21 所示，常见的型号有 CD4066、CD4051 等。

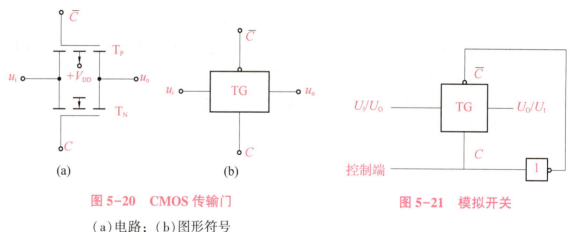

图 5-20　CMOS 传输门
（a）电路；（b）图形符号

图 5-21　模拟开关

任务 2　组合逻辑电路

学习目标

◆掌握组合逻辑电路的概念及一般分析方法与步骤。

◆掌握组合逻辑电路的设计思路与步骤。

◆了解编码器的基本功能。

◆了解译码器的基本功能。

◆了解常见数码显示器件的基本结构与工作原理。

 任务描述

在信息技术高速发展的今天，汽车智能化的应用更是越来越广泛，其内部硬件主要是数字集成电路，所处理的数据一般为二进制数，数据运算的结果需要通过译码和显示集成电路转变为我们熟悉的十进制数。本任务就是利用译码显示电路，实现译码和显示功能。

任务知识库一　编码器

1. 组合逻辑电路分析与设计方法

根据逻辑功能的不同特点，我们把逻辑电路分为两大类：一类是组合逻辑电路（简称组合电路）；另一类是时序逻辑电路（简称时序电路）。

把各种门电路按照一定规律加以组合，构成具有各种逻辑功能的逻辑电路称为组合逻辑电路，这种电路从结构和功能上看，具有如下特点。

输出信号仅由输入信号决定，与电路当前状态无关；电路结构中无反馈环路（无记忆），输出状态随输入状态的变化而变化。类似于电阻性电路，如表决器、加法器、编码器、译码器、显示器、数据选择器等。

（1）组合逻辑电路的一般分析方法

对给定的组合逻辑电路，求解其逻辑功能的过程称为组合逻辑电路的分析。

①所谓分析，就是找出组合逻辑电路输入、输出之间的关系，也就是找出何种输入状态组合下电路输出为 1，何种输入状态组合下电路输出为 0。通过分析，可以了解组合逻辑电路的功能和设计思路，从而进一步对电路做出评价和改进。

通常，只要列出组合逻辑电路的真值表，就可以知道该电路的逻辑功能。因此，组合逻辑电路的分析，实质上是由逻辑表达式的逻辑图形式入手，通过逻辑表达式，最终转换成其真值表形式的过程。

②组合逻辑电路的一般分析可按如下步骤进行。

第一步，根据给出的组合逻辑电路，由输入端逐级向后递推，写出每个门的输出对于输入的逻辑关系，最后得到整个组合逻辑电路的输出变量对于输入变量的逻辑表达式。

第二步，利用逻辑代数法或卡诺图法，对所得的逻辑表达式进行转换或化简，得到逻辑函数的标准表达式或最简表达式。

第三步，由逻辑函数的标准表达式或最简表达式列出对应的真值表。

第四步，由真值表判断出组合逻辑电路的逻辑功能。

实例分析

（2）组合逻辑电路的一般设计方法

①逻辑设计是数字电路技术中的一个重要课题。任何一个可描述的事件或过程，都可进行严格的逻辑设计。根据要求规定的逻辑功能，通过抽象和化简，进而求得满足功能要求的组合逻辑电路的过程，称为组合逻辑电路的设计。可见，组合逻辑电路的设计是分析的逆过程。

②一般组合逻辑电路的设计可按图5-22所示的步骤进行。

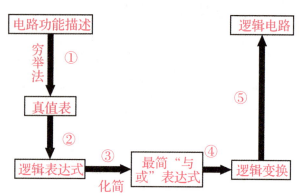

图5-22　组合逻辑电路的设计步骤

第一步，根据所需功能的要求和条件，弄清输入、输出变量的个数及它们之间的逻辑关系，列出满足逻辑要求的真值表。

第二步，由真值表列出逻辑函数的标准与或式或最简表达式。

第三步，进行逻辑函数化简，将标准与或化简为最简表达式。

第四步，根据所选的门电路类型及实际问题的要求，将逻辑表达式进行逻辑变换。

第五步，由所得到的逻辑表达式画出逻辑电路。

在以上步骤中，关键的是第一步。一个事件或过程的功能描述，最初总是以文字的形式提出的，设计者必须对这些描述有全面、正确的理解。只有先弄清哪些是输入变量，哪些是输出变量，以及输入、输出变量之间的逻辑关系，才能列出正确的真值表。正确的真值表是组合逻辑电路设计的基础。

需要指出的是，一个最简的逻辑表达式不一定就对应一个最简的逻辑电路。当采用中、小规模集成电路（一片包括数个门至数十个门）产品时，应根据具体情况，尽可能减少所用的器件数目和种类，这样可以使组装好的电路结构紧凑，达到工作可靠而且经济的目的。

【例1】三人按少数服从多数原则对某事进行表决，但其中一人有决定权（主裁判），即只要他同意，不论同意者是否达到多数，表决仍将通过。试用"与非门"设计该表决器。

解：①由题意可知该表决器有3个输入变量和一个输出变量。设A、B、C为输入变量（1表示同意，0表示不同意），且A为有决定权的变量，L为输出变量（1表示通过，0表示不通过）。将表决器的逻辑功能描述为当A为1或B、C均为1时，L才为1，否则L为0。由此，可以列出真值表如图5-23（a）所示。

②由真值表列出逻辑表达式，即

$$L = \overline{A}BC + A\overline{B}\,\overline{C} + A\overline{B}C + AB\overline{C} + ABC$$

③用卡诺图化简此逻辑表达式，如图5-23（b）所示，得到最简与或表达式，即

$$L = A + BC$$

④将表达式转换成用"与非"逻辑实现的形式，即

$$L = A + BC = \overline{\overline{A + BC}} = \overline{\overline{A} \cdot \overline{BC}}$$

⑤根据逻辑表达式画出图5-23（c）所示的逻辑电路。这里假设系统能提供所有的原、反变量，否则还需增加一个"非门"以实现。

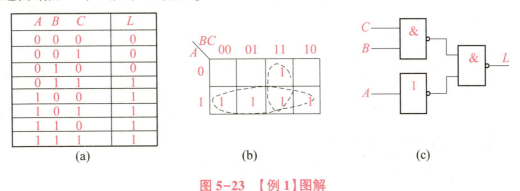

图5-23 【例1】图解
（a）真值表；（b）卡诺图化简；（c）逻辑电路

2. 编码器

将含有特定意义的数字或符号信息转换成相应的若干位二进制代码的过程称为编码。具有编码功能的逻辑电路称为编码器。按照编码方式的不同，编码器可分为普通编码器和优先编码器；按照输出代码种类的不同，其可分为二进制编码器和非二进制编码器。本任务主要介绍二进制编码器。

（1）二进制编码器

所谓二进制编码器，就是对 $N(N = 2^n)$ 个输入信号用 n 位二进制代码进行编码的电路，常用的有三位或四位二进制编码器。

> **相关链接**
>
> 在商场购物时，每一个商品上都有条形码，它就是将宽度不等的多个黑条和空白，按照一定的编码规则排列，用以表达一组信息的图形标识符号，每一组信息就是一个特定的编码，每一个编码对应着一种商品。这就属于非二进制编码。

三位二进制编码器就是把8个输入信号 I_0、I_1、I_2、I_3、I_4、I_5、I_6、I_7 编成对应的三位（Y_0、Y_1、Y_2）二进制代码输出。因为输入有8个信号，就有8种状态，所以输出的是三位（$n = 3$，$2^3 = 8$）二进制代码。我们常称之为8线-3线编码器。

由于编码器在任何时刻都只能对一个输入信号进行编码，将8种不同的状态用000（I_0）、001（I_1）、010（I_2）、011（I_3）、100（I_4）、101（I_5）、110（I_6）、111（I_7）表示为高电平信号输入时，只能允许一个为高电平输入，其余输入端都必须为低电平，否则将出现混乱。即不能允许有两个或两个以上输入信号同时存在的情况出现，所以说，$I_0 \sim I_7$ 是一组互相排斥的变量，因此真值表可以采用简化形式，如表5-4所示。

表5-4　8线-3线编码器真值表

输入 ("1"项)	输出			输入 ("1"项)	输出		
	Y_2	Y_1	Y_0		Y_2	Y_1	Y_0
I_0	0	0	0	I_4	1	0	0
I_1	0	0	1	I_5	1	0	1
I_2	0	1	0	I_6	1	1	0
I_3	0	1	1	I_7	1	1	1

便可得到相应输出信号的最简与或表达式，即

$$Y_2 = I_4 + I_5 + I_6 + I_7$$

$$Y_1 = I_2 + I_3 + I_6 + I_7$$

$$Y_0 = I_1 + I_3 + I_5 + I_7$$

其逻辑电路如图5-24所示。图中的编码是隐含的，即当$I_1 \sim I_7$均为无效状态时，编码器的输出就是I_0的编码。

在汽车电脑（ECU）中一般用八位二进制代码（$n = 8$，$2^8 = 256$种组合），表示256个信息。要想表示更多信息就需要用更多位二进制代码，但这些信息是有优先级别的。所以，在实际应用中，经常会出现多个信号端同时有效的情况，而优先编码器可以解决这个问题。

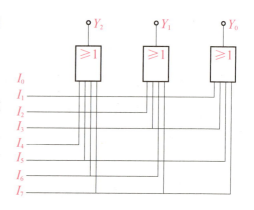

图5-24　三位二进制编码器

（2）8421 BCD码编码器（二-十进制编码器）

用四位二进制数表示一位十进制数所编成的代码的逻辑电路称为二-十进制编码器。因为输入有10个数码，要求有10种状态，所以输出需用四位（$2^n > 10$，取$n = 4$）二进制代码。

表5-5列出了一个简化的8421 BCD编码器的真值表。从理论上讲，10个输入变量共有$2^{10} = 1\,024$种组合，但作为8421 BCD码编码器来说，$D_0 \sim D_9$ 10个输入变量分别表示一位0~9的十进制数字，因此它们中任何时刻仅允许一位有效，符合这种条件的输入组合只有表5-5中所列的10种，其余的输入组合均为无关项。

表5-5　二-十进制编码器真值表

输入	输出			
十进制数	D	C	R	A
$0(D_0)$	0	0	0	0
$1(D_1)$	0	0	0	1
$2(D_2)$	0	0	1	0
$3(D_3)$	0	0	1	1

续表

输入	输出			
十进制数	D	C	B	A
$4(D_4)$	0	1	0	0
$5(D_5)$	0	1	0	1
$6(D_6)$	0	1	1	0
$7(D_7)$	0	1	1	1
$8(D_8)$	1	0	0	0
$9(D_9)$	1	0	0	1

根据真值表并利用无关项性质，可以列出 8421 BCD 码编码器的逻辑表达式，并将它们转换为适合与非门和或非门实现的形式，即

$$A = D_1 + D_3 + D_5 + D_7 + D_9$$
$$= \overline{\overline{(D_1 + D_9) + (D_3 + D_7) + (D_5 + D_7)}}$$
$$= \overline{\overline{D_1 + D_9} \cdot \overline{D_3 + D_7} \cdot \overline{D_5 + D_7}}$$
$$B = D_2 + D_3 + D_6 + D_7$$
$$= \overline{\overline{(D_2 + D_6) + (D_3 + D_7)}}$$
$$= \overline{\overline{D_2 + D_6} \cdot \overline{D_3 + D_7}}$$
$$C = D_4 + D_5 + D_6 + D_7$$
$$= \overline{\overline{(D_4 + D_6) + (D_5 + D_7)}}$$
$$= \overline{\overline{D_4 + D_6} \cdot \overline{D_5 + D_7}}$$
$$D = D_8 + D_9$$
$$= \overline{\overline{D_8 + D_9}}$$

由以上逻辑表达式，可画出图 5-25 所示的 8421 BCD 编码器的逻辑电路。

上述 8421 BCD 编码器的 10 位输入中，任何时刻只允许其中一位为 1。同时出现两位以上为 1 的情况属于非法输入，这将引起编码输出混乱。但在实际应用中，由于干扰和误操作，这种情况很难完全避免。一种称为优先编码器的电路能解决这个问题。

（3）优先编码器

优先编码器允许同时输入多个编码信号，而电路只对其中优先级别最高的信号进行编码，从

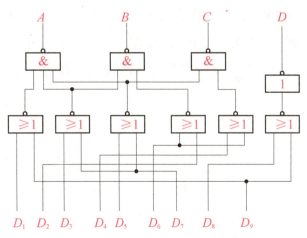

图 5-25　8421 BCD 编码器逻辑电路

而保证了编码器工作的可靠性。常见的集成优先编码器有 10 线-4 线集成优先编码器，常见型号有 54/74147、54/74LS147；8 线-3 线集成优先编码器，常见型号为 54/74148，54/74LS148。

74LS147 优先编码器是一个 10 线-4 线的 16 脚的集成芯片，图 5-26(a) 为其实物，如图 5-26(b) 为其引脚分布，图 5-26(c) 为其图形符号。其中 15 脚为空脚，$I_1 \sim I_9$ 为信号输入端，$A \sim D$ 为输出端。输入和输出均为低电平有效，输入信号 $\overline{I_1} \sim \overline{I_9}$ 和输出信号 $\overline{A} \sim \overline{D}$ 均用反码表示。它是一个典型的 8421 BCD 优先编码器，优先级别由 I_9 至 I_1。

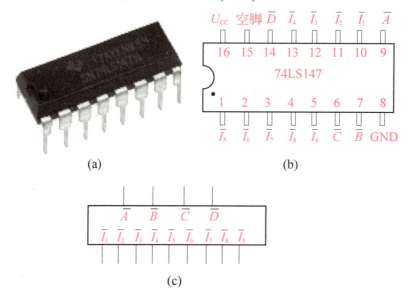

图 5-26　74LS147 优先编码器集成芯片

(a)实物；(b)引脚分布；(c)图形符号

【例 2】汽车发动机温度传感器输出电压为 0~5 V 的模拟电压信号，必须赋值编码变成二进制代码才能输送到电控单元 ECU。用 5 V 电源 1 个，10 kΩ 电阻 10 个，微动开关 10 个，LED 灯 4 个，CT74LS147 芯片 1 个，如表 5-6 所示，连接一个 8421 BCD 优先编码器。

解：将发动机温度传感器 0~5 V 电压分成 10 段，并分别赋值：每 0.5 V 为 1 段，即 0.0~0.5 V 记"0"，0.5~1.0 V 记"1"……4.5~5.0 V 记"9"。引脚标非表示低电平有效。给输入引脚 $I_0 \sim I_9$ 分别加电，观察 LED 发光情况，并根据此情况写出二进制编码。用与非门完成 74LS147 集成优先编码器接线图，如图 5-27 所示。

表 5-6　10 线-4 线 8421 BCD 真值表

输入										输出			
I_0	I_1	I_2	I_3	I_4	I_5	I_6	I_7	I_8	I_9	Y_3	Y_2	Y_1	Y_0
1	0	0	0	0	0	0	0	0	0	0	0	0	0
0	1	0	0	0	0	0	0	0	0	0	0	0	1

续表

输入										输出			
I_0	I_1	I_2	I_3	I_4	I_5	I_6	I_7	I_8	I_9	Y_3	Y_2	Y_1	Y_0
0	0	1	0	0	0	0	0	0	0	0	0	1	0
0	0	0	1	0	0	0	0	0	0	0	0	1	1
0	0	0	0	1	0	0	0	0	0	0	1	0	0
0	0	0	0	0	1	0	0	0	0	0	1	0	1
0	0	0	0	0	0	1	0	0	0	0	1	1	0
0	0	0	0	0	0	0	1	0	0	0	1	1	1
0	0	0	0	0	0	0	0	1	0	1	0	0	0
0	0	0	0	0	0	0	0	0	1	1	0	0	1

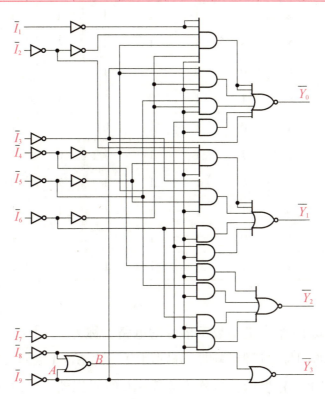

图 5-27　74LS147 集成优先编码器接线图

任务知识库二　译码器

译码是编码的逆过程。在编码时，每一种二进制代码状态都赋予了特定的含义。译码就是将二进制代码所表示的信息翻译成对应的高、低电平信号。实现译码功能的电路称为译码器。译码器是一个多输出的组合逻辑电路，分为变量译码器和显示译码器。变量译码器有二进制和非二进制译码器。显示译码器按材料分为荧光、发光二极管和液晶显示译码器；按显示内容分为文字、数字和符号译码器。

1. 二进制译码器

74LS138 是常用的二进制中规模集成电路的 3 线-8 线译码器，如图 5-28 所示。其真值表如表 5-7 所示。74LS138 是一个 16 脚的芯片，除了电源 V_{CC}（16）、接地脚 GND（8）外，其余引脚的名称和脚号在图 5-28（a）中均以注明。

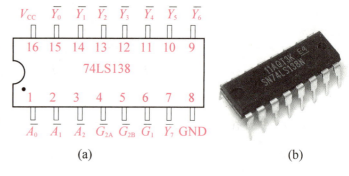

图 5-28　74LS138 译码器集成芯片

（a）引脚分布；（b）实物

表 5-7　74LS138 译码器真值表

输入						输出							
G_0	$G_{2A} \sim G_{2B}$	A_2	A_1	A_0	Y_0	Y_1	Y_2	Y_3	Y_4	Y_5	Y_6	Y_7
×	1	×	×	×	1	1	1	1	1	1	1	1
0	×	×	×	×	1	1	1	1	1	1	1	1
1	0	0	0	0	0	1	1	1	1	1	1	1
1	0	0	0	1	1	0	1	1	1	1	1	1
1	0	0	1	0	1	1	0	1	1	1	1	1
1	0	0	1	1	1	1	1	0	1	1	1	1
1	0	1	0	0	1	1	1	1	0	1	1	1
1	0	1	0	1	1	1	1	1	1	0	1	1
1	0	1	1	0	1	1	1	1	1	1	0	1
1	0	1	1	1	1	1	1	1	1	1	1	0

2. 二-十进制译码器

将二进制代码翻译成 10 个十进制数字信号的电路，称为二-十进制译码器。二-十进制译码器的输入是十进制数的四位二进制编码，分别用 D、C、B、A 表示；输出信号是与十进制数相对应的 10 个信号，用 $Y_9 \sim Y_0$ 表示，常称为 4 线-10 线译码器。8421 BCD 码译码器真值表如表 5-8 所示。

表 5-8　8421 BCD 译码器真值表

输入				输出									
D	C	B	A	Y_0	Y_1	Y_2	Y_3	Y_4	Y_5	Y_6	Y_7	Y_8	Y_9
0	0	0	0	1	0	0	0	0	0	0	0	0	0
0	0	0	1	0	1	0	0	0	0	0	0	0	0
0	0	1	0	0	0	1	0	0	0	0	0	0	0

续表

输入				输出									
D	C	B	A	Y_0	Y_1	Y_2	Y_3	Y_4	Y_5	Y_6	Y_7	Y_8	Y_9
0	0	1	1	0	0	0	1	0	0	0	0	0	0
0	1	0	0	0	0	0	0	1	0	0	0	0	0
0	1	0	1	0	0	0	0	0	1	0	0	0	0
0	1	1	0	0	0	0	0	0	0	1	0	0	0
0	1	1	1	0	0	0	0	0	0	0	1	0	0
1	0	0	0	0	0	0	0	0	0	0	0	1	0
1	0	0	1	0	0	0	0	0	0	0	0	0	1
1	0	1	0	×	×	×	×	×	×	×	×	×	×
1	0	1	1	×	×	×	×	×	×	×	×	×	×
1	1	0	0	×	×	×	×	×	×	×	×	×	×
1	1	0	1	×	×	×	×	×	×	×	×	×	×
1	1	1	0	×	×	×	×	×	×	×	×	×	×
1	1	1	1	×	×	×	×	×	×	×	×	×	×

其逻辑电路如图 5-29 所示。由真值表通过卡诺图化简得到简化逻辑表达式为

$$Y_0 = \overline{A}\ \overline{B}\ \overline{C}\ \overline{D}$$

$$Y_1 = A\ \overline{B}\ \overline{C}\ \overline{D}$$

$$Y_2 = \overline{A}B\ \overline{C}$$

$$Y_3 = AB\ \overline{C}$$

$$Y_4 = \overline{A}\ \overline{B}C$$

$$Y_5 = A\ \overline{B}C$$

$$Y_6 = \overline{A}BC$$

$$Y_7 = ABC$$

$$Y_8 = \overline{A}D$$

$$Y_9 = AD$$

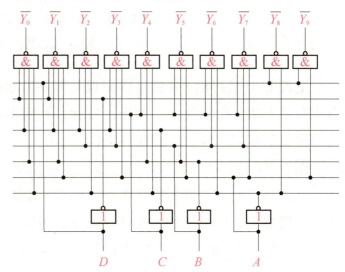

图 5-29　8421 BCD 译码器逻辑电路

3. 显示译码器

在各种数字设备中，经常需要将文字、数字和符号直观地显示出来，供人们直接读取结果，或用以监视数字系统的工作情况。这就是把二-十进制代码通过显示译码器转换成人们习惯的形式显示出来的电路，称为显示译码器。常见的显示译码器是数字显示器，它主要由译

码器、驱动器和显示器三大部分组成。显示器件的种类繁多，在数字电路中最常用的显示器是半导体显示器(又称发光二极管显示器，简称 LED)和液晶显示器(LCD)。LED 主要用于显示数字和字母，其可以显示数字、字母、文字和图形等。例如，现代轿车的发动机转速表和车速表多为数字式仪表。

我们以七段数码显示器为例进行介绍。

(1)数码显示器

七段 LED 数码显示器俗称数码管，是常用的显示器件。数码管的内部结构是由 7 个发光二极管的阴极或阳极连接在一起而构成的，所以，数码管又分为共阴极数码管和共阳极数码管两种类型，如图 5-30(b)和图 5-30(c)所示。

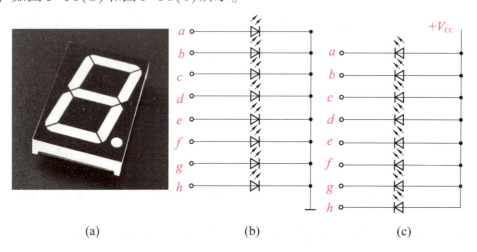

图 5-30　七段发光二极管的外形及两种接法

(a)外形；(b)共阴极；(c)共阳极

七段 LED 数码显示器的工作原理是将要显示的十进制数码分成七段，每段为一个发光二极管，利用不同发光段组合来显示不同的数字，如图 5-30(a)所示。

图 5-31 为七段 LED 数码显示器外形及引脚。X 为共阴极，其内部是发光二极管的负极连在一起(接地)的电路，当每一段加上正向电压时，各段二极管导通发亮。根据需要，即可显示不同的数字。若显示数字"2"，就是在 a、b、d、e、g 段接高电平；若 a、b、c 段接高电平，则显示数字"7"。各段与显示数字的关系如图 5-32 所示。

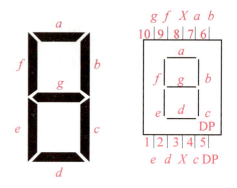

图 5-31　七段 LED 数码显示器外形及引脚

图 5-32　七段数码管显示数字组合

（2）显示译码器

74LS48 是 BCD 码到七段码的显示译码器，它是数字电路中很常见的器件之一，可以直接驱动共阴极数码管。它的引脚排列如图 5-33 所示，真值表如表 5-9 所示。

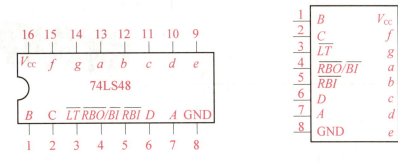

图 5-33　74LS48 显示译码器的引脚排列

表 5-9　74LS48 显示译码器的真值表

输入				输出							显示字形
D	C	B	A	a	b	c	d	e	f	g	
0	0	0	0	1	1	1	1	1	1	0	0
0	0	0	1	0	1	1	0	0	0	0	1
0	0	1	0	1	1	0	1	1	0	1	2
0	0	1	1	1	1	1	1	0	0	1	3
0	1	0	0	0	1	1	0	0	1	1	4
0	1	0	1	1	0	1	1	0	1	1	5
0	1	1	0	0	0	1	1	1	1	1	6
0	1	1	1	1	1	1	0	0	0	0	7
1	0	0	0	1	1	1	1	1	1	1	8
1	0	0	1	1	1	1	0	0	1	1	9

4. 数据选择器

在多路数据传送过程中，能够根据需要将其中任意一路挑选出来的电路，称为数据选择器。

数据选择器可实现将数据源传来的数据分配到不同通道上，因此它类似于一个单刀多掷开关，如图 5-34 所示。

集成数据选择器 74LS153 中，$D_0 \sim D_3$ 是输入的四路信号，A_0、A_1 是地址选择控制端，S 是选通控制端，Y 是输出端。输出端 Y 可以是四路输入数据中的任意一路。74LS153 引脚分布及实物如图 5-35 所示。

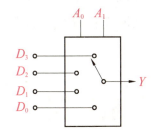

图 5-34　数据选择器集成芯片

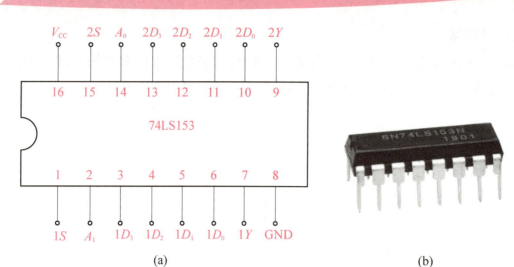

图 5-35　74LS153 数据选择器集成芯片

（a）引脚分布；（b）实物

集成数据选择器 CT1153 功能如表 5-10 所示。

表 5-10　集成数据选择器 CT1153 功能

输入				输出
S	D	A_1	A_0	Y
1	X	X	X	0
0	D_0	0	0	D_0
0	D_1	0	1	D_1
0	D_2	1	0	D_2
0	D_3	1	1	D_3

集成数据选择器的规格有很多，常用的型号有 74LS151、CT4138 八选一选择器，74LS153、CT1153 双四选一选择器等。

现代汽车都是通过数字仪表来显示汽车运行信息（如汽车行驶速度、行驶里程、平均油耗、燃油消耗等）、时间等的。

任务 3　时序逻辑电路

学习目标

◆掌握时序逻辑电路的特点。

◆了解触发器、计数器、寄存器、存储器。

任务描述

时序逻辑电路在汽车电子设备中有着广泛应用，特别是在新能源汽车高新科技领域中占有极为重要的地位。利用不同的集成电路组合可以完成不同的功能。其工作特点是，动态特性按一定的规律或组合关系变化，输出状态不仅取决于该时刻的输入信号状态，还与信号作用前的输出状态有关。时序逻辑电路常用的集成电路有脉冲产生登录框、触发器、计数器、寄存器等。

任务知识库一　触发器

前面介绍的各种逻辑门及由它们组成的组合逻辑电路都有一个共同的特点，即在某一时刻的输出完全取决于该时刻的输入信号，只要输入发生了变化，输出也随之变化，它们没有记忆功能。而在数字系统中，常常需要存储各种数字信息，也就是需要具有记忆功能的电路。所以，在一个复杂的数字系统中，还使用着另一种类型的电路，我们称为时序逻辑电路。这种电路的特点是门电路的输出状态不仅取决于该时刻的输入信号，还与电路原来的状态有关。

时序逻辑电路具有以下两个基本特征。

其一，触发器有两个稳定状态，分别称为"0"状态和"1"状态，在没有外界信号作用下，触发器维持原来的稳定状态不变，即触发器具有记忆功能。

其二，在输入信号和脉冲作用下，触发器的两个稳定状态可以互相转换，转变的过程称为翻转。

触发器是构成时序逻辑电路的基本单元。触发器的内部电路结构形式多种多样。根据触发器电路结构的不同，可分为基本 RS 触发器和时钟触发器两大类。在时钟触发器中，又有电平触发器和边沿触发器两类，如按逻辑功能分为 RS 触发器、JK 触发器、D 触发器、T 触发器和 T' 触发器。

基本触发器

以上触发器可分为很多种，但是所有触发器的电路结构中都包含基本触发器。

任务知识库二　计数器

汽车仪表盘上的行程表、时间表和交通信号灯倒计时都用到计数器。我们把具有计数功能的逻辑器件称为计数器。计数器是数字系统中应用场合最多的时序逻辑电路。它不仅用于对时钟脉冲个数进行计数，还可以用于定时、分频及数字运算等。

它主要由触发器构成。计数器的种类有很多，按各个计数单元动作的次序，可分为同步计数器和异步计数器；按进制方式的不同，可分为二进制计数器、十进制计数器和任意进制计数器；按计数过程中数字的增减，可分为加法计数器、减法计数器和加减均可的可逆计数器。下面主要通过二进制计数器和同步计数器来说明其工作特点。

1. 二进制计数器

常用的二进制计数器由若干个触发器组成。根据计数脉冲是否同时加在各触发器的时钟脉冲输入端，二进制计数器分为异步二进制计数器和同步二进制计数器。同步二进制计数器可以由主从型 JK 触发器或维持阻塞型 D 触发器组成，常用的是集成计数器。

图 5-36 所示是由 3 个主从型 JK 触发器构成的三位同步二进制加法计数器。二进制只有 0 和 1 两个数码。所谓二进制加法，就是"逢二进一"，即 0+1=1，1+1=10。也就是每当本位为 1，再加 1 时，本位就变为 0，而向高位进一位二进制数。

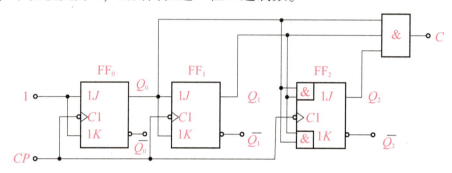

图 5-36   三位同步二进制计数器

该计数器的工作原理：每来一个计数脉冲，最低位触发器就翻转一次，而高一位触发器是在低一位触发器的 Q 输出端从 1 变为 0 时翻转，即以低一位的输出作为高一位的计数脉冲输入。由于是用主从型触发器构成，所以其是输入脉冲后沿触发。

表 5-11 给出了三位同步二进制加法计数器的计数脉冲个数与各触发器输出状态及两者之间的关系。加法计数器则指其输出端的三位二进制代码是递增加 1 的，相对于加法计数器还有减法计数器。

表 5-11   三位同步二进制加法计数器

计数脉冲	Q_2	Q_1	Q_0	计数脉冲	Q_2	Q_1	Q_0
0	0	0	0	5	1	0	1
1	0	0	1	6	1	1	0
2	0	1	0	7	1	1	1
3	0	1	1	8	0	0	0
4	1	0	0				

2. 同步计数器

同步计数器电路复杂，但计数速度快，多用在计算机系统中。目前生产的同步计数器芯片分为二进制和十进制两种。

集成十进制加法计数器 74LS160 具有计数、保持、预置、清零功能。图 5-37 为它的图形符号和引脚排列。

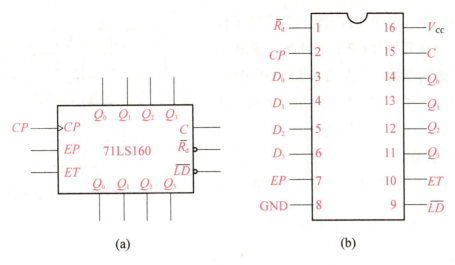

图 5-37 74LS160 的图形符号和引脚排列

（a）图形符号；（b）引脚排列

图中，$\overline{LD}$ 为同步置数控制端，$\overline{R_d}$ 为异步置 0 控制端，EP 和 ET 为计数控制端，$D_0 \sim D_3$ 为并行数据输入端，$Q_0 \sim Q_3$ 为输出端，C 为进位输出端。

由表 5-12 可知 74LS160 的功能如下。

①异步清零。当 $\overline{R_d} = 0$ 时，输出端清零，与 CP 无关。

②同步并行预置数。当 $\overline{R_d} = 1$，$\overline{LD} = 0$ 时，在输入端 D_3、D_2、D_1、D_0 预置某个数据，则在 CP 脉冲上升沿的作用下，将输入端的数据置入计数器。

表 5-12 74LS160 功能

输入									输出				说明
$\overline{R_d}$	$\overline{LD}$	EP	ET	CP	D_3	D_2	D_1	D_0	Q_3	Q_2	Q_1	Q_0	
0	×	×	×	×	×	×	×	×	0	0	0	0	异步置 0
1	0	×	×	↑	D	C	B	A	D	C	B	A	并行置数
1	1	1	1	↑	×	×	×	×					计数
1	1	0	×	×	×	×	×	×	Q_3	Q_2	Q_1	Q_0	保持
1	1	×	0	×	×	×	×	×	Q_3	Q_2	Q_1	Q_0	保持

③保持。当 $\overline{R_d} = 1$，$\overline{LD} = 1$ 时，只要 EP 和 ET 中有一个为低电平，计数器就处于保持状态。在保持状态下，CP 不起作用。

④计数。当 $\overline{R_d} = 1$，$\overline{LD} = 1$，$EP = ET = 1$ 时，电路为四位十进制加法计数器。当计数到 1001 时（9），进位输出端 C 送出进位信号（高电平有效），即 $C = 1$。

图 5-38 为 74LS160 的时序图。它反映了计数器从初始值 0000 开始对 CP 脉冲计数，输出 Q_3 $Q_2Q_1Q_0$ 表示计数的个数。当第九个脉冲到来时，计数器进位输出 $C = 1$，当第十个脉冲到来时，计数器输出端 $Q_3Q_2Q_1Q_0$ 清零。因此，74LS160 为同步十进制加法计数器。

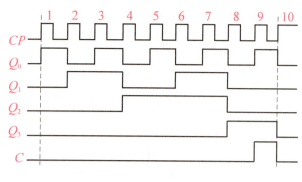

图 5-38　74LS160 的时序图

由时序图还可以分析出：如果 CP 的频率为 f_0，那么 Q_0、Q_1、Q_2、Q_3 的频率分别为 $\frac{1}{2}f_0$、$\frac{1}{4}f_0$、$\frac{1}{8}f_0$、$\frac{1}{10}f_0$。证明计数器具有分频作用，也称为分频器，它们依次称为二分频、四分频、八分频、十分频。

任务知识库三　寄存器

寄存器是用来暂时存放参与运算的数据和运算结果的。一个触发器只能寄存一位二进制数，若要寄存多位数，就得用多个触发器。常用的有四位、八位、十六位等寄存器。

寄存器存放数码的方式有并行和串行两种。并行方式就是数码各位从各对应单元位输入端同时输入寄存器中，串行方式就是数码从一个输入端逐位输入寄存器中。

从寄存器取出数码的方式也有并行和串行两种。在并行方式中，被取出的数码各位在对应于各位的输出端上同时出现；而在串行方式中，被取出的数码在一个输出端上逐位出现。

寄存器常分为数码寄存器和移位寄存器两种，其区别在于有无移位的功能。

1. 数码寄存器

这种寄存器只有寄存数码和清除原有数码的功能。图 5-39 是四位数码寄存器的原理。

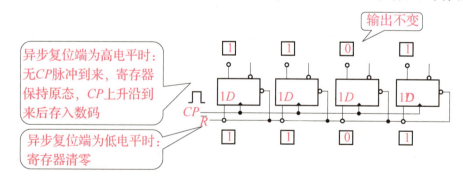

图 5-39　并行输入、并行输出的四位数码寄存器

设输入的二进制数为 1101。在寄存指令（正脉冲）到来之前，$G_1 \sim G_4$ 四个与非门的输出全为 1。由于经过清零（复位），$FF_0 \sim FF_3$ 四个由与非门构成的基本 RS 触发器全处于 0 态。当寄存指令来到时，输出为 1101。

这样，就把四位二进制数码存放进了这个四位数码寄存器内。上述是并行输入、并行输出四位数码寄存器的工作原理。

2. 移位寄存器

移位寄存器不仅有存放数码功能，还有移位功能。所谓移位，就是每当移位脉冲（时钟脉冲）到来时，触发器的状态便向右或向左移位，也就是指寄存的数码可以在移位脉冲的控制下依次进行移位。移位寄存器在计算机中应用广泛。

如图 5-40 所示的是由 D 触发器组成的四位移位寄存器，数码由 D_0 端输入。在存数操作之前，先将各个触发器清零。当出现第 1 个移位脉冲 CP 时，待存数码的最高位和 4 个触发器的数码同时右移 1 位，即待存数码的最低位存入 Q_0，而寄存器原来所存数码的最高位从 Q_3 输出；当出现第 2 个移位脉冲时，待存数码的次低位和寄存器中的 4 位数码又同时右移 1 位。依此类推，在 4 个移位脉冲作用下，寄存器中的 4 位数码同时右移 4 次，待存的 4 位数码便可存入寄存器。四位移位寄存器功能如表 5-13 所示。

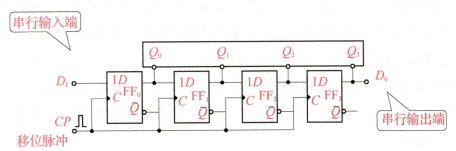

图 5-40   由 D 触发器组成的四位移位寄存器

表 5-13   四位移位寄存器功能

输入		现态				次态				说明
D_0	CP	Q_0^n	Q_1^n	Q_2^n	Q_3^n	Q_0^{n+1}	Q_1^{n+1}	Q_2^{n+1}	Q_3^{n+1}	
1	↑	0	0	0	0	1	0	0	0	
1	↑	1	0	0	0	1	1	0	0	连续输入 4 个 1
1	↑	1	1	0	0	1	1	1	0	
1	↑	1	1	1	0	1	1	1	1	

74194 就是集成四位双向移位寄存器，如图 5-41 所示。

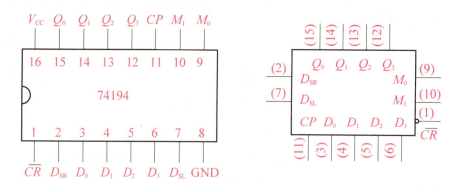

图 5-41　集成四位双向移位寄存器 74194

任务知识库四　存储器

存储器是一种具有记忆功能的能够接收、保存和取出信息的设备，是计算机的重要组成部分，也是 CPU 最重要的系统资源之一。车载存储器用来存放数据、资料、故障码等信息。存储器主要性能指标是存储容量、存储速度和可靠性。

计算机的内存储器由 RAM 和 ROM 两部分组成。其中，RAM 是既能读又能写的存储器，称为可读写存储器，也称为随机存储器；ROM 是只能读不能写的存储器，称为只读存储器。

1. 随机存储器(RAM)

随机存储器(RAM)用于存放二进制信息(数据、程序指令、运算的中间结果等)，它可以在任意时刻，对任意选中的存储单元进行信息的存入(写入)或取出(读出)的信息操作，故称为随机存取(读写)存储器。RAM 的结构框图如图 5-42 所示。

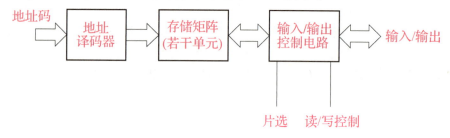

图 5-42　RAM 的结构框图

随机存储器由存储矩阵、地址译码器、片选控制、输入/输出控制和缓冲器等组成。

存储矩阵：存储器的主体，由成千上万个存储单元组成(具体数字取决于存储器容量的大小)。每个存储单元可存放一位二进制信息，通常将这些存储单元排列成方阵的形式，即若干行和若干列，例如，32 行 32 列的存储矩阵，有 32 行×32 列=1 024 个存储单元。

地址译码器：存储器中存放的大量二进制信息都非常有顺序地存放在地址所对应的存储矩阵的存储单元中，地址译码器的任务是将输入 n 位的地址码翻译成 2^n 个字选线，分别去访问 2^n 个存储单元，通常地址和存储单元是一一对应关系。

片选控制、输入/输出控制和缓冲器：存储器只有当片选信号有效(通常是低电平有效)时，即当该片存储器被选中时，才能在输入/输出控制信号(读/写控制信号)的作用下，对某一地址所对应的存储单元进行读/写操作。当读信号有效时，由存储单元读出(输出)信息；当写信号有效时，存储单元写入(输入)信息。而输入/输出缓冲器用于传送信息，缓冲器采用三态结构，以实现双向传送。

当切断电源时，原存于 RAM 的信息将会丢失，合上电源后，其中的内容也不会恢复，只不过是一些随机的信息，只有进入"写入"操作后，才能读出有用的信息。

随机存储器根据存储单元的电路结构和工作原理不同，分成静态 RAM 和动态 RAM 两种。RAM6116 引脚分布如图 5-43 所示。

RAM6116 有以下 3 种工作方式。

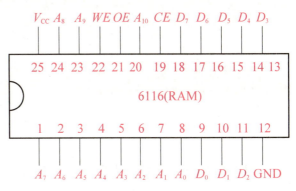

图 5-43　RAM6116 引脚分布

①写入方式：当 $\overline{CE}=0$，$\overline{OE}=1$，$\overline{WE}=0$ 时，数据线 $D_0 \sim D_7$ 上的内容存入 $A_0 \sim A_{10}$ 相应的单元。

②读出方式：当 $\overline{CE}=0$，$\overline{OE}=1$，$\overline{WE}=1$ 时，$A_0 \sim A_{10}$ 相应单元的内容输出到数据线 $D_0 \sim D_7$ 上。

③低功耗维持方式：当 $\overline{CE}=1$ 时，芯片进入这种工作方式，此时器件电流仅 20 μA 左右，为系统断电时用电池保持 RAM 内容提供了可能性。

2. 只读存储器(ROM)

只读存储器(ROM)是不能轻易地写入(或更改原有)信息的，只能进行读出操作。通常 ROM 中的程序和数据是事先存入的，在工作过程中不能改变，这种事先存入的信息不会因断电而丢失，因此 ROM 常用来存放计算机监控程序、基本输入/输出程序等系统程序和数据。RAM 中的信息会因为断电而数据消失，所以其主要用来存放应用程序和数据。

只读存储器(ROM)按写入数据的方法可以分成以下 3 类。

(1)固定内容的只读存储器(ROM)

生产厂家利用掩膜技术，根据用户所提供的存储内容或要求使之制作在存储矩阵或门阵列上，该内容是固定的，无法再更改。其优点是集成度和可靠性高，适于大批量生产；缺点是适用范围不广。

(2)可一次编程的只读存储器(PROM)

这种存储器，出厂时它的存储内容应该全为"1"(熔丝式)或全为"0"(短路式)。用户可根据自己的需要采用专门技术或设备对其进行一次性永远不可恢复的写入，一旦写入完成，其内容也就固定了，只能读出。

(3)可编程只读存储器(EPROM)

EPROM 可以根据要求写入信息，进而长期使用，也可将其内容全部擦去，重新写入新的内容，实现多次编程。通常利用紫外线照射的方法，将 EPROM 的内容全部擦去，用专用的设备将数据再次写入。

参考文献

[1] 张华，管秀君，张军．汽车电工电子技术[M]．北京：北京理工大学出版社，2011.

[2] 林俊标．汽车电工电子基础[M]．北京：机械工业出版社，2018.

[3] 赵振宁，侯丽春．汽车电工电子与电力电子基础[M]．北京：机械工业出版社，2019.

[4] 康龙云．新能源汽车与电力电子技术[M]．北京：机械工业出版社，2010.

[5] 黄冬梅．电力电子技术[M]．北京：机械工业出版社，2018.

目　录

项目1　元器件的识别与检测

任务1　安全用电

❖任务描述

在生产和生活中如果不注意安全用电，则常常会造成灾害，如触电造成人身伤亡，设备漏电产生的电火花可酿成火灾、爆炸，所以安全用电尤为重要。通过对本任务的学习，让学生掌握触电时的急救常识及注意事项、电器火灾的防范措施。

❖任务实施

一、任务准备

相关动画或视频、人体模型和干粉灭火器。

二、任务引导

1. 播放视频，展示触电现场的解救和急救方法。
2. 教师利用人体模型现场模拟演示解救方法。
3. 学生分组，练习对触电现场的处理。
4. 教师利用人体模型现场模拟演示急救方法。
5. 学生分组，练习对触电者进行急救。
6. 播放视频，展示电气火灾的防范措施与扑救方法。
7. 学生记录，将电气火灾的防范措施填入表1-1中。
8. 学生练习使用干粉灭火器。

表1-1　电气火灾的防范措施

序号	电气火灾的防范措施
1	
2	
3	
4	
5	

❖ 任务评价

请认真填写表 1-2。

表 1-2 安全用电评价表

任务序号	考核内容	配分	自我评价	小组评价	教师评价	备注
1	触电现场的急救与处理	35 分				
2	电气火灾的防范与扑救	35 分				
3	安全文明操作	20 分				
4	团队协作	10 分				
	合计	100 分				

任务实施过程中存在的问题与不足：

_____

_____

改进措施：

_____

_____

❖ 思考与练习

一、填空题

1. 人体电阻是 3 000~5 000 Ω，流过人体的电流是 5 mA，则人体电压不能大于多少伏？

2. 一般环境下，规定_____V 及以下电压为安全电压。

3. 常见的触电方式可分为_____触电、_____触电和_____触电 3 种。

4. 触电解救是指_____，触电急救是指_____。触电急救一般有____和____两种办法。

5. 受电击者在_____情况下，使用人工呼吸法施救；在_____情况下，使用胸外挤压法施救；在_____情况下，使用两种方法施救。

二、问答题

请写出 3 种以上安全用电措施。

任务 2　电子元件

❖ 任务描述

电子元器件的识别与检测，是电子产品生产装配中的一个重要环节，也是汽车电力电子维修人员的一项基本功。学习和掌握电子元器件的识别与检测方法，对提高电子产品的装配和维修质量及可靠性将起重要的保障作用。通过对本任务的学习，让学生能识别常用电子元器件的外形和图形符号，能熟练读出器件外壳标注的参数，知道各类电子元器件的用途、使用方法、结构和基本原理，能正确使用万用表测量电子元器件的主要参数，检查元件性能和质量。

❖ 任务实施 1　学会用万用表测量电阻

一、任务准备

多媒体课件、指针万用表、普通电阻器、光敏电阻器、电位器、小灯泡。

二、任务引导

1. 识别元器件。

本次实训所需元器件如表 1-3 所示，实训前请同学们对照该表逐一进行识别。

表 1-3　实训元器件

序号	代号	名称	规格	数量/只	实物	备注
1	EL	小灯泡	2.5 V（可自选）	1		
2	R_1	色环电阻器	100 Ω	1		
3	R_2	色环电阻器	4.7 kΩ	1		
4	R_3	色环电阻器	1 MΩ	1		
5	R_4	电位器	20 kΩ	1		
6	—	光敏电阻器	—	1		
7	—	万用表	MF470 型（可自选）	1		

2. 测小灯泡两端电阻。

（1）将万用表水平放置。

（2）机械调零。

（3）插入表笔。红表笔插入"+"插孔，黑表笔插入"–"或"COM"插孔。

（4）选择挡位与量程。

（5）电阻调零。

（6）将万用表的红、黑表笔分别接小灯泡两端，使指针尽可能指在接近刻度盘的中间位置。

（7）正确读数，将测量结果填入表1–4中。

3. 测色环电阻器的阻值。

测量方法与步骤同上。分别测100 Ω、4.7 kΩ、1 MΩ 电阻器，将测量结果填入表1–4中。

4. 测电位器的阻值。

测电位器标称阻值及其变化情况的操作步骤如下。

（1）选择合适的挡位与倍率，电阻调零。

（2）测标称阻值。用万用表的红、黑表笔分别接电位器的"1""3"两个引脚进行测量，并正确读数，测量结果填入表1–4中。

（3）测阻值变化情况。万用表的红、黑表笔分别接电位器的"1""2"或"2""3"两个引脚，同时旋转电位器的旋钮，观察万用表指针的变化情况，并把观察结果填入表1–4中。

5. 测量光敏电阻器的阻值。

测光敏电阻器阻值变化情况的操作步骤如下。

（1）选择合适的挡位与倍率，电阻调零。

（2）测阻值变化情况。用万用表的红、黑表笔分别接光敏电阻器的两个引脚，然后用黑纸片慢慢靠近光敏电阻器，直到完全挡住光照为止。在这个过程中，仔细观察万用表指针的变化情况，并把观察结果填入表1–4中。

表1–4　万用表测电阻、电位器及光敏电阻器技训表

测量项目		万用表挡位和倍率	读数（刻度值）	测量值
电阻	小灯泡的电阻			
	4.7 kΩ 的电阻器			
	100 Ω 的电阻器			
	1 MΩ 的电阻器			
电位器	标称电阻			
	阻值变化情况			
光敏电阻	阻值变化情况			

❖任务评价

请认真填写表1-5。

表1-5 用万用表测量电阻评价表

任务序号	考核内容	配分	自我评价	小组评价	教师评价	备注
1	万用表调零	20分				
2	正确选择合适的挡位	20分				
3	正确测量电阻并读数	40分				
4	安全文明操作	10分				
5	团队协作	10分				
合计		100分				

任务实施过程中存在的问题与不足：

_____

_____

_____

改进措施：

_____

_____

_____

❖思考与练习

一、填空题

1. 使用指针万用表时，发现指针不在零位，则在使用前必须进行_____。测量电阻时，还应先进行_____调零，使指针在电阻标尺右端的零位上，这样测量读数才准确。

2. 电阻器阻值常用的表示方法有3种：_____、_____、_____。

二、选择题

1. 指针万用表使用完毕，转换开关应打在（　　）挡位上，有利于表的保护。

A. $R×10$ k 　　　　B. $R×1$ 　　　　C. 交流1 000 V 　　　　D. 直流500 V

2. 兆欧表上一般有3个接线柱，分别标有L（线路）、E（接地）和G（屏蔽）。其中L接在（　　），E接在（　　），G接在（　　）。

A. 被测物和大地绝缘的导体部分

B. 被测物的屏蔽环上或不需测量的部分

C. 被测物的外壳或大地

D. 单股导线上

三、问答题

1. 一个四色环电阻器，其色环颜色依次为绿、蓝、棕、金，则其标称阻值是多少？

2. 一个五色环电阻器，其色环颜色依次为红、红、黑、黑、棕，则其标称阻值是多少？

❖任务实施 2　识别电容器

一、任务准备

各种类型、不同规格的新电容器若干，电路板 1 块。

二、任务引导

1. 识读电路板上各种类型的电容器。

2. 对电路板上各种电容器的类别、容量大小、额定耐压和允许误差进行直观识别，将结果填入表 1-6 中。

表 1-6　电容器的直观识别记录

序号	电容底色	电容器类别	容量标称方法（直标法、文字符号法、色标法）	标称容量	误差表示方法	允许误差大小
1						
2						
3						
4						

识读高频瓷片电容器、云母电容器、涤纶电容器、铝电解电容器、双联可调电容器上的标志，将结果填入表 1-7 中。

表 1-7　电容器上标志的识读记录

序号	电容器标志	电容器名称	电容值	标称额定电压	允许误差	备注
1						
2						
3						
4						

❖任务评价

请认真填写表 1-8。

表 1-8 识别电容器评价表

任务序号	考核内容	配分	自我评价	小组评价	教师评价	备注
1	能识别各种电容器	20 分				
2	认识电容器上的参数	25 分				
3	了解常见电容器的用途	35 分				
4	安全文明操作	10 分				
5	团队协作	10 分				
	合计	100 分				

任务实施过程中存在的问题与不足：

_____

_____

改进措施：

_____

_____

_____

❖ 思考与练习

填空题

1. 电容器的基本特性是_____。任何两个被绝缘物质隔开而又互相靠近的导体，就可以称为_____。

2. 有一个 47 μF 的电容器，其两端加上 9 V 的直流电压，充电结束后，电容器极板上所带的电荷量是_____。

3. 额定工作电压是指_____。

4. 电容器的参数主要有_____、标称容量和_____。

5. 电容器上标有 "203" 字样，则其标称容量为_____，即为_____μF。

❖ 任务实施 3 电感器的检测

一、任务准备

电感器若干。

二、任务引导

1. 将万用表的电阻挡调至 $R \times 1$ 挡。

2. 测量电感线圈两端的直流电阻值，如图 1-1 所示。

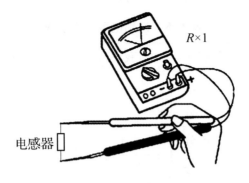

图 1-1 电感器的检测

3. 记录阻值，判定质量，填入表 1-9 中。

表 1-9 电感器的检测

电感线圈序号	阻值	判定结果
1		
2		
3		

❖任务评价

请认真填写表 1-10。

表 1-10 电感器的检测评价表

任务序号	考核内容	配分	自我评价	小组评价	教师评价	备注
1	能解释生活中的自感现象	40 分				
2	会检测电感器的质量	40 分				
3	安全文明操作	10 分				
4	团队协作	10 分				
	合计	100 分				

任务实施过程中存在的问题与不足：

_____

_____

改进措施：

_____

_____

❖思考与练习

填空题

1. 由于线圈本身电流的变化而产生的电磁感应现象，称为＿＿。在自感现象中产生的电动势，称为＿＿＿。

2. 为了增大电感，常常在线圈中放置＿＿或＿＿＿来获得较大的电感。

❖任务实施4　普通二极管极性判断及质量检测

一、任务准备

模拟万用表、晶体二极管若干。

二、任务引导

1. 将万用表拨到 $R×100$ 或 $R×1\,k$ 挡，并进行欧姆调零。

2. 将万用表的红、黑表笔接至二极管的两端，测量二极管两端的电阻 $R_1 =$ ＿＿＿。

3. 将万用表的红、黑表笔对调后接至二极管的两端，测量二极管的电阻 $R_2 =$ ＿＿＿。

4. 比较两次测量结果，阻值小的一次，红表笔接的是二极管的＿＿＿，黑表笔接的是二极管的＿＿；反之，阻值大的一次，＿＿＿接的是二极管的负极，＿＿接的是二极管的正极。

5. 如果满足以上测量结果，则说明二极管质量＿＿。

6. 如果两次测的二极管的正、反向电阻都很小，甚至为0，则说明二极管内部＿＿＿。

7. 如果两次测的二极管的正、反向电阻都很大，则说明二极管内部＿＿＿。

❖任务评价

请认真填写表1-11。

表1-11　普通二极管极性判断及质量检测评价表

任务序号	考核内容	配分	自我评价	小组评价	教师评价	备注
1	能测量二极管的两次电阻并正确读数	20分				
2	能根据测量结果判别二极管极性	30分				
3	能根据测量结果判别二极管质量好坏	30分				
4	安全文明操作	20分				
合计		100分				

任务实施过程中存在的问题与不足：

_____

_____

改进措施：

_____

_____

_____

❖ 任务实施 5　稳压二极管正、负极的判别及质量检测

一、任务准备

模拟万用表、稳压二极管若干。

二、任务引导

1. 将万用表拨到 $R\times1$ k 挡，并进行欧姆调零。

2. 将万用表的红、黑表笔接至稳压二极管的两端，测量稳压二极管两端的电阻 $R_1 =$ ____。

3. 将万用表的红、黑表笔对调后接至稳压二极管的两端，测量稳压二极管的电阻 $R_2 =$ ____。

4. 比较两次测量结果，阻值小的一次，红表笔接的是稳压二极管的_____，黑表笔接的是稳压二极管的____；反之，阻值大的一次，_____接的是稳压二极管的负极，____接的是稳压二极管的正极。

5. 再用万用表 $R\times10$ k 挡，测稳压二极管的正、反向电阻，如果两次所测量的电阻值均在两至三百千欧以下，则说明该稳压二极管是_____；若测得稳压二极管的正、反向电阻均很小，则说明该稳压二极管_____；若稳压二极管的正、反向电阻均为∞，则说明该稳压二极管_____。

❖ 任务评价

请认真填写表 1-12。

表 1-12　稳压二极管的正、负极的判别及质量检测评价表

任务序号	考核内容	配分	自我评价	小组评价	教师评价	备注
1	能测量稳压二极管两次电阻并正确读数	20 分				
2	能根据测量结果判别稳压二极管极性	30 分				
3	能根据测量结果判别稳压二极管质量好坏	30 分				
4	安全文明操作	20 分				
合计		100 分				

任务实施过程中存在的问题与不足：

_____

_____

改进措施：

_____

_____

_____

❖任务实施 6　发光二极管正、负极的判别及质量检测

一、任务准备

发光二极管若干、模拟万用表。

二、任务引导

1. 将万用表拨到 $R×1\text{ k}$ 挡，并进行欧姆调零。

2. 将万用表的红、黑表笔接至发光二极管的两端，测量发光二极管两端的电阻 $R_1 =$ ____。

3. 将万用表的红、黑表笔对调后接至发光二极管的两端，测量发光二极管的电阻 $R_2 =$ ____。

4. 比较两次测量结果，阻值小的一次，红表笔接的是发光二极管的_____，黑表笔接的是发光二极管的____；反之，阻值大的一次，____表笔接的是发光二极管的负极，_____表笔接的是发光二极管的正极。

5. 如果满足以上测量结果，则说明发光二极管质量____。

6. 如果两次测的发光二极管的正、反向电阻都很小，则说明发光二极管内部____。

7. 如果两次测的发光二极管的正、反向电阻都很大，则说明发光二极管内部____。

❖任务评价

请认真填写表 1-13。

表 1-13　发光二极管正、负极的判别及质量检测评价表

任务序号	考核内容	配分	自我评价	小组评价	教师评价	备注
1	能测量发光二极管两次电阻并正确读数	20 分				
2	能根据测量结果判别发光二极管极性	30 分				
3	能根据测量结果判别发光二极管质量好坏	30 分				
4	安全文明操作	20 分				
合计		100 分				

任务实施过程中存在的问题与不足：

_____

_____

_____

改进措施：

_____

_____

_____

❖ 思考与练习

一、填空题

1. 二极管的伏安特性是指_____和_____的关系曲线。

2. 硅二极管的死区电压是_____，导通电压是_____。

3. 锗二极管的死区电压是_____，导通电压是_____。

4. 稳压二极管是一种工作在_____、具有稳定____作用的二极管。

二、选择题

1. 二极管两端加上正向电压时（　　）。

A. 一定导通　　　　　　　　　B. 超过死区电压才能导通

C. 超过 0.7 V 才能导通　　　　D. 超过 0.3 V 才能导通

2. 当温度升高时，二极管的反向饱和电流将（　　）。

A. 增大　　　　　　　　B. 不变　　　　　　　　C. 减小

3. 稳压二极管稳压时，其工作在（　　）。发光二极管发光时，其工作在（　　）。

A. 正向导通区　　　　　　B. 反向截止区　　　　　　C. 反向击穿区

4. 关于二极管的叙述正确的是（　　）。

A. 普通二极管反向击穿后，很大的反向电流使 PN 结温度迅速升高而烧坏

B. 普通二极管发生热击穿，不发生电击穿

C. 硅稳压二极管只发生电击穿，不发生热击穿，所以要串接电阻降压

D. 以上说法都不对

❖ 任务实施 7　晶体管 3 个极及管型的判断

一、任务准备

晶体管若干、模拟万用表。

二、任务引导

1. 用万用表 $R×100$ 或 $R×1\ k$ 挡，对万用表进行调零。

2. 找到基极 B 并判断管型。假设任一引脚为基极，将黑表笔去接任意假设的一脚并作为基极不动，红表笔分别去接另两脚，测得两次偏转均____，则电阻均____，说明假设的基极基本正确，且该管为_____型晶体管。若将红表笔去接假设的基极不动，黑表笔分别去接另两脚测得两次偏转均____，则电阻均____（与刚才完全相反），说明假设的基极正确，且该管为_____型晶体管，如果最后所测结果不能满足上述要求，则该晶体管可能_____。

3. 判定集电极 C 和发射极 E（以 NPN 型晶体管为例）。再假设另外两引脚的任一引脚为集电极，将基极和假设的集电极____，用黑表笔接假设的____，红表笔接假设的____，此时万用表将偏转一个角度；然后假设另一只引脚为集电极，表笔仍按上述要求，此时指针也将偏转一个角度。两次假设中，指针偏转角度大的一次黑表笔接的就是_____，另一引脚为发射极。

❖ 任务评价

请认真填写表 1-14。

表 1-14　晶体管 3 个极及管型的判断评价表

任务序号	考核内容	配分	自我评价	小组评价	教师评价	备注
1	能给万用表正确调零	10 分				
2	能选择合适的挡位	10 分				
3	能检测出晶体管基极并判断出管型	30 分				
4	能检测出晶体管集电极	40 分				
5	安全文明操作	10 分				
合计		100 分				

任务实施过程中存在的问题与不足：

_____

_____

_____

改进措施：

_____

_____

_____

❖思考与练习

填空题

1. 晶体管有____个极，____个区，_____个 PN 结。

2. 晶体管按材料分为_____管和____管两种。

3. 晶体管要具有放大作用的外部条件是_____。

4. 晶体管工作在饱和区时发射结____偏，集电结____偏。

5. 晶体管按结构分为_____和____两种类型，均具有两个 PN 结，即_____和____。

6. 晶体管基极电流 I_B 与集电极电流 I_C 的关系是_____。

7. 晶体管三种基本连接方式是_____、_____、_____。

8. 晶体管的发射结和集电结都正向偏置或反向偏置时，晶体管的工作状态分别是_____和_____。

9. 若某晶体管在发射结加上反向偏置电压，在集电结上也加上反向偏置电压，则这只晶体管处于_____状态。

任务 3　电力器件

❖任务描述

通过电力试验台搭建一个电力电子器件的驱动电路，完成电路中的电流、电压的测量，分析验证与理论中各种电子器件驱动条件是否一致。对比总结几种电力电子器件驱动各有什么特点？如图 1-2、图 1-3 所示。

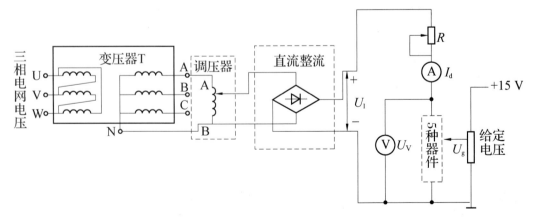

图 1-2　特性实验原理电路

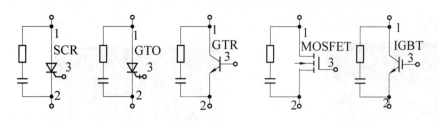

图 1-3　5 种待测试电力电子器件

❖任务实施

一、任务准备

1. 实验设施准备。

设备列表（见表 1-15）。

表 1-15　设备列表

序号	型号	备注
1	DJK01 电源控制屏	主电源控制屏（已介绍）
2	DJK06 给定及实验器件	包含二极管，开关，正、负 15 V 直流给定等
3	DJK07 新器件特性试验	含 SCR、GTO、GTR、MOSFET、IGBT 5 种器件
4	DJK09 单相调压与可调负载	
5	万用表	

2. 小组分工。

组长兼职操作员：对组员的任务进行分配，指导组员按规范连接实验模块，对组员任务实施情况进行评价以及电路的检查。

调试员兼职检验员：负责电路的检查和测试以及任务实施过程记录。

二、任务引导

1. 按设备列表找到实验所需要的器材。

2. 关闭总电源，按照实验电路连接好电路，如图 1-4 所示。

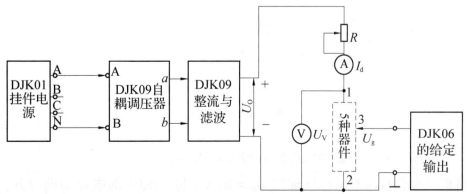

图 1-4　模块电路

3. 实验电路部分细节如图 1-5 所示。

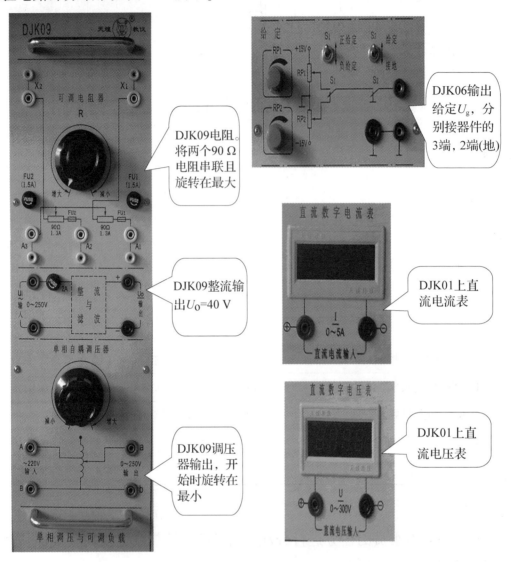

DJK09电阻。将两个90 Ω电阻串联且旋转在最大

DJK06输出给定U_g，分别接器件的3端，2端(地)

DJK09整流输出U_0=40 V

DJK01上直流电流表

DJK01上直流电压表

DJK09调压器输出，开始时旋转在最小

图 1-5　实验电路部分细节

4. 器件连接如图 1-6 所示。

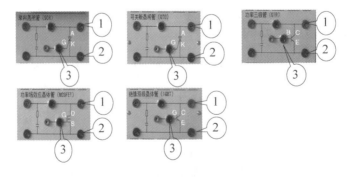

图 1-6　器件连接

5. 检查核对电路。复查一遍确保电路连接准确无误。

6. 参数调整，调整直流整流电压输出 $U_0 = 40$ V。将 DJK01 的电源钥匙拧开，并按启动按钮。将单相调压器输出由小到大逐步增加，使整流输出 $U_0 = 40$ V。

7. 各种器件的参数测试。

（1）将 DJK06 的给定电位器 RP_1 逆时针旋转到底，S_1 拨向"正给定"，S_2 拨向"给定"，打开 DJK06 上的电源开关，DJK06 为器件提供触发电压信号。

（2）逐步右旋 RP_1，使给定电压从 0 开始调节，直至器件触发导通。记录 U_g 从小到大的变化过程中 I_d、U_V 的值，从而可测得器件的 V/A 特性（实验最大可通过电流为 1.3 A）。

（3）将各种器件的 U_g、I_d、U_V 的值填入表 1-16 中。

表 1-16　各种器件的参数

被测器件	被测量	测量值					
SCR	U_g						
	I_d						
	U_V						
GTO	U_g						
	I_d						
	U_V						
MOSFET	U_g						
	I_d						
	U_V						
IGBT	U_g						
	I_d						
	U_V						
GTR	U_g						
	I_d						
	U_V						

❖任务评价

请认真填写表 1-17。

表 1-17　电力器件评价表

任务序号	考核内容	配分	自我评价	小组评价	教师评价	备注
1	模块选型	10 分				
2	电路连接	20 分				
3	参数测试	30 分				
4	安全文明操作	10 分				
5	导通条件分析	20 分				

任务序号	考核内容	配分	自我评价	小组评价	教师评价	备注
6	团队合作奖励	10 分				
合计		100 分				

任务实施过程中存在的问题与不足：

_____

_____

_____

改进措施：

_____

_____

_____

❖思考与练习

一、填空题

1. 在如下器件：晶闸管（SRC）、门极可关断晶闸管（GTO）、绝缘栅双极型晶体管（IGBT）、电力场效应晶体管（电力 MOSFET）中，属于半控器件的是＿＿＿＿＿＿，属于全控器件的是＿＿＿＿＿＿，容量最大的是＿＿＿＿＿＿，工作频率最高的是＿＿＿＿＿＿，属于电压驱动的是＿＿＿＿＿＿，属于电流驱动的＿＿＿＿＿＿。

2. 通常情况下，电力电子器件功率损耗主要为＿＿＿＿＿＿，而当器件开关频率较高时，功率损耗主要为＿＿＿＿＿＿。

3. IGBT 是＿＿＿＿＿＿与＿＿＿＿＿＿两个器件复合而成的器件。

4. 按照驱动电路加在电力电子器件控制端和公共端之间的性质，可将电力电子器件分为＿＿＿＿和＿＿＿＿两类。

5. 绝缘栅双极型晶体管综合了＿＿＿＿和＿＿＿＿的优点。

6. 晶闸管不同于二极管是因为其具有正向导通的＿＿＿＿特性。

7. 电力晶体管简称＿＿＿＿或 BJT。

二、选择题

1. 电力电子器件功率损耗的主要原因是（   ）。

A. 通态损耗   B. 断态损耗   C. 开通损耗   D. 关断损耗

2. 晶闸管一旦导通，门极就（   ）控制作用，不论门极触发电流是否还存在，晶闸管都（   ）导通。

A. 失去 停止   B. 失去 保持   C. 保持 停止   D. 保持 保持

3. 下列哪一种方法不能关断晶闸管（　　）。

A. 去掉阳极所加的正向电压

B. 给阳极施加正向电压

C. 使流过晶闸管的电流降低到接近于 0 的某一数值

D. 去掉外电路注入门极的触发电流

4. 下面哪个是绝缘栅双极型晶体管的简称（　　）。

A. GTO　　　　　　B. GTR　　　　　　C. IGBT　　　　　　D. MOSFET

5. 晶闸管被称为（　　）型器件。

A. 全控　　　　　　B. 不可控　　　　　　C. 半控

三、判断题（正确用"T"表示，错误用"F"表示)

1. 晶闸管导通后，移去阳极电压，晶闸管还是能继续导通。（　　）

2. 在实际电路中，采用阳极电压反向或增大回路阻抗等方式，可能使晶闸管由导通变为关断。（　　）

3. 电压驱动型器件的共同特点是，输入电抗低，所需驱动功率小，驱动电路简单，工作频率低。（　　）

4. GTR 与普通的双极型晶体管基本原理是一样的，但对 GTR 来说，最主要的特性是耐压高、电流大、开关特性好。（　　）

5. 额定电流按照电流的发热效应在允许的范围内，所以额定电流为电流的有效值。（　　）

四、问答题

1. 使晶闸管导通的条件是什么？

2. 维持晶闸管导通的条件是什么？怎样才能使晶闸管由导通变为关断？

3. IGBT、GTR、GTO 和电力 MOSFET 的驱动电路各有什么特点？

4. 如何防止电力 MOSFET 因静电感应引起的损坏？

5. 什么信号可作晶闸管的门极控制信号？

6. SCR、GTO、GTR、MOSFET、IGBT 导通的条件分别是什么？

项目 2　三相电动机正、反转控制

任务 1　伏安法测小灯泡的电阻

❖任务描述

电阻串、并联电路在汽车电路中被广泛使用。

伏安法（又称伏特测量法、安培测量法）是一种较为普遍的测量电阻的方法，通过利用部分电路欧姆定律 $R=U/I$ 来测出电阻值。用电流表测出在此电压下通过未知电阻的电流，然后计算出未知电阻的阻值，这种测电阻的方法称为伏安法。

用电压表并联来测量电阻两端的电压，用电流表串联来测量电阻通过的电流强度。但由于电表的内阻往往对测量结果有影响，所以这种方法常带来明显的系统误差。

有两种接法：外接法和内接法。所谓外接、内接，即为电流表接在电压表的外面或里面，如图 2-1 所示。

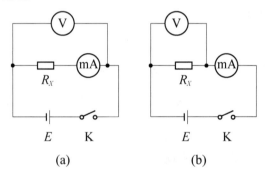

图 2-1　伏安法测电阻原理图

（a）电流表内接；（b）电流表外接

外接测得的是电压表和电阻并联的电流，而电压值是准确的，根据欧姆定律，并联时的电流分配与电阻成反比，这种接法适合于测量阻值较小的电阻；内接，电流表测量准确，但电压表测量得到的是电流表和电阻共同的电压，根据欧姆定律，串联时的电压分配与电阻成正比，这种接法适合于测量阻值较大的电阻。

❖任务实施

一、任务准备

1. 实验设施准备。

多媒体课件、电池及电池盒、直流电流表、直流电压表、电位器、小灯泡、开关和导线。

2. 小组分工。

组长兼职操作员：对组员的任务进行分配，指导组员根据电路原理连接好实物，按要求测量电流值和电压值，计算电阻值。

检验员：负责电路的检查和测量以及任务实施过程记录。

二、任务引导

1. 根据图 2-2（a）所示电路图，将图 2-2（b）中的实物按图示位置放好。

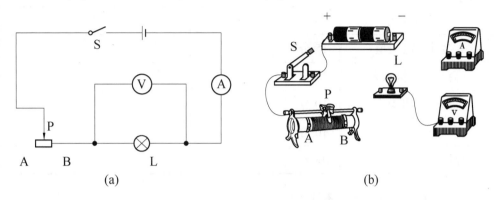

图 2-2　伏安法测电阻实验电路

（a）实验电路原理；（b）电路实物连线

需要注意的是，滑动变阻器有 4 个接线柱，连接时只需连接"一上一下"两个接线柱即可。另外，电流表应串联在被测小灯泡的电路中，而电压表直接并联在被测小灯泡的两端。

2. 检查连接好的小灯泡电路。确保导线与接线柱之间接触良好。

3. 将滑动变阻器阻值调到最大。将其滑片滑动到离下面接线柱最远的位置，使接入电路的阻值最大。

4. 检查电路连接无误后，闭合开关。

5. 移动滑片，逐渐减小滑动变阻器的阻值，观察电流表和电压表指针的变化，将读数填入表 2-1 中。

6. 根据欧姆定律计算小灯泡的阻值，填入表 2-1 中。

7. 计算测量电阻平均值，填入表 2-1 中，即为小灯泡的电阻。

8. 分析误差原因。

表 2-1　伏安法测小灯泡的电阻技训表

任务测量项目		测量值		计算值		误差分析
		电压 U/V	电流 I/A	电阻 R/Ω	电阻平均值/Ω	
移动滑片，不断减小滑动变阻器的阻值	第一次					
	第二次					
	第三次					

❖任务评价

请认真填写表 2-2。

表 2-2　伏安法测小灯泡的电阻评价表

任务序号	考核内容	配分	自我评价	小组评价	教师评价	备注
1	正确连接电路	30分				
2	正确读数	20分				
3	会计算电阻值	15分				
4	会分析测量误差	15分				
5	安全文明操作	10分				
6	团队协作	10分				
合计		100分				

任务实施过程中存在的问题与不足：

_____

_____

_____

改进措施：

_____

_____

_____

❖思考与练习

分析与计算题

1. 如果导体两端的电压是 6 V，流过它的电流是 2 A，则导体的电阻是多少？

2. 车床照明灯的电压是 36 V，电阻为 720 Ω，求这盏灯正常工作时，通过它的电流为多少？

3. 在研究导体中的电流与电压的关系实验中，某同学发现当电压表示数为 5 V 时，电流表示数为 0.25 A，此时导体的电阻为多大？若电压表示数为 6 V，电流表的示数会变为多少？

4. 一个"220 V、1 kW"的电炉，正常工作时的电流为多大？如果不考虑温度对电阻的影响，把它接到 110 V 的电压上，它的功率是多少？

5. 小明家有一台计算机，正常使用时消耗的电功率为 350 W，平均每天使用 4 h，一个暑假（60 天）需要用多少度电？若每度电按 0.80 元计算，需要用多少电费？

任务 2　电磁感应

❖任务描述

电磁感应在汽车的测速、点火、发电、刹车、仪表等系统中广泛使用。

电磁感应（见图 2-3）又称磁电感应现象，是指闭合电路的一部分导体在磁场中做切割磁感线运动，导体中会产生电流的现象。这种利用磁场产生电流的现象称为电磁感应现象，产生的电流称为感应电流。

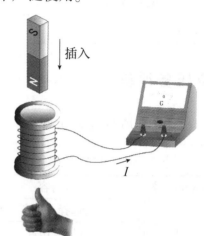

图 2-3　电磁感应

❖任务实施

一、任务准备

1. 实验设施准备。

电磁线圈、灵敏电流计、条形磁铁、导线若干。

2. 小组分工。

组长兼职操作员：对组员的任务进行分配，指导组员检查实训器材，连接电路，使用仪表。

检验员：电路的检查和观察测量以及任务实施过程记录。

二、任务引导

在本次实训中，验证电磁感应现象的电路如图 2-3 所示。具体操作步骤如下。

1. 元件名称、结构、参数的认识。

2. 条形磁铁在电磁线圈外面静止不动，观察灵敏电流计指示有无变化，若有变化，则指针怎么偏移。

3. 条形磁铁插入电磁线圈过程，观察灵敏电流计指示有无变化，若有变化，则指针怎么偏移。

4. 条形磁铁在电磁线圈里面静止不动，观察灵敏电流计指示有无变化，若有变化，则指针怎么偏移。

5. 条形磁铁离开电磁线圈过程，观察灵敏电流计指示有无变化，若有变化，则指针怎么偏移。

表 2-3　验证电磁感应技训表

条形磁铁位置	灵敏电流计指针变化（左偏、右偏、中间静止不动）
在电磁线圈外面静止	
插入电磁线圈过程	
在电磁线圈里面静止	
离开电磁线圈过程	
结论	

❖任务评价

请认真填写表 2-4。

表 2-4　电磁感应评价表

任务序号	考核内容	配分	自我评价	小组评价	教师评价	备注
1	正确选择元器件	20 分				
2	正确安装电路	40 分				
3	通电调试	20 分				
4	安全文明操作	10 分				
5	团队协作	10 分				
合计		100 分				

任务实施过程中存在的问题与不足：

_____

_____

改进措施：

_____

_____

❖思考与练习

选择题

1. 关于感应电动势，下列说法中正确的是（　　　）。

A. 电源电动势就是感应电动势

B. 产生感应电动势的那部分导体相当于电源

C. 在电磁感应现象中没有感应电流就一定没有感应电动势

D. 电路中有电流就一定有感应电动势

2. 从同一位置将一磁铁缓慢或迅速地插到闭合线圈中同样位置处，不发生变化的物理量有（　　）。

  A. 磁通量的变化率   B. 感应电流的大小

  C. 消耗的机械能   D. 磁通量的变化量

任务 3　三相对称负载星形连接电压、电流的测量

❖ 任务描述

  1. 掌握三相负载星形连接方法。

  2. 掌握三相对称负载星形连接电压、电流的测量方法与步骤。

  3. 进一步了解中性线的作用。

❖ 任务实施

一、任务准备

  1. 实验设施准备。

  交流电源（三相四线制供电）、白炽灯 3 只（负载模块）、交流电流表 3 只、万用表、连接导线若干。

  2. 小组分工。

  组长兼职操作员：对组员任务进行分配，指导组员根据原理图搭建电路，测量有中性线和无中性线两种情况下，各相负载的电流与电压。

  检验员：负责电路的检查和测量以及任务实施过程记录。

二、任务引导

  1. 连接电路。

  实验电路原理如图 2-4 所示，根据电路原理在实验台上搭接电路，如图 2-5 所示。

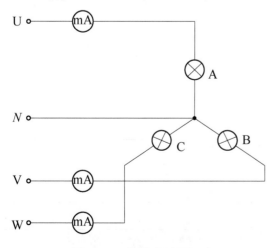

图 2-4　实验电路原理

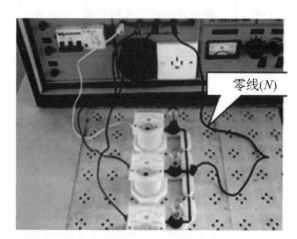

图 2-5　搭建实物

2. 检查。

用万用表的电阻挡对所连接电路进行短路或断路的检查，直到电路连接正确为止。

3. 测量有中性线时各相负载的电流与电压。

（1）检查电路连接无误后，接通三相电源，此时，3 只白炽灯均被点亮；否则，再次检查电路连接的可靠性。

（2）根据电流表指针偏转情况，正确读出各相负载中流过的电流 I_U、I_V 和 I_W 的大小，填入表 2-5 中。

（3）用万用表的交流电压挡分别测出各相负载两端的相电压 U_U、U_V 和 U_W，填入表 2-5中。

（4）用万用表的交流电压挡分别测出线电压 U_{UV}、U_{VW} 和 U_{WU}，填入表 2-5 中。

4. 测量无中性线时各相负载的电流与电压。

在切断电源的情况下，断开三相四线制中的中性线，重复以上（1）～（4）步骤。

表 2-5　三相对称负载星形连接时电压与电流测试技训表

负载连接情况	I_U/mA	I_V/mA	I_W/mA	U_{WU}/V	U_{UV}/V	U_{VW}/V	U_U/V	U_V/V	U_W/V
有中性线									
无中性线									
分析：有中性线与无中性线时各相电流、相电压及线电压是否相等									

❖任务评价

请认真填写表 2-6。

表 2-6　三相对称负载星形连接电压、电流的测量评价表

任务序号	考核内容	配分	自我评价	小组评价	教师评价	备注
1	三相负载的星形连接正确	40 分				
2	正确测量各个数据	40 分				
3	安全文明操作	10 分				
4	团队协作	10 分				
合计		100 分				

任务实施过程中存在的问题与不足：

_____

_____

_____

改进措施：

_____

_____

_____

❖思考与练习

一、填空题

1. 三相对称电压就是 3 个频率_____、幅值_____、相位互差_____的三相交流电压。

2. 三相电源相线与中性线之间的电压称为_____。

3. 三相电源相线与相线之间的电压称为_____。

4. 有中性线的三相供电方式称为_____。

5. 无中性线的三相供电方式称为_____。

6. 在三相四线制的照明电路中，相电压是_____V，线电压是_____V。

二、分析与计算题

1. 某三相对称负载做星形连接，每相负载的电阻 $R = 30\ \Omega$，感抗 $X_L = 40\ \Omega$，现把它接入三相四线制对称电源，电源线电压为 380 V。试求负载的相电压、相电流和线电流。

2. 有一三相电动机，每相绕组的电阻是 $60\ \Omega$，感抗为 $80\ \Omega$，绕组为星形连接，接入线电压为 380 V 的三相电源上，求该电动机的功率。

3. 在三相四线制供电系统中，中性线主要有什么作用？

三、实践与应用题

1. 给你一只试电笔或一只万用表，你能用这些器件确定三相四线制供电线路中的相线和中性线吗？请写出具体的操作方法。

2. 如图 2-6 所示，三相异步电动机绕组的额定电压为 220 V，三相电源 U、V、W 的线电压为 380 V，若要使三相异步电动机正常工作，则三相异步电动机的 6 个接线柱与三相电源之间该如何连接？在图中画出正确的连接线。

3. 图 2-7 为某三相异步电动机的接线盒，已知该电动机绕组的额定电压为 380 V，电源的电压也为 380 V，问：如何连接才能使该电动机正常工作？请在图中画出正确的连接线。

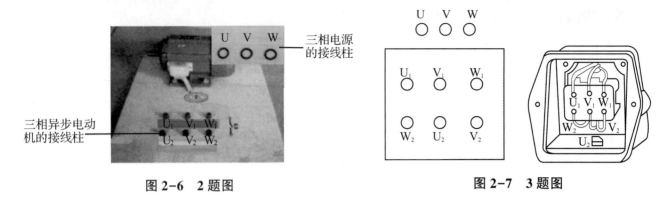

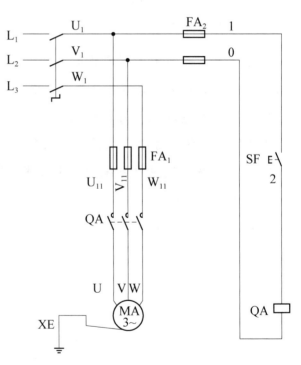

图 2-6　2 题图

图 2-7　3 题图

任务 4　电动机点动控制

❖ 任务描述

电动机在汽车中也被广泛使用。

此工作任务为电动机点动控制（见图 2-8），主要使学生掌握正确识别、选用、安装、使用按钮和接触器，熟悉它们的功能、基本结构、工作原理及型号意义，熟记它们的图形符号和文字符号；学习绘制、识读电气控制线路的电路原理图、电气接线图和电器布置图；熟悉电动机控制线路的一般安装步骤，学会安装点动正转控制线路。学生接到本任务后，应根据任务要求，准备工具和仪器仪表，做好工作现场准备，严格遵守作业规范进行施工，线路安装完毕后进行调试，填写相关表格并检测，指导教师验收。按照现场管理规范清理场地、归置物品。

图 2-8　电动机点动控制

❖ 任务实施

一、任务准备

1. 实验设施准备。

通用电工实训台、按钮、交流接触器、组合开关、热继电器、电动机、导线等。

2. 小组分工。

组长兼职操作员：对组员任务进行分配，指导组员正确识别元器件，正确连接主电路、控制电路。

检验员：电路的检查和测量以及任务实施过程记录。

二、任务引导

1. 认识元器件，并正确选择相应规格的元器件。

2. 安装步骤及工艺要求。

（1）逐个检验电气设备和元件的规格及质量是否合格。

（2）正确选配导线的规格、导线通道类型和数量、接线端子板型号等。

（3）在控制板上安装电器元件，并在各电器元件附近做好与电路图上相同代号的标记。

（4）按照控制板内布线的工艺要求进行布线和套编码套管。

（5）选择合理的导线走向，做好导线通道的支持准备，并安装控制板外部的所有电器。

（6）进行控制箱外部布线，并在导线线头上套装与电路图相同线号的编码套管。对于可移动的导线通道应放适当的余量，使金属软管在运动时不承受拉力，并按规定在通道内放好备用导线。

（7）检查电路的接线是否正确和接地通道是否具有连续性。

（8）检查热继电器的整定值是否符合要求。各级熔断器的熔体是否符合要求，若不符合要求则应予以更换。

（9）检查电动机的安装是否牢固，与生产机械传动装置的连接是否可靠。

（10）检测电动机及线路的绝缘电阻，清理安装场地。

（11）点动正转控制电动机起动，转向是否符合要求。

3. 通电调试。

（1）通电空转试验时，应认真观察各电器元件、线路。

（2）通电带负载试验时，应认真观察各电器元件、线路。

4. 注意事项。

（1）不要漏接接地线。严禁采用金属软管作为接地通道。

（2）在导线通道内敷设的导线进行接线时，必须集中思想，做到查出一根导线，立即套上编码套管，接上后再进行复验。

（3）在安装、调试过程中，工具、仪表的使用应符合要求。

（4）通电操作时，必须严格遵守安全操作规程。

❖任务评价

请认真填写表2-7。

表 2-7　电动机点动控制评价表

任务序号	考核内容	配分	自我评价	小组评价	教师评价	备注
1	正确选择元器件	20 分				
2	正确安装电路	40 分				
3	通电调试	20 分				
4	安全文明操作	10 分				
5	团队协作	10 分				
合计		100 分				

任务实施过程中存在的问题与不足：

_____

_____

改进措施：

_____

_____

❖ 思考与练习

一、填空题

1. 异步电动机根据转子结构的不同可分为_____式和_____式两大类。它们的工作原理_____。_____式电机调速性能较差，_____式电机调速性能较好。

2. 三相异步电动机主要由_____和_____两大部分组成。电机的铁芯是由相互绝缘的_____片叠压制成。电动机的定子绕组可以连接成_____或_____两种方式。

3. 电动机常用的两种降压起动方法是_____起动和_____起动。

4. 降压起动是指利用起动设备将电压适当_____后加到电动机的定子绕组上进行起动，待电动机达到一定的转速后，再使其恢复到_____下正常运行。

二、问答题

1. 三相异步电动机在额定状态附近运行，当（1）负载增大；（2）电压升高；（3）频率增大时，试分别说明其转速和电流做何变化？

2. 有的三相异步电动机有 380/220 V 两种额定电压，定子绕组可以接成星形或者三角形，试问何时采用星形接法？何时采用三角形接法？

3. 在电源电压不变的情况下，如果将三角形接法的电动机误接成星形，或者将星形接法的电动机误接成三角形，其后果如何？

项目 3　功率放大器的装调

任务 1　三端集成稳压电源的装配与调试

❖任务描述

根据图 3-1 所示三端集成稳压电源原理图，准备对应元器件、工具和仪表，完成线路装配与调试任务。

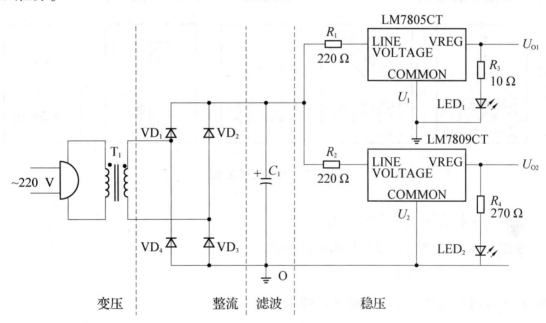

图 3-1　三端集成稳压电源原理

❖任务实施

一、任务准备

根据任务内容，需要提前准备好如下工具。

准备工具：电烙铁、烙铁架、镊子、尖嘴钳、斜口钳、焊锡丝、万用表、示波器。

二、任务引导

1. 理解 W78×× 系列直流稳压电源的工作原理。

理解整个电路的工作原理，明确各部分电压的性质（交流/直流）。

电路组成：T_1 为电源变压器，VD_1、VD_2、VD_3、VD_4 组成桥式整流电路，C_1 为滤波电容，7805、7809 为三端集成稳压器。

电路工作原理：电网供给的 220 V、50 Hz 交流电，经过变压器 T_1 降压后，再由 VD_1、VD_2、VD_3、VD_4 对交流电压进行整流处理，使之成为脉动的直流电；又经滤波电容 C_1 滤波，变为平滑的直流电；最后经 7805、7809 稳压变为稳定的直流电，如图 3-2 所示。

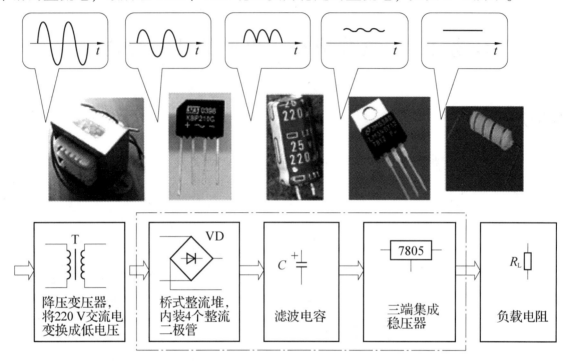

图 3-2　电路工作原理

（1）整流——将交流电转换成直流电。

（2）滤波——减小交流分量使输出电压平滑。

（3）稳压——稳定直流电压。

2. W78×× 系列直流稳压电源电路元器件的识别。

对 W78×× 系列直流稳压电源电路所包含的元器件进行识别，并了解它们在电路中的作用，如表 3-1 所示。

表 3-1　元器件清单

元件型号	编号	数量/只	清点结果
3 300 μF/35 V	C_1	1	
220 Ω	R_1	1	
220 Ω	R_2	1	
220 V	T_1	1	
IN4001×4	$VD_1 \sim VD_4$	4	
7805	U_1	1	

元件型号	编号	数量/只	清点结果
7809	U_2	1	
10 Ω	R_3	1	
270 Ω	R_4	1	
LED	LED_1、LED_2	2	
万能电路板或印刷电路板		1	
电源线		1	
导线		若干	

3. W78××系列直流稳压电源电路元器件的检测（判断引脚，检测质量，分类）。

（1）变压器的检测：区分一次绕组与二次绕组，$R_{一次}$ = ＿＿＿＿＿，$R_{二次}$ = ＿＿＿＿＿＿。

（2）电解电容的检测：区分正、负级。

（3）电阻器的检测：测量阻值，R_1 = ＿＿＿＿＿＿，R_2 = ＿＿＿＿＿＿＿。

（4）整流二极管的检测：区分正、负级。

（5）W78××系列的检测（见表 3-2）。

表 3-2　W78××系列检测

三端集成稳压器序号	三端集成稳压器型号	三端集成稳压器引脚			输出电压
		①脚	②脚	③脚	
U_1					
U_2					

4. W78××系列直流稳压电源的电路焊接装配。

利用万能板对照电路原理图进行元器件的焊接和装配。

（1）根据元器件清单选择元器件。

（2）元器件引脚成型：将元器件按安装要求成型、上锡。

①元器件引脚不得从根部弯曲，一般应保留 1.5 mm 以上。

②引脚弯曲一般不要成死角，圆弧半径应大于引脚直径的 1~2 倍。

③要尽量将元器件有字符的面置于容易观察的位置。

④对于卧式安装，两引脚左右弯折要对称，引出线要平行，其间的距离应与印制电路板两焊盘孔的距离相等，以便插装。

（3）元器件布局与安装。

①根据万能电路板的大小及电路元件的数量恰当地进行元器件的布局，要求元件间间隔适当。

②尽可能保证元件引脚间不要交叉。

③安装元器件时，二极管、晶体管、电解电容极性不能接反、接错。

④元器件的插装应遵循先小后大、先轻后重、先低后高、先里后外的原则。

⑤安装形式：电阻、二极管一般采用卧式安装，即将元器件紧贴印刷电路板的板面水平放置，对于大功率电阻等元器件要距板面 2~3 mm。晶体管、电容等元器件采用立式安装，即将元器件垂直插入印刷电路板，一般要求距板面 2~3 mm。

（4）元器件的焊接。

①先小件，后大件；先电阻，再电容；最后二极管、晶体管、电位器。

②注意焊接时间，每个焊点时间应不超过 3 s，以防止烧坏器件及烧脱铜箔。

③保证焊接质量，避免虚焊、桥接、漏焊、半边焊、毛刺、焊锡过量或过少、助焊剂过量等不良焊接现象。

④保证印刷电路板清洁。

（5）元器件引脚剪切：插孔式元器件引脚长度为 2~3 mm，且剪切整齐。

（6）检查：通电前一定要检查电路结构，杜绝短路、开路或其他连接错误（可相互检查）。

5. W78×× 系列直流稳压电源的调试与测试。

（1）电路检查无误后，在变压器输入端加上 220 V 交流电。

（2）分别测量变压器二次绕组两端的电压 U_2、滤波电容 C_1 两端的电压 U_{C1}。

（3）测量电路的输出电压 U_A、U_B。

（4）按表 3-3 所示测试电压，并填入表中。

表 3-3　直流稳压电源的调试与测试

测量点	电压值/V
变压器一次电压 U_1	交流还是直流（　　　　）；大小（　　　　）
变压器二次电压 U_2	交流还是直流（　　　　）；大小（　　　　）
滤波电容 C_1 端电压 U_{C1}	交流还是直流（　　　　）；大小（　　　　）
输出电压（U_{O1} 端电压）	
输出电压（U_{O2} 端电压）	
U_1 各极电位	$V_1=$　　　　；$V_2=$　　　　；$V_3=$
U_2 各极电位	$V_1=$　　　　；$V_2=$　　　　；$V_3=$
LED$_1$ 端电压	
LED$_2$ 端电压	

❖任务评价

请认真填写表3-4。

表3-4　三介器集成稳压电源的装配与调试评价表

任务序号	考核内容	配分	自我评价	小组评价	教师评价	备注
1	原理分析	10分				
2	元器件的识别	10分				
3	元器件的检测	15分				
4	焊接安装	20分				
5	调试与测试	35分				
6	职业素养	10分				
合计		100分				

任务实施过程中存在的问题与不足：

_____

_____

_____

改进措施：

_____

_____

_____

❖思考与练习

一、填空题（选择括号内合适的内容填空）

1. 在直流电源中变压器二次电压相同的条件下，若希望二极管承受的反向电压较小，而输出直流电压较高，则应采用____整流电路；若负载电流为200 mA，则宜采用_____滤波电路；若在负载电流较小的电子设备中，为了得到稳定的但不需要调节的直流输出电压，则可采用_____稳压电路或集成稳压器电路；为了适应电网电压和负载电流变化较大的情况，且要求输出电压可调，则可采用_____晶体管稳压电路或可调的集成稳压器电路。（半波，桥式，电容型，电感型，稳压管，串联型）

2. 具有放大环节的串联型稳压电路在正常工作时，调整管处于____工作状态。若要求输出电压为18 V，调整管压降为6 V，整流电路采用电容滤波，则电源变压器二次电压有效值应选_____V。（放大，开关，饱和，18，20，24）

二、判断题（正确用"T"表示，错误用"F"表示）

1. 直流电源是一种将正弦信号转换为直流信号的波形变化电路。（   ）

2. 直流电源是一种能量转换电路，它将交流能量转换成直流能量。（   ）

3. 在变压器二次电压和负载电阻相同的情况下，桥式整流电路的输出电流是半波整流电路输出电流的2倍。（   ）

4. 若 U_2 为变压器二次电压的有效值，则半波整流电容滤波电路和全波整流滤波电路在空载时的输出电压均为 $\sqrt{2}U_2$。（   ）

5. 一般情况下，开关型稳压电路比线性稳压电路的效率高。（   ）

6. 整流电路可将正弦电压变为脉动的直流电压。（   ）

7. 整流的目的是将高频电流变为低频电流。（   ）

8. 在单项桥式整流电容滤波电路中，若有一只整流管断开，则输出电压平均值变为原来的一半。（   ）

9. 直流稳压电源中滤波电路的目的是将交流变为直流。（   ）

10. 开关型直流电源比线性直流电源效率高的原因是调整管工作在开关状态。（   ）

三、实践与应用题

1. 串联型稳压电路如图3-3所示，稳压管VZ的稳定电压为5.3 V，电阻 $R_1 = R_2 = 200\ \Omega$，晶体管 $U_{BE} = 0.7$ V。

（1）试说明电路如下4个部分分别由哪些元器件构成（填空）：

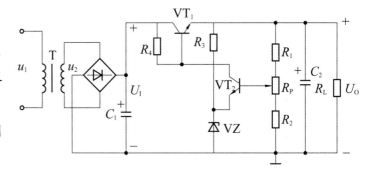

①调整管 _____，

_____

②放大环节 _____，_____

③基准环节 _____，_____

④取样环节 _____，_____

图3-3   串联型直流稳压电路

（2）当 R_P 的滑动端在最下端时 $U_O = 15$ V，求 R_P 的值。

（3）当 R_P 的滑动端移至最上端时，$U_O = ?$

2. 试将上题中的串联型晶体管稳压电路用W7800代替，并画出电路图；若有一个具有中心抽头的变压器，一块全桥，一块W7815，一块W7915和一些电容、电阻，试组成一个可输出±15 V的直流稳压电路。

任务 2　TDA2030 有源功放的装配与调试

❖任务描述

根据图 3-4 所示的 TDA2030 有源功放原理图，准备对应元器件、工具和仪表，完成线路装配与调试任务。

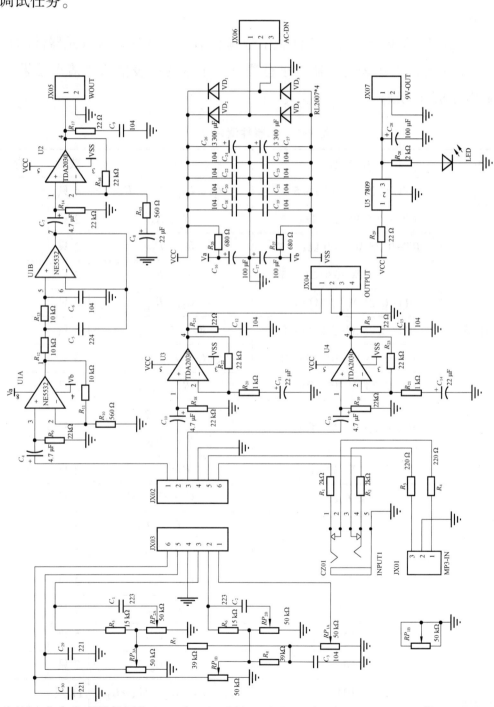

图 3-4　TDA2030 有源功放原理

❖任务实施

一、任务准备

根据任务内容，需要提前准备好如下工具。

准备工具：电烙铁、烙铁架、镊子、尖嘴钳、斜口钳、焊锡丝、万用表、示波器。

二、任务引导

1. 元器件的识别。

根据表 3-5 的元器件清单表，从元器件袋中选择合适的元器件。清点元器件的数量、目测元器件有无缺陷，亦可用万用表对元器件进行测量，正常的在表格的"清点结果"栏填上"√"。目测印刷电路板有无缺陷。

表 3-5　元器件清单

序号	元件名称	型号规格	标号	数量	清点结果
1	色环电阻器	RT-0.25 W-22 Ω±5%	R_{17}、R_{24}、R_{25}、R_{29}	4 只	
2		RT-0.25 W-220 Ω±1%	R_3、R_4	2 只	
3		RT-0.25 W-560 kΩ±1%	R_{10}、R_{15}	2 只	
4		RT-0.25 W-680 Ω±5%	R_{26}、R_{27}	2 只	
5		RT-0.25 W-1 kΩ±1%	R_{20}、R_{21}	2 只	
6		RT-0.25 W-2 kΩ±1%	R_1、R_2、R_{28}	3 只	
7		RT-0.25 W-10 kΩ±1%	R_{11}、R_{12}、R_{13}	3 只	
8		RT-0.25 W-15 kΩ±1%	R_5、R_6	2 只	
9		RT-0.25 W-22 kΩ±1%	R_9、R_{14}、R_{16}、R_{18}、R_{19}、R_{22}、R_{23}	7 只	
10		RT-0.25 W-39 kΩ±1%	R_7、R_8	2 只	
11	电解电容器	4.7 μF	C_4、C_7、C_{10}、C_{13}	4 只	
12		22 μF	C_8、C_{11}、C_{14}	3 只	
13		100 μF	C_{16}、C_{17}、C_{28}	3 只	
14		3 300 μF	C_{26}、C_{27}	2 只	
15	涤纶电容器	221	C_{29}、C_{30}	2 只	
16		223	C_1、C_2	2 只	
17		104	C_3、C_6	2 只	
18	独石电容器	104	C_9、C_{12}、C_{15}、$C_{18}\sim C_{25}$	11 只	
19		224	C_5	1 只	

续表

序号	元件名称	型号规格	标号	数量	清点结果
20	双联电位器	50 kΩ	RP_1、RP_2、RP_3	3 只	
21	发光二极管	φ3 mm	LED	1 只	
22	整流二极管	IN5399	VD_1、VD_2、VD_3、VD_4	4 个	
23	集成电路	TDA2030	U2、U3、U4	3 个	
24	集成电路	NE5532	U1	1 个	
25	集成电路	7809	U5	1 个	
26	6P 排插	2.54 mm	JX02、JX03	2 个	
27	2P 接线端子	5.08 mm	JX04、JX05	2 个	
28	3P 接线端子	5.08 mm	JX06	1 个	
29	2P 针座	2.0 mm	JX07	2 个	
30	3P 针座	2.0 mm	JX01	1 个	
31	散热器	76×22×55	—	1 个	
32	电路板	配套	—	1 块	

2. 元器件的检测（见表 3-6）。

表 3-6 元器件的检测

序号	名称	识别及检测内容		得分
1	电阻器 R_2	标称值：	测量值：	
2	电阻器 R_5	标称值：	测量值：	
3	电容器 C_4	标称值：	测量值	
4	电容器 C_5	标称值：	测量值：	
5	二极管 VD_1	正向电阻： 反向电阻：	（注明表型、量程）	

3. 焊接装配。

根据原理图和装配图进行焊接装配。要求不漏装、错装，不损坏元器件，无虚焊、漏焊和搭锡，元器件排列整齐并符合工艺要求。

4. 调试与测试。

（1）通电前检查。

用万用表 $R×1$ 挡分别检测电源开关闭合时电源线插头两端电阻，以判断电路是否有短路现象；再检测电源+12 V 和-12 V 输出端对地的正向电阻和反向电阻，以判断电路是否存在短路现象。

（2）检测电源电路。

供电检测，电源指示灯工作正常，检测 7809 输入电压为_____、输出电压为_____
____。

（3）调测功率放大电路。

用万用表检测 3 只 TDA2030 各引脚直流电压。并上网查资料，对比数据，判断工作是否正常。同时，听扬声器是否有异常响声，触摸集成电路是否异常发热，检测数据分别填入表 3-7、表 3-8 中。

表 3-7　通电检测 IC4 记录

序号	测试项目	测试数据	正常与否
1	正相输入端		
2	反向输入端		
3	负电源输入端		
4	功率输出端		
5	正电源输入端		

表 3-8　通电检测 IC5 记录

序号	测试项目	测试数据	正常与否
1	正相输入端		
2	反向输入端		
3	负电源输入端		
4	功率输出端		
5	正电源输入端		

（4）调测音调电路和低音前置电路。

通电测试（运放 NE5532 集成电路引脚对地电压），将测试数据填入表 3-9 中。

表 3-9　NE5532 测试记录

序号	测试项目	测试数据	正常与否
1	8（+12 V 供电端）		
2	4（-12 V 供电端）		
3	2（反相端）		
4	3（同相端）		
5	5（同相端）		
6	6（反相端）		
7	1（输出端）		
8	7（输出端）		

（5）调试整机电路。

整机调试时，将音量电位器置于音量较小的位置，将手机等播放的音乐信号接入有源音箱，调节音量电位器，看是否能顺利调节音量大小，左、右声道声音是否平衡。调节高音、低音电位器，听高音、低音能否正常调节。将高音、低音置于合适位置，音量电位器置于较大位置，长时间工作，听声音是否正常，触摸集成电路是否过热。

❖任务评价

请认真填写表 3-10。

表 3-10　TDA2030 有源功效的装配与调试评价表

任务序号	考核内容	配分	自我评价	小组评价	教师评价	备注
1	原理分析	10 分				
2	元器件的识别	10 分				
3	元器件的检测	10 分				
4	焊接装配	20 分				
5	调试与测试	40 分				
6	职业素养	10 分				
合计		100 分				

任务实施过程中存在的问题与不足：

_____

_____

_____

改进措施：

_____

_____

_____

❖思考与练习

一、选择题

1. 功率放大电路的最大输出功率是在输入电压为正弦波时，输出基本不失真的情况下，负载上可能获得的最大（　　　）。

　　A. 交流功率　　　　　　　　　　　B. 直流功率

　　C. 平均功率　　　　　　　　　　　D. 瞬时功率

2. 功率放大电路的转换效率是指（　　　）。

　　A. 输出功率与晶体管所消耗的功率之比

B. 最大输出功率与电源提供的平均功率之比

C. 晶体管所消耗的功率与电源提供的平均功率之比

D. 电源提供的平均功率与晶体管所消耗的功率之比

3. 在 OCL 乙类功放电路中，若最大输出功率为 1 W，则电路中功放管的集电极最大功耗约为（　　）。

A. 1 W
B. 0.5 W
C. 0.2 W
D. 0.25 W

4. 在选择功放电路中的晶体管时，应当特别注意的参数有（　　）。

A. β
B. I_{CM}
C. I_{CBO}
D. $U_{(BR)CEO}$
E. P_{CM}
F. f_T

5. 如图 3-5 所示电路中晶体管饱和管压降的数值为 $|U_{CES}|$，则最大输出功率 $P_{OM}=$（　　）。

A. $\dfrac{(V_{CC}-U_{CES})^2}{2R_L}$

B. $\dfrac{(\frac{1}{2}V_{CC}-U_{CES})^2}{R_L}$

C. $\dfrac{(\frac{1}{2}V_{CC}-U_{CES})^2}{2R_L}$

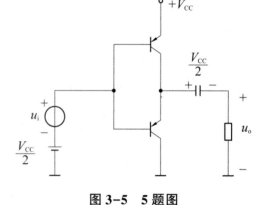

图 3-5　5 题图

二、判断题（正确用 "T" 表示，错误用 "F" 表示）

1. 在功率放大电路中，输出功率越大，功放管的功耗越大。（　　）

2. 功率放大电路的最大输出功率是指在基本不失真情况下，负载上可能获得的最大交流功率。（　　）

3. 当 OCL 电路的最大输出功率为 1 W 时，功放管的集电极最大耗散功率应大于 1 W。（　　）

4. 功率放大电路与电压放大电路、电流放大电路的共同点：

（1）都使输出电压大于输入电压。（　　）

（2）都使输出电流大于输入电流。（　　）

（3）都使输出功率大于信号源提供的输入功率。（　　）

5. 功率放大电路与电压放大电路的区别：

（1）前者比后者电源电压高。（　　）

（2）前者比后者电压放大倍数数值大。（　　）

6. 功率放大电路与电流放大电路的区别：

（1）前者比后者电流放大倍数大。（　　）

（2）前者比后者效率高。（　　）

（3）在电源电压相同的情况下，前者比后者的输出功率大。（　　）

任务3　六管超外差式调幅收音机的装配与调试

❖任务描述

根据图3-6所示六管超外差式调幅收音机原理图，准备对应元器件、工具和仪表，完成线路装配与调试任务。

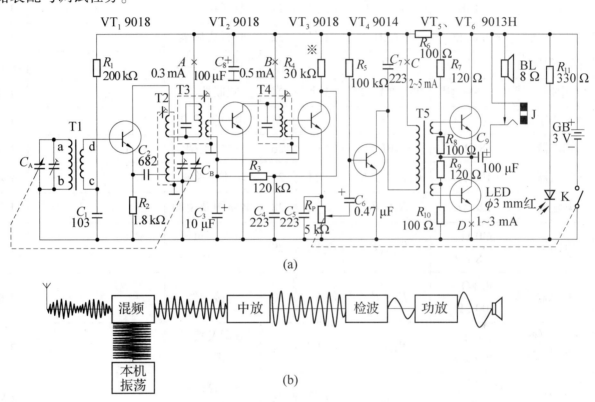

图3-6　六管超外差式调幅收音机原理

（a）六管超外差式调幅收音机整机电路；（b）整机电路组成框图

❖任务实施

一、任务准备

本任务可选择SbbE超外差式收音机套件辅助实施。根据任务内容，需要提前准备好如下工具。

准备工具：电烙铁、烙铁架、镊子、尖嘴钳、斜口钳、焊锡丝、万用表、示波器。

二、任务引导

1. 元器件的识别。

根据表3-11所示的元器件清单，从元器件袋中选择合适的元器件。清点元器件的数量、目测元器件有无缺陷，亦可用万用表对元器件进行测量。目测印制电路板有无缺陷。

表 3-11　元件清单

序号	名称	型号规格	位号	数量	序号	名称	型号规格	位号	数量
1	晶体管	9018	VT_1	1 只	18	瓷片电容	682、103	C_2、C_1	各 1 只
2	晶体管	9018	VT_2、VT_3	2 只	19	瓷片电容	223	C_4、C_5、C_7	3 只
3	晶体管	9014	VT_4	1 只	20	双联电容		C_A	1 只
4	晶体管	9013H	VT_5、VT_6	2 只	21	收音机前盖			1 个
5	发光二极管	φ3mm 红	LED	1 只	22	收音机后盖			1 个
6	磁棒线圈		T1	1 套	23	刻度尺、音窗			各 1 只
7	中周	红、白、黑	T2、T3、T4	3 个	24	双联拨盘			1 个
8	输入变压器		T5	1 个	25	电位器拨盘			1 个
9	扬声器	8 Ω	BL	1 个	26	磁棒支架			1 个
10	电阻器	100 Ω	R_6、R_8、R_{10}	3 只	27	印刷电路板			1 块
11	电阻器	120 Ω	R_7、R_9	2 只	28	电路图及说明			1 份
12	电阻器	330 Ω、1.8 kΩ	R_{11}、R_2	各 1 只	29	电池正负极簧片			1 套
13	电阻器	30 kΩ、100 kΩ	R_4、R_5	各 1 只	30	连接导线			4 根
14	电阻器	120 kΩ、200 kΩ	R_3、R_1	各 1 只	31	双联及拨盘螺丝			3 颗
15	电位器	5 kΩ（带开关插脚式）	R_P	1 只	32	电位器拨盘螺丝			1 颗
16	电解电容	0.47 μF、10 μF	C_6、C_3	各 1 只	33	自攻螺丝			1 颗
17	电解电容	100 μF	C_8、C_9	2 只					

2. 元器件的检测。

将表 3-12 中涉及元器件检测结果填入表中。需要注意的是，质量判定填写"可用""断路""短路""漏电"。所使用的万用表型号为_____。

表 3-12　元器件的检测

元器件		识别及检测内容		
电阻器	R_{11}	标称值（含误差）	测量值	测量挡位
电容器	C_6	标称值/μF	介质	质量判定
发光二极管	LED	正向电阻　反向电阻	测量挡位	质量判定
晶体管	VT_4	画外形示意图 标出引脚名称	电路符号及型号	质量判定
音量电位器	R_p 级联	画外形示意图 标出引脚名称	电路符号	质量判定
扬声器	BL（8 Ω）	质量判断	挡位	图形符号

3. 焊接装配。

根据原理图进行焊接装配。要求不漏装、错装，不损坏元器件，无虚焊、漏焊和搭锡，元器件排列整齐并符合工艺要求。

4. 调试与测试。

（1）请按照组装套件所配"装配说明"的第三步"调试过程"进行调试，其结果测得"调试过程"中所提到的小于 10 mA 的电流为＿＿＿＿＿＿；A、B、C、D 四个缺口电流分别为＿＿＿＿、＿＿＿＿、＿＿＿＿、＿＿＿＿。

（2）当所测得 A、B、C、D 四个缺口电流正常后，即可依次连通四缺口，进行收台；当调试出正常的"滋滋"声后，请把音量开到最大，测出整机工作电流为＿＿＿＿＿＿＿＿；同时测出中频放大管 VT_2 3 个电极的电位分别为＿＿＿＿＿＿＿＿＿＿＿＿；音频推动放大管 VT_4 3 个电极的电位分别为＿＿＿＿＿＿＿＿＿＿＿＿＿＿＿。

（3）试分析在 PCB 板中如果由于某种原因导致 VT_4 基极的铜模断开了，将导致什么后果。

❖ 任务评价

请认真填写表 3-13。

表 3-13　六管超外差式调幅收音机的装配与调试评价表

任务序号	考核内容	配分	自我评价	小组评价	教师评价	备注
1	原理分析	10 分				
2	元器件的识别	10 分				
3	元器件的检测	10 分				
4	焊接装配	20 分				
5	调试与测试	40 分				
6	职业素养	10 分				
合计		100 分				

任务实施过程中存在的问题与不足：

_____

_____

_____

改进措施：

_____

_____

_____

_____

❖ 思考与练习

一、填空题

1. 发送端，把声音经过一定方式加载到无线电波上，也就是用低频信号去控制高频信号的过程称为_____。如果载波的幅度被低频信号控制，则这种调制称为_____。

2. 调幅波的频率与载波的频率_____，包络线波形与挑战信号的波形_____。常用二极管或晶体管的_____来实现调幅。

3. 如果载波的频率被低频信号所控制，则这种调制称为_____，被调频后的波形称为_____。

4. 国家标准规定调频广播的频率范围是＿＿＿＿＿＿＿＿。

5. 为了保证整个收音频带内的电台收音效果都较好，采用了中频放大的方式，即把这些分散在各个频点的电台信号，在收音机里都变成一个固定的频率信号，这样就能很好地加以放大，完成这一功能的电路称为＿＿＿＿＿＿＿＿。

二、判断题（正确用"T"表示，错误用"F"表示）

1. 把低频信号调制到载波上的方式只有调幅和调频两种。（　　　）

2. 从调频信号中解调出来调制信号的过程称为鉴频。（　　　）

3. 调频收音机比调幅收音机抗干扰能力强。（　　　）

4. 检波只能用二极管完成。（　　　）

5. 调幅收音机的中频频率为 465 MHz。（　　　）

三、问答题

1. 简述收音机发射和接收的原理。

2. 简述调频与调幅的性能差别。

3. 画出调幅收音机的框图。

项目 4　汽车电压转换电路

任务 1　AC—DC 整流电路

❖任务描述

在电学实验台上制作一个电路，其能够把交流电变成脉动直流电并掌握交流电变成脉动直流电的工作原理。要求制作的电路电源的利用率要高、电路性能安全稳定。将 U_2 电压设计为 12 V。通过引导问题完成电路中电压、电流、波形参数测量并分析，如图 4-1 所示。

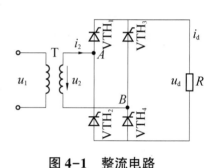

❖任务实施

图 4-1　整流电路

一、任务准备

1. 实验设施准备。

万能电路板（一块）、电源变压器（一个）、一端带插头的电源线（一根）、晶闸管（IN4007，4 只）、电阻（1 kΩ、100 Ω 各一个）、导线若干。

2. 小组分工。

组长兼职操作员：对组员任务进行分配，指导组员按规范制作电路板，对组员任务实施情况进行评价以及电路的组装与焊接。

调试员兼职检验员：负责电路的检查和测试以及任务实施过程记录。

二、任务引导

1. 认识分析桥式整流电路。

（1）画出桥式整流电路的不同画法。

（2）u_2 为正半周时，设变压器二次绕组的电压极性为 A 正 B 负，导通的晶闸管是_____，截止的晶闸管是_____；单向脉动电流的流动路径是_____。请在图中标出负载上电流和电压的方向。

（3）u_2 为负半周时，设变压器二次绕组的电压极性为 B 正 A 负，导通的晶闸管是_____，截止的晶闸管是_____；单向脉动电流的流动路径_____。请在图中标出负载上电流和电压的方向。

2. 根据原理图制作电路并回答如下问题。

（1）交流输入和整流后输出在桥臂的 4 个端点如何连接？

解：

（2）桥臂上 4 只晶闸管的连接方式怎样？

解：

3. 参数测量并分析。

（1）通过万用表测出负载电压和变压器二次电压，并将数据填入表 4-1 中。

表 4-1 实验数据记录

负载电压 U_d 数值	变压器二次电压 U_2 数值	结论（U_d 与 U_2 关系）

（2）进一步得出各项参数的计算关系：

$U_d = $ _____ U_2 $I_2 = $ _____ $I_d = $ _____

❖ 任务评价

请认真填写表 4-2。

表 4-2 AC—DC 整流电路评价表

任务序号	考核内容	配分	自我评价	小组评价	教师评价	备注
1	认识电路	10 分				
2	工作原理分析	20 分				
3	电路制作	25 分				
4	安全文明操作	10 分				
5	电压测量得出结论	25 分				
6	团队合作奖励	10 分				
	合计	100 分				

任务实施过程中存在的问题与不足：

_____

_____

_____

改进措施：

_____

_____

_____

❖ 思考与练习

一、填空题

1. 整流电路是电力电子电路中出现最早的一种，它的作用是将_____电能变为_____电能供给直流用电设备。

2. 三相整流最基本的是_____整流电路，应用最为广泛的是_____整流电路。

二、选择题

1. 下列哪个选项不属于整流电路按组成器件的分类（　　　）。

A. 不可控　　　　　　　B. 半控　　　　　　　C. 直控　　　　　　　D. 全控

2. 下列单相整流电路中哪个选项的效率最低（　　　）。

A. 半波整流　　　　　　B. 全波整流　　　　　C. 桥式整流　　　　　D. 整流桥堆

三、判断题（正确用"T"表示，错误用"F"表示）

1. 整流电路按交流输入相数分为两相电路和多相电路。（　　　）

2. 二极管整流电路是利用二极管的单向导电特性。（　　　）

3. 由于动力电池的充电电流是直流电，所以需要三相整流电路进行整流后才能完成能量回收。（　　　）

四、问答题

1. 简述半波整流电路的工作原理。

2. 简述三相桥式全控整流电路的工作过程。

任务2　DC—AC 逆变电路

❖任务描述

通过电力电子实验台上模块搭建一个三相桥式有源逆变电路，完成电路中电压、电流、波形参数测量并分析。在整流或有源逆变状态下，当触发电路出现故障（人为模拟）时观测主电路的各电压波形，如图4-2所示。

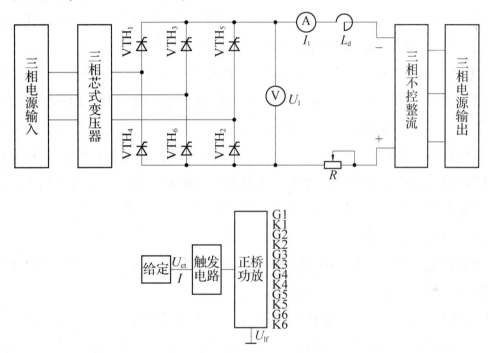

图4-2　三相桥式有源逆变电路

❖任务实施

一、任务准备

1. 实验设施准备。

DJK01 电源控制屏（该控制屏包含"三相电源输出"等模块）、DJK02 晶闸管主电路、DJK02-1 三相晶闸管触发电路（该挂件包含"触发电路""正反桥功放"等模块）、DJK06 给定及实验器件（该挂件包含"晶闸管"等模块）、DJK10 变压器实验（该挂件包含"逆变变压器"和"三相不控整流"）、D42 三相可调电阻、双踪示波器、万用表。

2. 小组分工。

组长兼职操作员：对组员任务进行分配，指导组员按规范连接实验模块，对组员任务实施情况进行评价以及电路的检查。

调试员兼职检验员：电路的检查和测试以及任务实施过程记录。

二、任务引导

1. DJK02 和 DJK02-1 上的"触发电路"调试。

（1）打开 DJK01 总电源开关，操作"电源控制屏"上的"三相电网电压指示"开关，观察输入的三相电网电压是否平衡。

（2）将 DJK01"电源控制屏"上"调速电源选择"开关拨至"直流调速"侧。

（3）用 10 芯的扁平电缆，将 DJK02 的"三相同步信号输出"端和 DJK02-1"三相同步信号输入"端相连，打开 DJK02-1 电源开关，拨动"触发脉冲指示"钮子开关，使"窄"的发光管亮。

（4）观察 A、B、C 三相的锯齿波，并调节 A、B、C 三相锯齿波斜率调节电位器（在各观测孔左侧），使三相锯齿波斜率尽可能一致。

（5）将 DJK06 上的"给定"输出 U_g 直接与 DJK02-1 上的移相控制电压 U_{ct} 相接，将给定开关 S_2 拨到接地位置（$U_{ct}=0$），调节 DJK02-1 上的偏移电压电位器，用双踪示波器观察 A 相同步电压信号和"双脉冲观察孔"VTH_1 的输出波形，使 $\alpha=150°$（注意此处的 α 表示三相晶闸管电路中的移相角，它的 0° 是从自然换流点开始计算的，前面实验中的单相晶闸管电路的 0° 移相角表示从同步信号过零点开始计算，两者存在相位差，前者比后者滞后 30°）。

（6）适当增加给定 U_g 的正电压输出，观测 DJK02-1 上"双脉冲观察孔"的波形，此时应观测到单窄脉冲和双窄脉冲。

（7）用 8 芯的扁平电缆，将 DJK02-1 面板上"触发脉冲输出"和"触发脉冲输入"相连，使触发脉冲加到正、反桥功放的输入端。

（8）将 DJK02-1 面板上的 U_{lf} 端接地，用 20 芯的扁平电缆，将 DJK02-1 的"正桥触发脉冲输出"端和 DJK02 的"正桥触发脉冲输入"端相连，并将 DJK02 的"正桥触发脉冲"的 6 个开关拨至"通"，观察正桥 $VTH_1 \sim VTH_6$ 晶闸管门极和阴极之间的触发脉冲是否正常。

2. 参数测试。

（1）按图 4-2 接线，将 DJK06 上的"给定"输出调到 0（逆时针旋到底），将电阻器放在最大阻值处，按下"启动"按钮，调节给定电位器，增加移相电压，使逆变角 β 在 30°~90° 调节，同时，根据需要不断调整负载电阻 R，使电流 I_d 保持在 0.6 A 左右（注意 I_d 不得超过 0.65 A）。

（2）用双踪示波器观察并记录画出 $\alpha=30°$、60°、90°、120°、150° 时的整流电压 U_d 和晶闸管两端电压 U_{VTH} 的波形。

（3）用万用表测量并记录 $\beta=30°$、60°、90° 时的电压 U_d 和晶闸管两端电压 U_{VTH} 的波形，并记录相应的 U_d 数值于表 4-3 中。

表 4-3　β 不同时的实验数据记录

β	30°	60°	90°
U_2			
U_d（记录值）			
U_d/U_2			
U_d（计算值）			

计算公式：$U_d = 2.34U_2\cos(180°-\beta)$。

3. 故障现象的模拟。

当 $\beta = 60°$ 时，将"触发脉冲"钮子开关拨向"断开"位置，模拟晶闸管失去触发脉冲时的故障，同时分析回答下列问题。

（1）观察并记录这时的 U_d、U_{VTH} 波形的变化。

（2）简单分析该模拟的故障现象。

（3）如何解决主电路和触发电路的同步问题？在本实验中主电路三相电源的相序可任意设定吗？

（4）在本实验的整流及逆变时，对 α 有什么要求？为什么？

❖ 任务评价

请认真填写表4-4。

表 4-4　DC—AC 逆变电路评价表

任务序号	考核内容	配分	自我评价	小组评价	教师评价	备注
1	触发电路调试	10分				
2	电路连接	20分				
3	参数测试	30分				
4	安全文明操作	10分				
5	故障分析	20分				
6	团队合作	10分				
合计		100分				

任务实施过程中存在的问题与不足：

_____

_____

_____

改进措施：

_____

_____

_____

_____

❖ 思考与练习

一、填空题

1. 根据直流侧电源性质的不同，可以分为两类。一类称为_____逆变电路，其直流侧是电压源；另一类称为_____逆变电路，其直流侧是电流源。

2. 单相电流型逆变电路由4个桥臂构成，每个桥臂的晶闸管各串联一个_____，用来限制_____开通时的 d_i/d_t。

3. 单相电流型逆变电路在实际工作过程中，感应线圈参数随时间变化，必须使工作频率适应负载的变化而自动调整，这种控制方式称为_____。

二、选择题

1. 下列哪个选项不属于电压型逆变电路的特点（　　　）。

A. 直流侧为电压源或并联大电容，直流侧电压基本无脉动

B. 由于直流电压源的钳位作用，输出电压为矩形波

C. 输出电流不会因负载阻抗不同而不同

D. 阻感负载时需提供无功功率，为了给交流侧向直流侧反馈的无功能量提供通道，逆变桥各臂并联反馈二极管

2. 单相全桥电压型逆变电路共（　　）个桥臂，可看成（　　）个半桥电路组合而成。

A. 1、1　　　　　　　B. 1、4　　　　　　　C. 4、1　　　　　　　D. 4、2

3. 下列哪个选项不属于电流型逆变电路的特点（　　）。

A. 直流侧串大电感，电流基本无脉动，相当于电流源

B. 交流输出电流为矩形波，与负载阻抗角无关

C. 输出电压波形和相位因负载不同而不同

D. 直流侧电感起缓冲无功能量的作用，必须给开关器件反并联二极管

三、判断题（正确用"T"表示，错误用"F"表示）

1. 将交流电变为直流电的电路称为整流电路，将直流电变为交流电的电路称为逆变电路。
（　　）

2. 换流是指电流从一个支路向另一个支路转移的过程，也称为换相。（　　）

3. 半桥电路常用于几千瓦以上的大功率逆变电源。（　　）

4. 采用负载换相方式工作的，要求负载电流略超前于负载电压，即负载略呈感性。
（　　）

四、问答题

1. 简述单相全桥电压型逆变电路工作过程。

2. 简述三相电流型逆变电路工作过程。

3. 通过查找资料，绘出车载逆变器中 TL494 芯片各引脚功能图。

任务3 DC—DC 变流电路

❖任务描述

在电力电子实训平台上制作一个直流斩波电路。通过观察电压波形，理解直流斩波电路的工作原理。通过结果分析，熟悉各种直流斩波电路的组成及其工作特点，了解 PWM 控制与驱动电路的原理及其常用的集成芯片。

❖任务实施

一、任务准备

1. 实验设施准备。

DJK01 电源控制屏（该控制屏包含"三相电源输出"等）、DJK09 单相调压与可调负载、DJK20 直流斩波电路、D42 三相可调电阻、慢扫描示波器、万用表。

2. 小组分工。

组长兼职操作员：对组员任务进行分配，指导组员按规范连接电路，对组员任务实施情况进行评价以及电路的检查。

调试员兼职检验员：负责电路的检查和测试以及任务实施过程记录。

二、任务引导

1. 认识分析降压斩波电路，如图 4-3 所示。

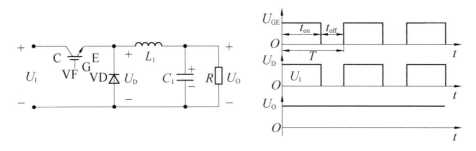

图 4-3 降压斩波电路及其波形

图中 VF 为全控型器件，选用 IGBT。VD 为_____二极管。由图中 VF 的栅极电压波形 U_{GE} 可知，当 VF 处于通态时，电源 U_I 向负载供电，U_D_____U_I。当 VF 处于断态时，负载电流经二极管 VD 续流，电压 U_D 近似为_____，至一个周期 T 结束，再驱动 VF 导通，重复上一周期的过程。

2. 认识分析升压斩波电路，如图 4-4 所示。

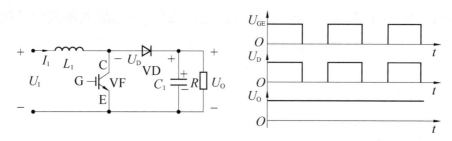

图 4-4　升压斩波电路及其波形

电路使用一个全控型器件 VF。由图中 VF 的栅极电压波形 U_{GE} 可知，当 VF 处于通态时，电源 U_1 向电感 L_1 _____（充电/放电），充电电流基本恒定为 I_1，同时，电容 C_1 上的电压向 _____供电，因 C_1 值很大，基本保持输出电压 U_0 为恒值。设 VF 处于通态的时间为 t_{on}，此阶段电感 L_1 上积蓄的能量为 _____。当 VF 处于断态时，U_1 和 L_1 共同向电容 C_1 充电，并向负载提供能量。设 VF 处于断态的时间为 t_{off}，则在此期间电感 L_1 释放的能量为 $(U_0 - U_1)\,I_1 t_{on}$。当电路工作于稳态时，一个周期 T 内电感 L_1 积蓄的能量与释放的能量 _____。

3. 控制与驱动电路的测试。

（1）启动实验装置电源，开启 DJK20 控制电路电源开关。

（2）调节 PWM 脉宽，调节电位器改变 U_r，用示波器观测输出 PWM 信号的变化情况，并填入表 4-5 中。

表 4-5　调节 PWM 脉宽和 U_r 的实验数据记录

U_r/V	1.4	1.6	1.8	2.0	2.2	2.4	2.5
占空比/%							

4. 直流斩波器的测试（使用一个探头观测波形）。

斩波电路的输入直流电压 U_1 由三相调压器输出的单相交流电经 DJK20 挂箱上的单相桥式整流及电容滤波后得到。接通交流电源，观测 U_1 波形，记录其平均值（注：本装置限定直流输出最大值为 50 V，输入交流电压的大小由调压器调节输出）。

5. 按下列实验步骤依次对两种典型的直流斩波电路进行测试。

（1）切断电源，根据 DJK20 上的主电路图，利用面板上的元器件连接好相应的斩波实验线路，并接上电阻负载，负载电流最大值限制在 200 mA 以内。将控制与驱动电路的输出 "V-G""V-E" 分别接至 VF 的 G 和 E 端。

（2）检查接线正确，尤其是电解电容的极性是否接反后，接通主电路和控制电路的电源。

（3）用示波器观测 PWM 信号的波形、U_{GE} 的电压波形、U_{CE} 的电压波形及输出电压 U_0 和二极管两端电压 U_D 的波形，记录各波形间的相位关系。

（4）调节 PWM 脉宽调节电位器改变 U_r，观测在不同占空比（α）时，记录 U_1、U_0 和 α 的数值于表 4-6 中，从而画出 $U_0 = f(\alpha)$ 的关系曲线。

表 4-6　不同占空比时的实验数据记录

U_r/V	1.4	1.6	1.8	2.0	2.2	2.4	2.5
占空比 α/%							
U_1/V							
U_0/V							

❖任务评价

请认真填写表 4-7。

表 4-7　DC—DC 变流电路评价表

任务序号	考核内容	配分	自我评价	小组评价	教师评价	备注
1	认识电路	20 分				
2	控制与驱动电路	20 分				
3	直流斩波器的测试	20 分				
4	分析与测试	20 分				
5	安全文明操作	10 分				
6	团队合作	10 分				
合计		100 分				

任务实施过程中存在的问题与不足：

_____

_____

改进措施：

_____

_____

❖思考与练习

一、填空题

1. 直流—直流变流电路包括_____直流变流电路和_____直流变流电路，直接—直流变流电路也称_____。

2. 隔离的直流—直流变流电路同直流斩波电路相比，电路中增加了_____环节。

二、选择题

1. 在交流环节中通常采用（　　）实现输入、输出间的隔离，因此也称为直—交—直电路。

A. 电阻　　　　　　B. 电容　　　　　　C. 电感　　　　　　D. 变压器

2. 下列直流转换电路中采用变压器双向励磁，容易达到大功率，但结构复杂、成本高，常用于大功率工业用电源（　　）。

A. 正激　　　　　　B. 反激　　　　　　C. 全桥　　　　　　D. 半桥

三、判断题（正确用"T"表示，错误用"F"表示）

1. 间接直流变流电路是在直流变流电路中增加了交流环节。（　　）

2. 电流可逆斩波电路由降压斩波电路与升压斩波电路组合，此电路电动机的电枢电压和电流都可正可负。（　　）

3. 复合斩波电路由降压斩波电路和升压斩波电路组合构成，多相多重斩波电路由相同结构的基本斩波电路组合构成。（　　）

4. 推挽电路的变压器双向励磁，变压器一次电流回路中只有一个开关，通态损耗较小，驱动简单。（　　）

四、问答题

1. 绘出桥式可逆斩波电路原理图，并简述其工作原理。

2. 试列举出4个带隔离的直流电路并比较其功率大小。

任务4　AC—AC变流电路

❖任务描述

在电力电子实训平台上制作一个三相交流调压电路。交流调压器应采用宽脉冲或双窄脉冲进行触发。实验装置中使用双窄脉冲。实验电路如图4-5所示。图中晶闸管均在DJK02上，用其正桥，将D42三相可调电阻接成三相负载，其所用的交流表均在DJK01控制屏的面板上。通过观察电压参数，了解三相交流调压触发电路的工作原理和加深理解三相交流调压电路的工作原理。通过结果分析，了解三相交流调压电路带不同负载时的工作特性。

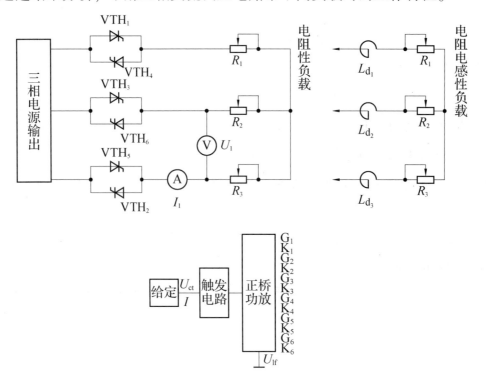

图4-5　三相交流调压电路

❖任务实施

一、任务准备

1. 实验设施准备。

DJK01电源控制屏（该控制屏包含"三相电源输出"等模块）、DJK02晶闸管主电路、DJK02-1三相晶闸管触发电路（该挂件包含"触发电路""正反桥功放"等模块）、DJK06给定及实验器件（该挂件包含"给定"等模块）、D42三相可调电阻、双踪示波器、万用表。

2. 小组分工。

组长兼职操作员：对组员任务进行分配、指导组员按规范连接电路、对组员任务实施情况进行评价及电路的检查。

调试员兼职检验员：负责电路的检查和测试及任务实施过程记录。

二、任务引导

1. DJK02 和 DJK02-1 上的"触发电路"调试。

（1）打开 DJK01 总电源开关，操作"电源控制屏"上的"三相电网电压指示"开关，观察输入的三相电网电压是否平衡。将三相电网电压值记入表 4-8 中。

表 4-8　三相电网电压记录

相与 N 之间	A 相	B 相	C 相
电压值			

（2）将 DJK01"电源控制屏"上"调速电源选择"开关拨至"直流调速"侧。

（3）用 10 芯的扁平电缆，将 DJK02 的"三相同步信号输出"端和 DJK02-1"三相同步信号输入"端相连，打开 DJK02-1 电源开关，拨动"触发脉冲指示"钮子开关，使"窄"的发光管亮。

（4）观察 A、B、C 三相的锯齿波，并调节 A、B、C 三相锯齿波斜率调节电位器（在各观测孔左侧），使三相锯齿波斜率尽可能一致。将 A、B、C 三相的锯齿波绘制出来（如果相同则绘制一个）。

（5）将 DJK06 上的"给定"输出 U_g 直接与 DJK02-1 上的移相控制电压 U_{ct} 相接，将给定开关 S_2 拨到接地位置（$U_{ct}=0$），调节 DJK02-1 上的偏移电压电位器，用双踪示波器观察 A 相同步电压信号和"双脉冲观察孔"VTH_1 的输出波形，使 $\alpha=180°$。在下面绘制 VTH_1 的输出波形。

（6）适当增加给定 U_g 的正电压输出，观测 DJK02-1 上"脉冲观察孔"的波形，此时应观测到单窄脉冲和双窄脉冲。在下面绘制 DJK02-1 上"脉冲观察孔"的波形。

（7）用 8 芯的扁平电缆，将 DJK02-1 面板上"触发脉冲输出"和"触发脉冲输入"相连，使触发脉冲加到正、反桥功放的输入端。

（8）将 DJK02-1 面板上的 U_{lf} 端接地，用 20 芯的扁平电缆，将 DJK02-1 的"正桥触发脉冲输出"端和 DJK02"正桥触发脉冲输入"端相连，并将 DJK02"正桥触发脉冲"的 6 个开关拨至"通"，观察正桥 $VTH_1 \sim VTH_6$ 晶闸管门极和阴极之间的触发脉冲是否正常。绘制 $VTH_1 \sim VTH_6$ 的触发脉冲（如果相同则绘制一个）。

2. 三相交流调压器带电阻性负载。

（1）使用正桥晶闸管 $VTH_1 \sim VTH_6$，按图 4-5 连成三相交流调压主电路，其触发脉冲已通过内部连线接好，只要将正桥脉冲的 6 个开关拨至"通"，U_{lf} 端接地即可。接上三相平衡电阻负载，接通电源。

（2）用示波器观察并记录 $\alpha = 30°$、$60°$、$90°$、$120°$、$150°$ 及 $180°$ 时的输出电压波形，并记录相应的输出电压有效值，填入表 4-9 中。

表 4-9　不同 α 时的输出电压

α	30°	60°	90°	120°	150°	180°
U/V						

（3）做出电阻性负载时的 $U=f(\alpha)$ 的曲线。

3. 三相交流调压器接电阻电感性负载（选做）。

（1）给电路加上 3 个电抗器。切断电源输出，将三相电抗器接入。接通电源，调节三相负载的阻抗角（调节电阻阻值即可），使 $\varphi = 60°$。

（2）用示波器观察并记录 $\alpha = 30°$、$60°$、$90°$ 及 $120°$ 时的波形，并记录输出电压 U_1、电流 I_1 的波形及输出电压有效值 U，记于表 4-10 中。

表 4-10　不同 α 时的 U、U_1、I_1

α	30°	60°	90°	120°
U/V				
U_1/V				
I_1/A				

（3）做出电感性负载时的 $U=f(\alpha)$ 的曲线。

❖任务评价

请认真填写表 4-11。

表 4-11 AC—AC 变流电路评价表

任务序号	考核内容	配分	自我评价	小组评价	教师评价	备注
1	连接电路	20 分				
2	调试触发电路	20 分				
3	电路连接	10 分				
4	分析与测试	30 分				
5	安全文明操作	10 分				
6	团队合作	10 分				
合计		100 分				

任务实施过程中存在的问题与不足：

_____

_____

_____

改进措施：

_____

_____

_____

_____

❖思考与练习

一、填空题

1. 星形连接电路分为三相三线和三相四线两种情况，三线四线相当于_____单相交流调压电路的组合，三相互相错开_____工作。

2. 交流调功电路在交流电源接通期间，负载电压、电流都是_____，不对电网电压、电流造成通常意义的谐波污染。

二、选择题

1. 通过对晶闸管开通相位的控制，调节输出电压有效值的电路，就形成了交流（   ）

电路。

　　A. 调压　　　　　　B. 调功　　　　　　C. 调相　　　　　　D. 调频

　　2. 三相交流星形调压电路采用三相三线电路时，两相间导通时是靠线电压导通的，而线电压超前相电压（　　　）。

　　A. 30°　　　　　　　B. 60°　　　　　　　C. 90°　　　　　　　D. 120°

三、判断题（正确用"T"表示，错误用"F"表示）

　　1. 交流调功电路的工作原理和交流调压电路的电路形式完全相同，只是控制方式不同。（　　　）

　　2. 三相三线带电阻负载时的工作原理是任一相导通不需要和另一相构成回路。（　　　）

　　3. 如果以交流电周期为单位控制晶闸管的通断，改变通态周期数和断态周期数的比值，调节输出功率平均值的电路，就形成了交流调功电路。（　　　）

　　4. 交交变频电路是把电网频率的交流电直接变换成可调频率的交流电的变流电路，属于间接变频电路。（　　　）

四、问答题

　　1. 绘出电阻负载单相交流调压电路图，并简述其工作原理。

　　2. 简述交交变频电路的主要应用场合。

项目5　汽车数显仪表电路

任务1　数字电路基础

❖任务描述

集成逻辑门电路是最简单、最基本的数字集成元件（见图 5-1）。任何复杂的组合电路和时序电路都可用逻辑门通过适当的组合连接而成。目前已有门类齐全的集成门电路，如"与门""或门""非门""与非门"等。虽然，中、大规模集成电路相继问世，但组成某一系统时，仍少不了各种门电路。因此，掌握逻辑门的工作原理，熟练、灵活地使用逻辑门是数字技术工作者所必备的基本功之一。

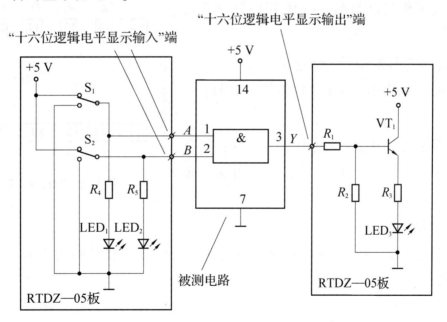

图 5-1　集成逻辑门电路

将电压设计为 5 V，LED 灯亮为高电平"1"，不亮则为低电平"0"。通过引导问题完成电路中门电路测量并分析。

❖任务实施

一、任务准备

1. 实验设施准备。

直流稳压电源，数字逻辑电路实验箱，TTL 集成电路 74LS00、74LS08、74LS32，导线若干。

2. 小组分工。

组长兼职操作员：对组员任务进行分配，指导组员按规范制作电路板，对组员任务实施情况进行评价及电路的组装与测试。

调试员兼职检验员：负责电路的检查和测试以及任务实施过程记录。

二、任务引导

1. 认识 74LS×× 系列引脚及功能。

引脚的识别方法：将集成块正面（有字的一面）对准使用者，以左边凹口或小标志点"·"为起始脚，最靠近定位标识的引脚规定为物理引脚的第 1 脚，脚码为 1，从下往上按逆时针方向向前数 1、2、3……n 脚，如图 5-2 所示。使用时，查找 IC 手册即可知各引脚功能。

2. 根据集成逻辑门电路图 5-1 连接电路并回答以下问题。

（1）电源端子与接地端子如何连接？

解：插入 IC 空插座中，引脚 14 接 +5 V 电源，引脚 7 接地。

（2）输入端子与输出端子的连接方式怎样？

解：插入 IC 空插座中，输入端接逻辑开关，输出端接 LED 发光二极管。

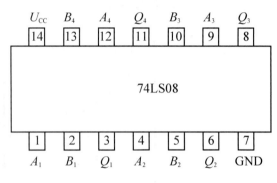

图 5-2　74LS×× 系列引脚

3. 参数测量并分析。

（1）与门功能测试：将 74LS08 集成片插入 IC 空插座中，将结果用逻辑"0"或"1"来表示，并填入表 5-1 中的"与门"列。

（2）或门功能测试：将 74LS32 集成片插入 IC 空插座中，将结果用逻辑"0"或"1"来表示，并填入表 5-1 中的"或门"列。

（3）与非门功能测试：将 74LS00 集成片插入 IC 空插座中，将结果用逻辑"0"或"1"来表示，并填入表 5-1 中的"与非门"列。

（4）或非门功能测试：将 74LS08 集成片插入 IC 空插座中，将结果用逻辑"0"或"1"来表示，并填入表 5-1 中的"或非门"列。

表 5-1　门电路逻辑功能表

输入		输出			
		与门	或门	与非门	或非门
A	B	$Y=AB$	$Y=A+B$	$Y=\overline{AB}$	$Y=\overline{A+B}$
0	0				
0	1				
1	0				
1	1				

❖任务评价

请认真填写表 5-2。

表 5-2　数字电路基础评价表

任务序号	考核内容	配分	自我评价	小组评价	教师评价	备注
1	认识电路	10 分				
2	工作原理分析	20 分				
3	电路制作	25 分				
4	安全文明操作	10 分				
5	电压测量得出结论	25 分				
6	团队合作	10 分				
合计		100 分				

任务实施过程中存在的问题与不足：

_____

_____

_____

改进措施：

_____

_____

_____

❖思考与练习

一、填空题

1. 能实现"有0出0，全1出1"逻辑功能的门电路是＿＿＿＿＿＿。

2. 十进制数19转换为二进制数为＿＿＿＿＿＿。

3. 逻辑运算：$A+A=$＿＿＿＿＿＿，$AA=$＿＿＿＿＿＿。

二、选择题

1. 要使或非门的输出恒为0，可将或门的一个输入端始终接（　　　）。

A. 0 　　　　　　　　　　　　　B. 1

C. 输入端并联 　　　　　　　　　D. 0、1 都可以

2. 下列逻辑运算式中，等式成立的是（　　　）。

A. $A+\bar{A}=1$ 　　　　　　　　　B. $A \cdot A=1$

C. $A+A=1$ 　　　　　　　　　　D. $A \cdot \bar{A}=1$

三、判断题（正确用"T"表示，错误用"F"表示）

1. 非门有一个输入端，一个输出端。（　　　）

2. 异或函数与同或函数在逻辑上互为反函数。（　　　）

3. 当 TTL 与非门的输入端悬空时相当于输入为逻辑1。（　　　）

四、综合题

1. 写出图 5-3 所示电路的逻辑表达式，并进行化简，分析电路的逻辑功能。

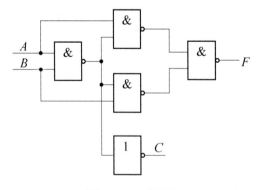

图 5-3　1题图

2. 用代数法化简下列函数。

（1）$Y=A\bar{B}C+A\overline{BC}$

（2）$Y=A(B+C)+A(\overline{B+C})$

（3）$Y=A(\overline{B+C})+\overline{BC}$

（4）$Y=AB+\bar{A}BC+\overline{AB}\,\bar{C}$

（5）$Y=AB+A\overline{B}$

（6）$Y=AB+\overline{A}C+\overline{B}C$

3. （1）将下列十进制数转换成 8421 BCD 码。

$(36)_{10}=($　　　$)_{8421\ BCD}$

（2）将下列二进制数转换成八进制数。

$(101101)_2=($　　　$)_8$

任务 2　组合逻辑电路

❖任务描述

　　在电学实验台上制作一个计数译码显示电路，如图 5-4 所示。要求制作的电路电源的利用率要高，电路性能安全稳定。将电源电压设计为 5 V。通过引导问题完成电路中电压、电流、波形参数测量并分析。

❖任务实施

一、任务准备

1. 实验设施准备。

示波器：SR-071A；

函数发生器：EM1643；

交流毫伏表：SX2172；

数字万用表；

数字实验箱；

计数器 CC4029。

CC4029 是功能较强的 CMOS 集成计数器，具有二进制加/减、十进制加/减及预置数功能。实验中应特别注意，输入脉冲幅度不能高于电源电压；不用的输入端不能悬空，必须按要求接地或接+5 V，如图 5-5 所示。其逻辑功能如表 5-3 所示。

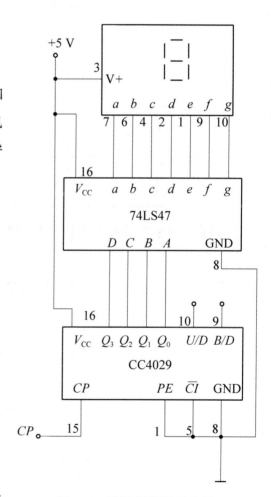

图 5-4　计数译码显示电路

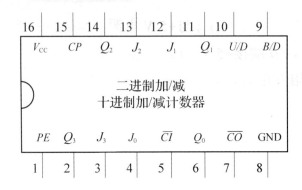

图 5-5   CC4029 引脚排列

表 5-3   CC4029 逻辑功能

输入	状态	功能
B/D	0	十进制计数
	1	二进制计数
U/D	0	减法
	1	加法
PE	0	不能置数
	1	允许置数
CI	1	允许计数
	0	不能计数

译码器 74LS47 及配套七段共阳极数码管引脚排列如图 5-6 所示。

74LS47

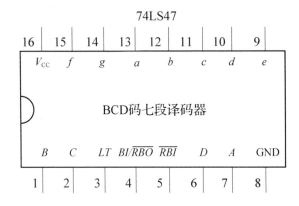

图 5-6   译码器 74LS47 及配套七段共阳极数码管引脚排列

2. 小组分工。

组长兼职操作员：对组员任务进行分配，指导组员按规范制作电路板，对组员任务实施情况进行评价以及电路的组装与测试。

调试员兼职检验员：负责电路的检查和测试以及任务实施过程记录。

二、任务引导

1. 二进制递增计数器。

(1) 按图 5-4 接线（注意：显示器引脚 7、6、4、2、1、9、10 与 74LS47 引脚 a、b、c、d、

e、f、g，显示器引脚 3、74LS47 引脚 V_{CC} 与+5 V 电源，74LS47 引脚 GND 均已预先连接好）。

（2）CC4029 的 B/D、U/D 端接+5 V，CP 端接计数脉冲。

（3）输入单次脉冲，用万用表测量各个 Q 端的电压，对照功能表检查计数器的状态转换规律。

（4）在计数输入端输入 1 kHz 连续脉冲，用示波器观察并记录 CC4029 各 Q 端波形如表 5-4 所示。

表 5-4　译码器 74LS47 逻辑功能

计数脉冲	进位输出 CO	Q_3	Q_2	Q_1	Q_0	显示字码
0	1	0	0	0	0	0
1	1	0	0	0	1	1
2	1	0	0	1	0	2
3	1	0	0	1	1	3
4	1	0	1	0	0	4
5	1	0	1	0	1	5
6	1	0	1	1	0	6
7	1	0	1	1	1	7
8	1	1	0	0	0	8
9	1	1	0	0	1	9
10	1	1	0	1	0	(乱码)
11	1	1	0	1	1	(乱码)
12	1	1	1	0	0	(乱码)
13	1	1	1	0	1	(乱码)
14	1	1	1	1	0	(乱码)
15	0	1	1	1	1	(乱码)
16	1	0	0	0	0	0

2. 十进制递增计数器。

(1)将 CC4029 的 B/D 端接地，U/D 端接+5 V。

(2)在 CP 端输入单次脉冲，观察数码管显示。

(3)在 CP 端输入 1 kHz 连续脉冲，用示波器观察并记录 CC4029 各 Q 端波形。

3. 记录如下内容。

(1)二进制递增计数器 CC4029 各 Q 端波形。

(2)十进制递增计数器 CC4029 各 Q 端波形。

❖任务评价

请认真填写表 5-5。

表 5-5　组合逻辑电路评价表

任务序号	考核内容	配分	自我评价	小组评价	教师评价	备注
1	认识电路	10 分				
2	工作原理分析	20 分				
3	电路制作	25 分				
4	安全文明操作	10 分				
5	电压测量得出结论	25 分				
6	团队合作	10 分				
	合计	100 分				

任务实施过程中存在的问题与不足：

_____

_____

_____

改进措施：

_____

_____

_____

❖思考与练习

一、填空题

1. 编码器输入有8个信号,输出应为_____位二进制代码。

2. 半导体数码显示器的内部电路接法有两种形式,共_____接法和共_____接法。

3. 完成二进制代码转化为十进制数的电路应选择_____。

二、选择题

1. 数字显示电路通常由( )组成。

A. 译码器、驱动电路、编码器

B. 显示器、驱动电路、输入电路

C. 译码器、驱动电路、显示器

2. 组合逻辑电路的输出状态仅决定于( )。

A. 静态工作点   B. 当前输入情况

C. 原来所处的状态   D. 电源电压的高低

三、判断题(正确用"T"表示,错误用"F"表示)

1. 若两个逻辑函数有不同的逻辑表达式,则两个函数必然不相等。( )

2. 若两个逻辑函数具有相同的真值表,则两个函数必然相等。( )

四、综合题

1. 如图5-7规定的图形符号及所示A、B、C波形,画出输出Y的波形图。

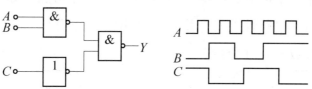

图5-7 1题图

2. 写出图5-8所示电路的逻辑表达式,并进行化简,分析电路的逻辑功能。

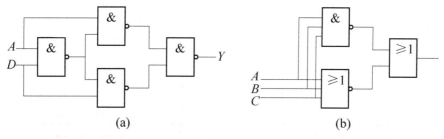

(a)   (b)

图5-8 2题图

3. 根据显示译码器,在图5-9(a)中标出$a \sim g$显示管顺序,在图5-9(b)和图5-9(c)中分别说出哪个是共阴极,哪个是共阳极。

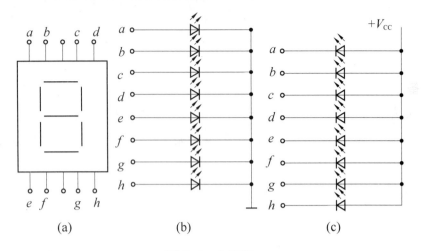

图 5-9　3 题图

（a）外形；（b）共＿＿极；（c）共＿＿极

4. 一汽车间有红、黄、绿 3 个故障指示灯，用来表示 3 台设备的工作情况。正常工作时，绿灯亮；若一台设备出现故障，则黄灯亮；若两台设备出现故障，则红灯亮；若三台设备同时出现故障，则红灯和黄灯都亮。试用与非门和异或门设计一个能实现此要求的逻辑电路（写出真值表、逻辑表达式、逻辑图）。

任务 3　时序逻辑电路

❖任务描述

在电学实验台上制作一个电路，能够实现计数移位寄存功能，如图 5-10 所示。要求制作的电路电源的利用率要高，电路性能安全稳定。将电源电压设计为 5 V。通过引导问题完成电路中电压、电流、波形参数测量并分析。

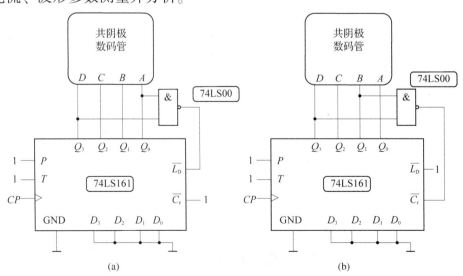

图 5-10　计数移位寄存电路

（a）置位法实现的十进制计数器；（b）复位法实现的十进制计数器

❖任务实施

一、任务准备

1. 实验设施准备。

示波器：SR-071A；

函数发生器：EM1643；

交流毫伏表：SX2172；

数字万用表；

数字实验箱；

TTL 集成电路 74LS161、74LS00。

74LS161 引脚功能如图 5-11 所示，其逻辑功能如表 5-6 所示。

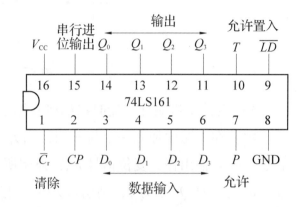

图 5-11 74LS161 引脚功能

表 5-6   74LS161 逻辑功能

输入端					输出 Q_n
时钟	清零	置数	P	T	
×	0	×	×	×	清零
↑	1	0	×	×	置数
↑	1	1	1	1	计数
×	1	1	0	×	不计数
×	1	1	×	0	不计数

2. 小组分工。

组长兼职操作员：对组员任务进行分配，指导组员按规范制作电路板，对组员任务实施情况进行评价以及电路的组装与测试。

调试员兼职检验员：负责电路的检查和测试以及任务实施过程记录。

二、任务引导

1. 认识、分析计数移位寄存电路。

(1)74LS161 是同步还是异步，加法还是减法计数器？

解：同步加法计数器。

(2)输入二进制数 11110000，分析移位寄存原理。

解：移位寄存电路原理如图 5-12 所示。

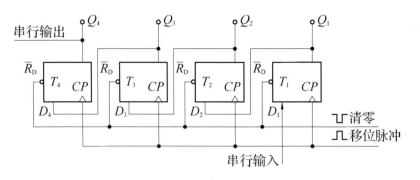

图5-12 移位寄存电路原理

（3）设计十进制计数器时将如何去掉后6个计数状态？

解：在电路中加入一个与非门，当计数到第一个无效状态时，用这个与非门来检测这一状态，令其输出作为复位信号 R_D，强制所有的触发器置0。即当 $Q_3Q_2Q_1Q_0 = 1010$ 时，这个与非门的输入 Q_3Q_1 全为1，则输入为0。用此低电平作为 R_D，使计数器复位到0000。

2. 根据电路原理图制作电路并回答以下问题。

（1）利用置位端实现十进制计数器。

（2）利用复位端实现十进制计数器。

3. 参数测量并分析。

制作移位寄存器实验数据记录表，如表5-7所示。

要求：输入二进制数11110000。

表5-7 移位寄存器实验数据记录

移位脉冲的次数	移位寄存器状态			
	Q_4	Q_3	Q_2	Q_1
0				
1				
2				
3				
4				
5				
6				
7				
8				

❖任务评价

请认真填写表 5-8。

表 5-8　时序逻辑电路评价表

任务序号	考核内容	配分	自我评价	小组评价	教师评价	备注
1	认识电路	10 分				
2	工作原理分析	20 分				
3	电路制作	25 分				
4	安全文明操作	10 分				
5	电压测量得出结论	25 分				
6	团队合作	10 分				
合计		100 分				

任务实施过程中存在的问题与不足：

_____

_____

_____

改进措施：

_____

_____

_____

❖思考与练习

一、填空题

1. JK 触发器在 CP 脉冲作用下，若要使 $Q_{n+1}=Q_n$，则输入端必须_____。

2. 用来累计和寄存输入脉冲数目的部件称为_____。

二、选择题

1. 触发器的记忆功能是指触发器在触发信号消失后，能保持(　　)。

A. 信号不变　　　　B. 初始状态不变　　　　C. 输出状态

2. 一个四位二进制加法计数器起始状态为 1001，当最低位接到 2 个脉冲时，触发器状态为(　　)。

A. 0011　　　　　　B. 1011　　　　　　　C. 1101

3. JK 触发器当 $J=1$，$K=0$，触发沿到来时，触发器具有(　　)逻辑功能。

A. 置 0   B. 置 1   C. 保持   D. 翻转

三、判断题(正确用"T"表示,错误用"F"表示)

1. 移位寄存器只能串行输出。(   )

2. 移位寄存器有接收、暂存、清除和数码移位等作用。(   )

3. 移位寄存器就是数码寄存器,它们没有区别。(   )

四、问答题

1. 图 5-13 所示移位寄存器的初始状态为 111,画出连续 3 个 CP 脉冲作用下 $Q_2Q_1Q_0$ 各端的波形和状态表。

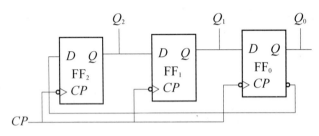

图 5-13   1 题图

2. 试分析图 5-14 所示电路的逻辑功能,分析计数器的类型,画出在连续 8 个 CP 作用下,$Q_2Q_1Q_0$ 的波形图(原态为 000)。

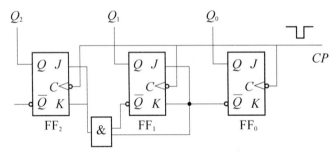

图 5-14   2 题图